아두이노와 스크래치로 메이커 되기

①

아두이노와 스크래치로 메이커 되기 ❶

1판 1쇄 인쇄 2017년 5월 26일
1판 1쇄 발행 2017년 5월 31일

지은이 ㅣ 김석희, 박종현, 강지성, 김동정
펴낸이 ㅣ 김승기
펴낸곳 ㅣ (주)생능출판사
등   록 ㅣ 제406-2005-000002호(2005년 1월 21일)
주   소 ㅣ 10881 경기도 파주시 광인사길 143
전   화 ㅣ (031) 955-0761
팩   스 ㅣ (031) 955-0768
홈페이지 ㅣ http://www.booksr.co.kr

책임편집 ㅣ 최일연
편   집 ㅣ 신성민, 김민보, 이문영, 정하승
디자인 ㅣ 유준범
마케팅 ㅣ 백승욱, 최복락, 김민수, 심수경, 백수정, 최태웅, 김범용, 김민정
인   쇄 ㅣ 성광인쇄(주)

ISBN 978-89-7050-919-8 (04000)
     978-89-7050-921-1 (04000) (전 2권)
값 18,000원

- 이 책의 국립중앙도서관 출판예정도서목록(CIP)은 서지정보유통지원시스템 홈페이지(http://seoji.nl.go.kr)와 국가자료공동목록시스템 (http://www.nl.go.kr/kolisnet)에서 이용하실 수 있습니다.(CIP제어번호: CIP2017011389)
- 이 책의 저작권은 (주)생능출판사와 지은이에게 있습니다. 무단 복제 및 전재를 금합니다.
- 잘못된 책은 구입한 서점에서 교환해 드립니다.

아두이노와 스크래치로 메이커 되기

김석희 · 박종현 · 강지성 · 김동정 지음

①
- LED로 밝히는 세상
- LED와 센서들을 함께 사용하기
- 덜덜이 경주 로봇 만들기
- 빛나는 나무 만들기
- 메이키메이키를 활용한 악기 만들기
- 사람의 마음을 진정시켜 주는 화분 만들기

생능출판

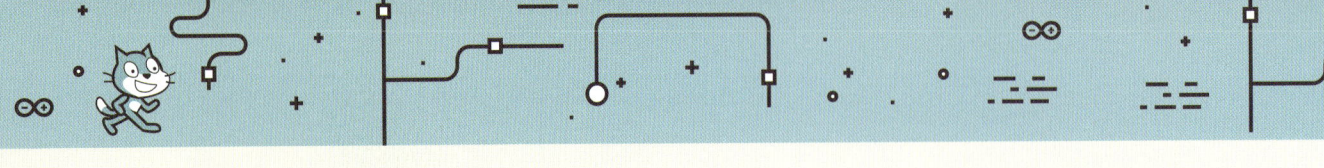

메이커 시대를 꿈꾸며…

　전 세계에 '메이커(maker, 제작자)' 열풍이 불고 있습니다. 전문가가 아니더라도 창의적인 아이디어만 있으면 얼마든지 원하는 물건을 만들 수 있는 시대가 온 것입니다. 미국의 오바마 전 대통령은 제4차 산업혁명을 언급하며 메이커의 시대가 왔음을 선언하였습니다.

　메이커 시대는 개인 한 명 한 명이 생산자가 되는 그런 시대를 의미합니다. 미국의 경우 성인 10명 중 1명이 메이커라고 합니다. 우리가 잘 아는 빌 게이츠(마이크로소프트 창업자), 스티브 잡스(애플 창업자), 마크 저커버그(페이스북 창업자)도 어릴 때부터 전자회로나 컴퓨터 소프트웨어를 만들면서 세상을 바꾸는 꿈을 꾼 어린이였고 메이커였습니다. 미국의 어린이 메이커인 실비아 토드는 7살 때 아두이노를 이용해 컴퓨터로 그린 그림을 실제 도화지에 그려 주는 장치를 만들어 7,000달러에 팔았습니다. 이제 메이커가 세상을 바꾸는 시대가 된 것입니다.

　현재 우리 사회가 안고 있는 문제 중의 하나는 젊은 청년들의 일자리가 부족하다는 것입니다. 청년들에게 좋은 일자리를 만들어 주는 방법 중의 하나는 어린이들이 메이커로 자라나게 하는 것입니다. 빌 게이츠, 스티브 잡스, 마크 저커버그는 물론이고, 실비아 토드의 예에서 보듯이 메이커로 자라나는 청년들이 늘어난다면 그들은 수많은 일자리를 만들어 내는 그 누군가가 될 수 있습니다.

《아두이노와 스크래치로 메이커 되기》는 초등학교 4학년 이상의 학생들의 눈높이에 맞추어 메이커가 되는 데 필요한 내용을 따라하면서 문제를 해결하는 방법으로 구성하고 있어, 메이커가 되기를 희망하는 어린이들의 입문서라 할 수 있습니다. 이 책은 오픈 하드웨어인 아두이노를 스크래치를 이용해 프로그래밍하여 12개의 프로젝트를 완성하는 내용으로 되어 있습니다. 이 프로젝트를 학습하면서 메이커의 기초를 닦고 메이커의 꿈을 키울 수 있도록 하고 있습니다. 이러한 프로젝트 완성하기는 어린이들의 창의력 개발에도 큰 도움이 됩니다.

어린이가 어떤 꿈을 가지느냐는 개인의 미래뿐만 아니라 국가의 미래와도 관계가 있습니다. 어린이가 꿈을 꾸기 위해서는 다양한 경험이 매우 중요합니다. 이에 초등학교, 중학교 현직 선생님들이 어린이의 소중한 꿈을 키워 주기 위해 메이커 경험을 바탕으로 이 책을 집필하였습니다. 국가의 미래를 책임질 우리 어린이들이 메이커로 자라는 데 이 책이 조금이나마 도움이 되었으면 합니다. 메이커로서의 창의적 발상은 창의력 개발에 큰 도움이 됩니다.

2017년 5월
김석희, 박종현, 강지성, 김동정 씀

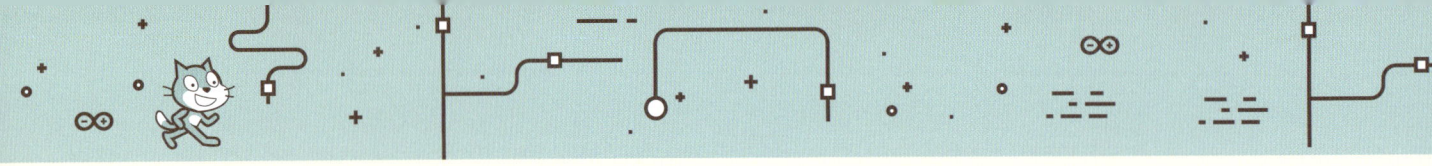

아두이노와 스크래치로 만드는 세상

아두이노와 스크래치 프로그램으로 만드는 세상은 어떨까요?

　LED가 마구마구 춤을 춘대요. 아두이노와 스크래치 프로그래밍으로 댄서 LED를 만들어요. 경주 로봇은 어떨까요? 진동으로 전진하는 모터를 이용해 비상 출동 로봇인 덜덜이 로봇을 만들고, DC 모터로 장애물을 피해 목적지까지 씽씽 달리는 투모터 경주 로봇과 라인트레이서 로봇을 만들어요. 악기도 만들 수 있어요. 전자드럼을 만들어 신나게 두들기고, 피아노를 만들어 동요를 연주해요. 종이 위에 그려진 피아노 건반이 소리를 낸다고 하는데, 정말 신기한 일입니다.

　광섬유로 만든 빛나는 화분은 마음을 안정시켜 준대요. 환상적인 레이저 쇼 프로그램을 만들어 학교 행사장에서 멋지게 쇼도 펼쳐 보고, 방향과 세기를 조절하며 돌리는 바람개비도 만들어요. 빛을 싫어하는 곤충처럼 빛을 요리조리 피하는 로봇과 레이저를 쏘며 먹이를 사냥하는 로봇도 만들어요. 나만의 정수기를 만들어 오염 물질을 걸러내며 환경오염 문제를 해결해요. 이 모든 일이 현실에서 이루어진다니 정말 놀랍습니다.

　여러분은 이제 이 세상에 없는 새로운 작품을 아두이노와 스크래치 프로그램으로 창조할 수 있습니다. 이를 통해 창의력, 사고력, 의사소통 능력, 협동 능력 등을 배우는 창의 융합 교육(STEAM)을 실천할 수 있습니다.

창의 융합 교육(STEAM)은 무엇을 말하나요?

STEAM은 과학(Science), 기술(Technology), 공학(Engineering), 예술(Arts), 수학(Mathematics)의 알파벳 첫 글자를 딴 것으로, 각 교과 간의 다양한 분야의 학습 내용을 융합하여 학습하는 것을 말합니다. 어린이들은 이처럼 교과 간 경계를 넘나들며 각 분야에서의 연관성을 발견하고 협력해서 새로운 것을 창조할 수 있습니다. 이를 통해 실생활에서의 문제 해결력을 기르며 새로운 아이디어를 창출하는 창의성을 기르게 됩니다. 또한 예술적 행위를 통해 정서와 표현력을 기르고 타인과의 의사소통 속에 협력을 바탕으로 혁신을 이루어 냅니다.

일상생활 속 융합 제품을 찾아보세요

장난감과 IoT(사물인터넷)의 융합을 통해 창조된 '스마트 토이', 들어 보았나요? 한국과학기술원(KIST)에서 개발한 제품으로 조립형 블록 완구에 사물인터넷 등의 디지털 기술을 접목한 제품입니다. 기존의 조립형 블록 장난감에 통신 기능과 센서, LED 전광판, 카메라 등의 기능을 결합하였습니다. 또한 '똑똑한 양복' 들어 보았나요? NFC칩을 세계 최초로 의류에 삽입하여 스마트폰과 연동시킨 기술입니다. 영화관 등 조용한 곳에서 스마트폰이 울렸을 때 양복 주머니에 넣어 주기만 해도 무음이나 전화 수신 차단 상태로 전환이 됩니다. 정말 똑똑한 옷인가 봅니다.

이 밖에도 주변에서 일상생활 속 융합 제품들을 찾아보세요. 지금 우리가 아두이노와 스크래치 프로그램으로 만들려고 하는 창의 융합 실습이 그 바탕입니다.

창의 융합의 세계로 떠나 볼까요?

자, 이제 떠납니다. 설명에 따라 차근차근 만들다 보면 근사하고 멋진 나만의 제품들이 모습을 드러낼 것입니다. 목표를 정하고, 활동 내용을 숙지하면서 활동을 따라 하다 보면 어느새 나만의 작품을 만들 수 있습니다. 준비물들을 챙기고, 아두이노 여러 제품마다의 '주의하기', '참고', '팁' 등의 내용들을 꼼꼼히 읽어가면서 연결하고, 스크래치로 프로그래밍을 하는 순간 목표하는 나만의 창작물이 만들어집니다. 혹 잘못하였으면 수정하고 보완하면서 친구들과 함께 해도 좋습니다. 만든 제품들을 활동지에 따라 실습해 보고 그 결과를 SNS에 올려 친구들의 평을 받아 보세요.

아두이노와 스크래치로 메이커 되기 ❶
학습 순서

메이커 시대를 꿈꾸며⋯ 4
아두이노와 스크래치로 만드는 세상 6

워밍업

아두이노와 스크래치로 메이커가 되기 위한 준비 10
초소형 컴퓨터 아두이노 이야기 12
필요한 소프트웨어 설치하기 13
아두이노에 업로드하기(배터리를 이용하여 컴퓨터 없이 사용하기) 25
아두이노 무선으로 프로그래밍하기 29
아두이노 블루투스 확장 헤더 전원을 껐다가 다시 연결할 때 40

프로젝트 1

LED로 밝히는 세상 42
LED를 켜고 꺼 보기 44
생활 속의 신호등 만들기 55
마구마구 춤추는 LED 댄서 만들기 66

프로젝트 2

LED와 센서들을 함께 사용하기 82
빛 센서로 LED 켜 보기 84
부저로 다양한 소리 만들기 94
움직임이 감지되면 LED가 켜지도록 해 보기 103
멜로디 IC로 노래 들어 보기 112

프로젝트 3 덜덜이 경주 로봇 만들기 120
진동 모터(DC 모터) 가지고 놀기 122
나만의 신호음 만들기 131
덜덜이 경주 로봇 만들기 140

프로젝트 4 빛나는 나무 만들기 150
LED 스트링 알아보기 152
빛나는 나무 만들기 161
동작 감지 센서로 빛나는 솜사탕 나무 만들기 181
동작 감지에 따라 빛과 음악이 나오는 나무 만들기 195

프로젝트 5 메이키메이키를 활용한 악기 만들기 204
신나는 전자드럼 만들기 206
LED 불빛과 함께 하는 신나는 드럼 만들기 223
연필로 그린 종이 피아노로 동요 연주하기 239

프로젝트 6 사람의 마음을 진정시켜 주는 화분 만들기 258
스파클링 광섬유로 빛나는 화분 만들기 260
어두워지면 자동으로 켜지는 화분 만들기 273
메시지를 전달하는 빛의 화분 만들기 286

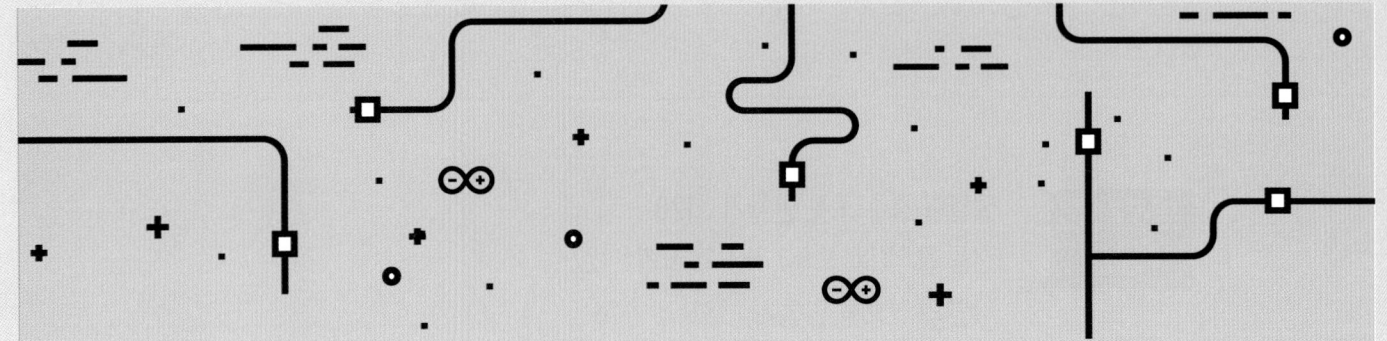

WARMING UP

아두이노와 스크래치로 메이커 되기

워밍업 아두이노와 스크래치로 메이커가 되기 위한 준비

아두이노를 컴퓨터에 연결하고 아두이노 제어 및 업로드 소프트웨어를 설치하여,
아두이노와 스크래치로 최고의 메이커가 되기 위해 실습할 수 있는 환경을 만든다.

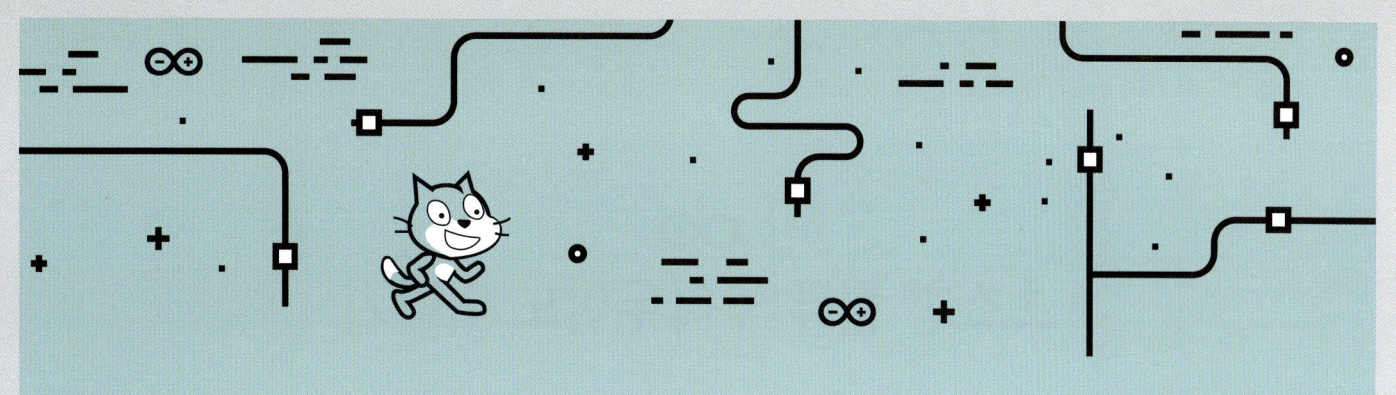

초소형 컴퓨터 아두이노 이야기

아두이노는 아주 작은 컴퓨터로, 누구나 만들어서 사용할 수 있도록 공개된 컴퓨터입니다. 우리가 사용하는 컴퓨터는 여러 개의 소프트웨어를 동시에 실행할 수 있지만, 아두이노는 한 개의 소프트웨어만 실행할 수 있다는 차이점이 있습니다.

아두이노는 가격이 매우 저렴합니다. 인터넷에서 3만 원 정도면 구입할 수 있는데, 대개 손바닥보다 작은 크기로 손톱만한 아두이노도 있습니다. 이렇게 다양한 크기와 다양한 모습의 아두이노는 여러 가지 전자제품이나 가방, 옷 등에서 사용됩니다.

아두이노

다양한 모습의 아두이노

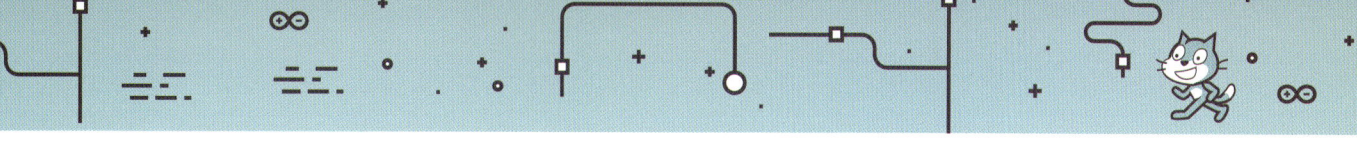

필요한 소프트웨어 설치하기

1. 아두이노용 스크래치 설치하기

아두이노 프로그래밍 도구를 설치하기 위해 주소창에 http://mblock.cc/download를 입력합니다. 컴퓨터의 운영체제에 맞도록 다운로드합니다. 아두이노를 제어하는 스크래치 프로그램인 엠블록은 누구나 무료로 사용할 수 있는 공개 소프트웨어입니다.

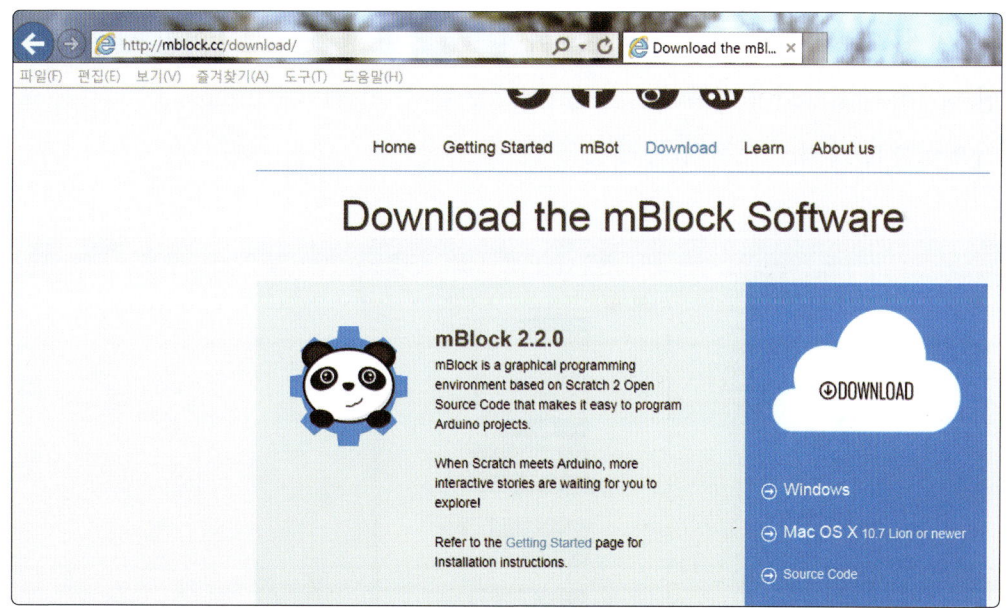

엠블록 다운로드 창

압축을 풀고 프로그램을 설치합니다. 설치 과정의 언어는 영어를 선택합니다.

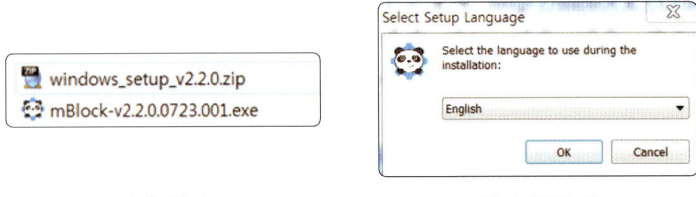

압축 풀기   언어 선택 창

> **Tips**
> 설치 과정만 영어로 진행됩니다. 실제로 프로그래밍할 때는 한글 버전이 설치됩니다. 현재 설치할 수 있는 최신 버전은 3.2.2입니다. 아두이노 드라이버, Adobe Air 등 모든 소프트웨어를 자동으로 설치합니다.

설치가 완료되면 바탕화면에 엠블록 아이콘()이 생기는데, 이 아이콘을 클릭하면 엠블록이 실행되어 아두이노 프로그래밍을 할 수 있습니다. [Language] 메뉴를 눌러 언어를 [한국어]로 바꿉니다.

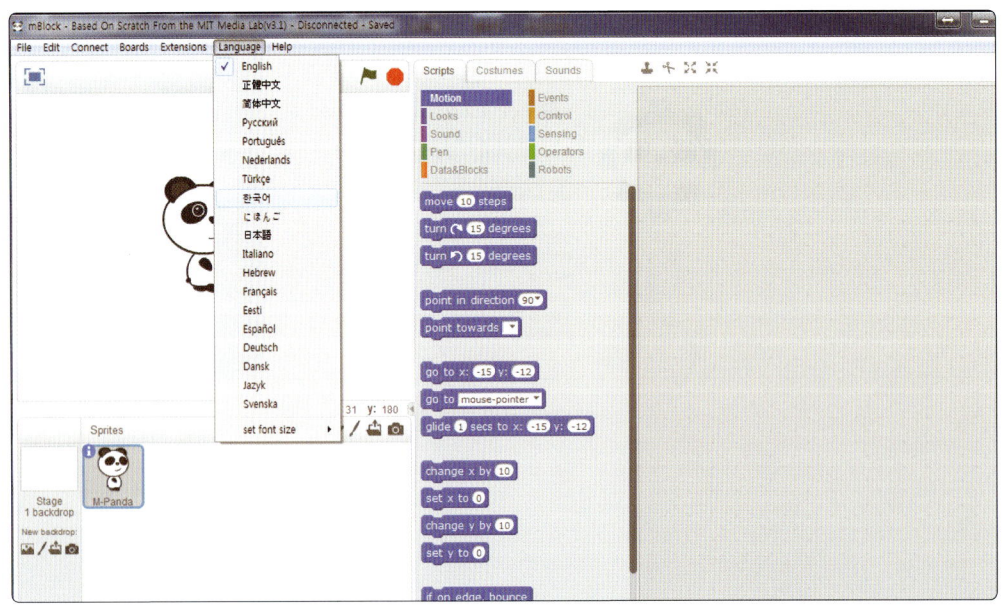

엠블록 초기 화면에서의 언어 선택 창

2. 아두이노 회로 연결을 쉽게 해 주는 브레드 보드 및 확장 헤더

아래 그림은 전자회로, 전기회로 연결을 위해 사용되는 브레드 보드와 점퍼선입니다. 브레드 보드와 전선은 아두이노로 프로그래밍할 때 필수적입니다. 브레드 보드를 이용한 회로 연결은 초보자들에게 어렵습니다. 그래서 이 책에서는 아래 그림과 같은 기존의 브레드 보드를 대체할 수 있는 쉽게 연결되어 있는 브레드 보드를 이용합니다.

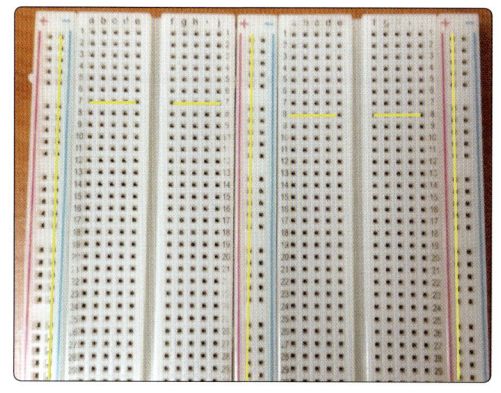

초보자들이 이해하기 어려운 브레드 보드

연결 상태를 쉽게 알 수 있는 자석선으로 연결한 브레드 보드

또 아두이노와 부품을 연결할 때 GPIO와 전선의 연결은 어렵습니다. 다음 그림에서 왼쪽은 아두이노 GPIO이고, 오른쪽은 아두이노에 붙여 사용하는 자석선으로 연결하는 확장 보드입니다. 자석 확장 보드는 어려운 브레드 보드를 쉽게 배울 수 있게 해 주는 도구라고 할 수 있습니다. 자석 보드는 인터넷(http://onsemiro.biz)에서 구입이 가능합니다.

초보자들에게 어려운 아두이노 GPIO

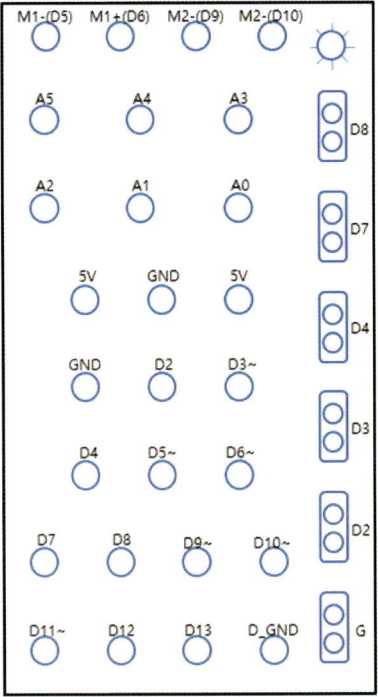

아두이노 GPIO 연결을 도와주는 자석으로 연결하는 확장 헤더

아두이노 모터 실드 역할을 합니다. 두 개의 DC 모터를 연결하여 제어합니다.

빛 센서 역할을 하며, A0~A5에 연결하여 빛 센서 값을 프로그래밍을 통해 읽어 올 수 있습니다.

아두이노 GPIO를 확장하여 자석 전선을 붙일 수 있도록 하는 단자입니다.

메이키메이키 센서 역할을 하는 단자입니다. 악어 클립을 이용하여 메이키메이키 프로그래밍을 할 수 있습니다.

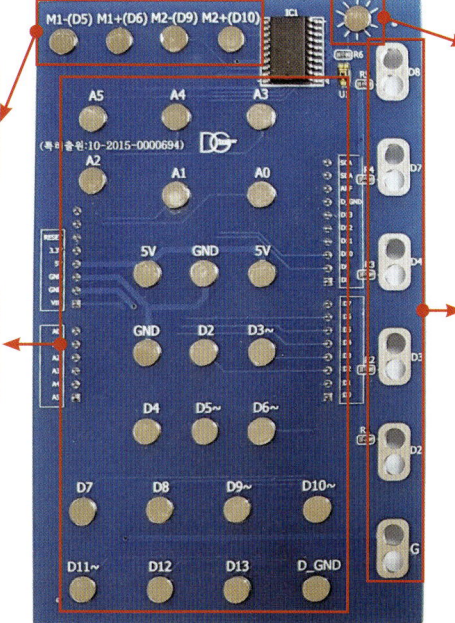

아두이노용 확장 헤더의 기능(USB 연결)

아두이노 모터 실드 역할을 합니다. 두 개의 DC 모터를 연결하여 제어합니다.

빛 센서 역할을 하며, A0~A5에 연결하여 빛 센서 값을 프로그래밍을 통해 읽어 올 수 있습니다.

아두이노 GPIO를 확장하여 자석 전선을 붙일 수 있도록 하는 단자입니다.

메이키메이키 센서 역할을 하는 단자입니다. 악어 클립을 이용하여 메이키메이키 프로그래밍을 할 수 있습니다.

스마트폰, 노트북 등 블루투스와 아두이노를 연결시켜 주는 모듈입니다.

압력 센서, CDS 등의 저항형 센서를 바로 연결할 수 있는 단자입니다. 센서 값은 A2, A3 포트에서 프로그래밍을 통해 읽어 올 수 있습니다.

USB와 블루투스 연결을 모두 지원하는 아두이노 확장 헤더

WARMINGUP 아두이노와 스크래치로 메이커가 되기 위한 준비 **17**

3. 아두이노용 스크래치 프로그램과 아두이노 연결하기

아두이노를 프로그래밍하기 위해서는 아두이노와 컴퓨터를 연결해야 합니다. 이 책에서는 초보자들에게 어려운 전자회로 및 전기회로 연결을 쉽게 해 주는 아두이노용 자석 확장 보드를 이용합니다. 아래 그림처럼 확장 보드를 아두이노와 연결합니다.

아두이노를 자석 브레드 보드와 자석 전선으로 연결할 수 있게 해 주는 확장 보드입니다.

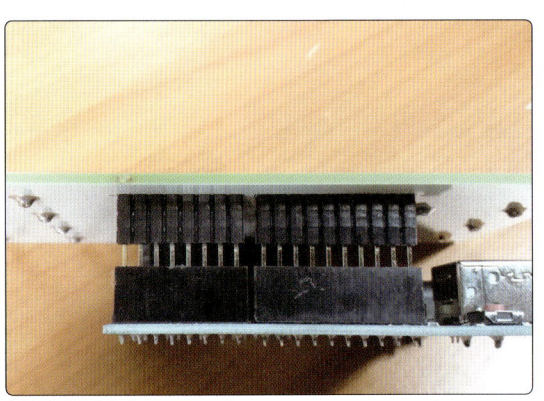

확장 보드와 아두이노를 핀의 구멍이 잘 들어맞게 살짝 끼웁니다.

살짝 끼운 후에 힘을 주어 금속핀이 보이지 않도록 꽉 끼웁니다.

아두이노를 컴퓨터 USB에 연결합니다.

아두이노와 컴퓨터 연결

아두이노를 컴퓨터에 연결하면 그림처럼 장치 드라이버가 설치되었다는 메시지가 나옵니다. 이때 장치 연결 번호(여기서는 COM3)를 기억해 둡니다.

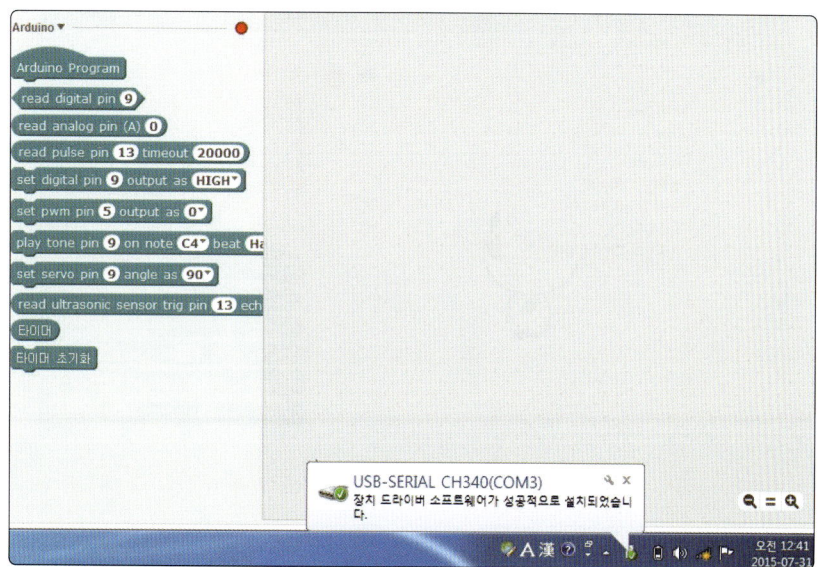

장치 드라이버 설치

[연결]-[Serial Port]-[COM3]를 선택합니다. Serial Port에 보이는 COM3는 컴퓨터마다 값이 다릅니다.

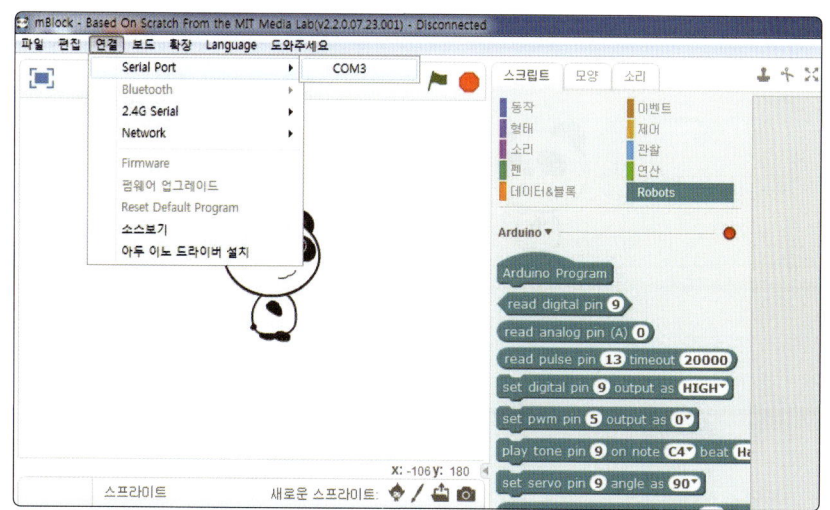

COM3 선택

[펌웨어 업그레이드]를 클릭합니다. 펌웨어 업그레이드는 스크래치와 아두이노와의 대화를 위한 프로그램을 아두이노에 설치하는 것입니다.

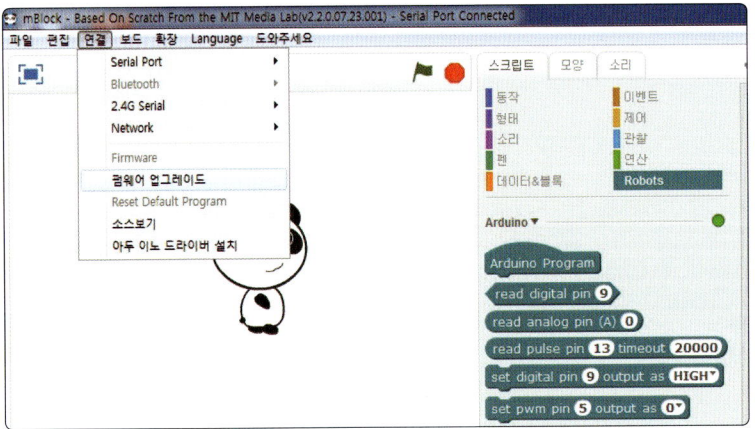

펌웨어 업그레이드 선택

[스크립트]에서 [ROBOTS] 탭을 눌렀을 때 초록색 불이 켜지면 연결이 성공한 것입니다. 하지만 이것은 아두이노와 스크래치가 연결되었다는 의미이지 곧바로 프로그래밍을 할 수 있다는 것은 아닙니다. 몇 가지 더 점검해야 할 사항이 있습니다.

아두이노와 스크래치 연결

다음으로 [확장]에서 [Arduino]를 선택합니다.

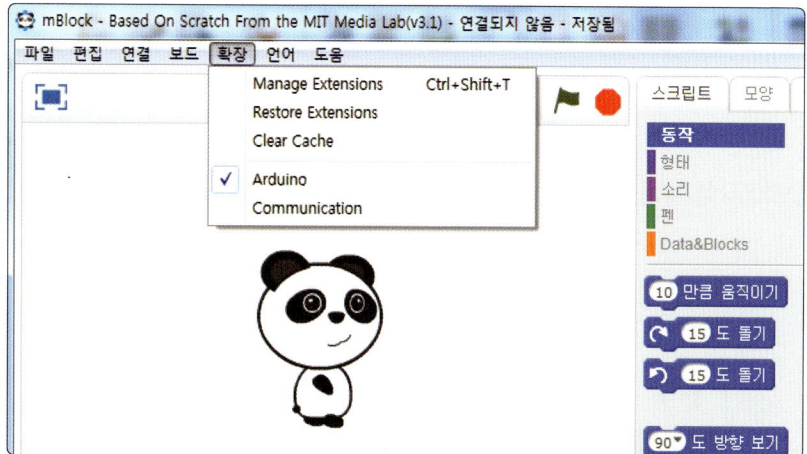

Arduino 선택

이제 아두이노 보드를 선택할 차례입니다. 여기서는 [Arduino Uno]를 선택합니다. 아두이노 보드는 여러 종류가 있어서 알맞은 보드를 선택해야 합니다.

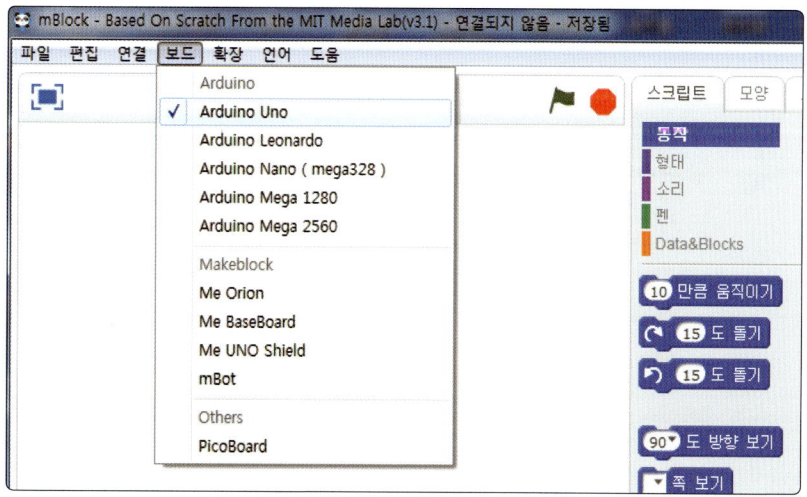

Arduino Uno 선택

Tips
이러한 설치는 단 한 번만 하면 됩니다. 다음에 사용할 때는 USB에 아두이노만 연결하면 됩니다.

4. 점검하기

자, 이제 마지막으로 점검해 볼까요?

❶ 아두이노와 자석 헤더를 연결하고, USB 선을 이용하여 컴퓨터와 연결했나요?

❷ 아두이노용 스크래치(mBlock)를 실행하고 [연결]-[Serial Port]에서 포트를 선택했나요?

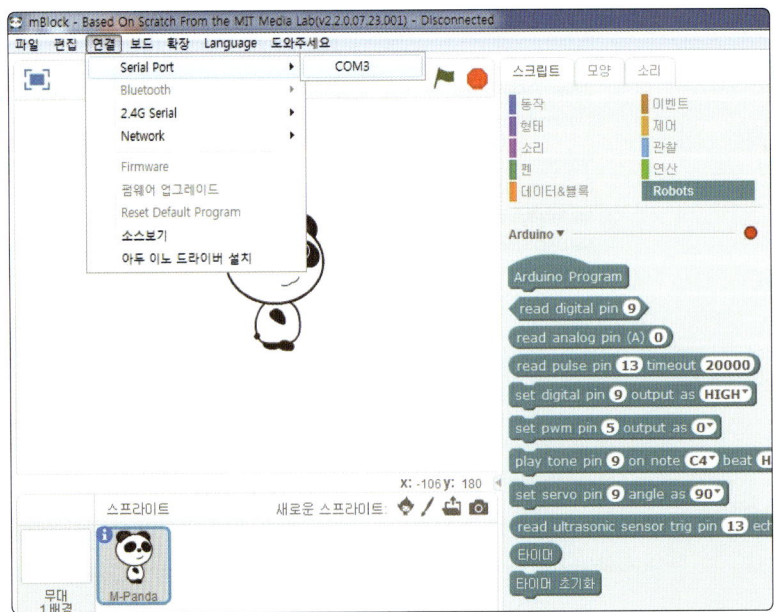

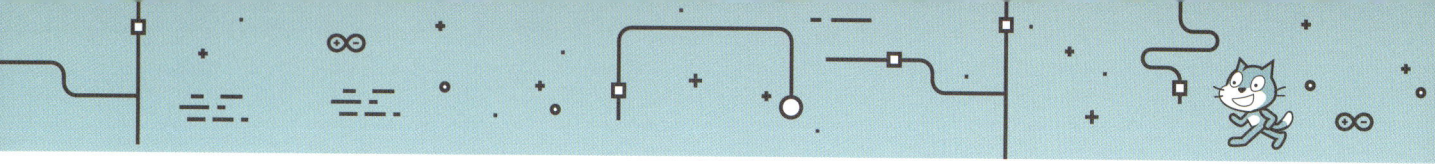

❸ [펌웨어 업그레이드]를 실행했나요?

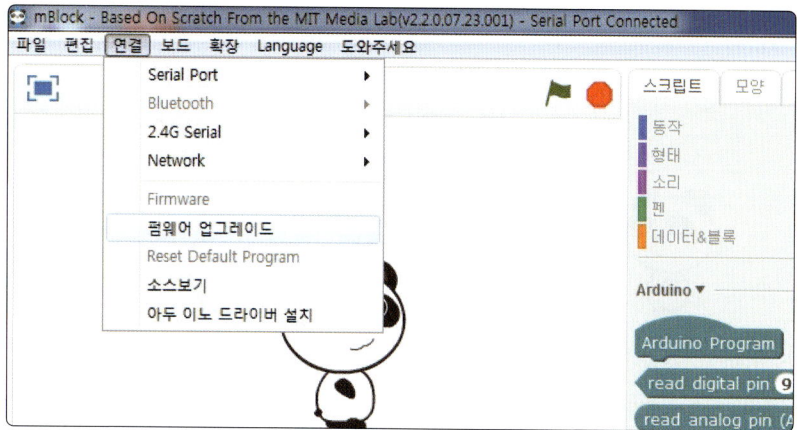

 Tips

펌웨어 업그레이드는 한 번만 하면 됩니다. 아두이노를 다른 곳에서 사용했다면 펌웨어 업그레이드를 해야 합니다. 아두이노용 스크래치(mBlock)에서만 사용했다면 다시 할 필요가 없습니다.

❹ [Robots] 탭을 눌렀을 때 초록색 불이 켜진 것을 확인했나요?

WARMINGUP 아두이노와 스크래치로 메이커가 되기 위한 준비

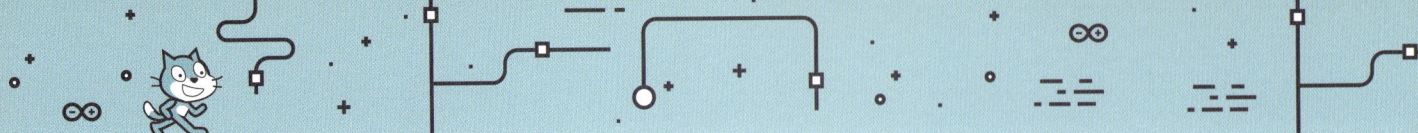

❺ [확장]에서 [Arduino]가, [보드]에서 [Arduino Uno]가 선택되었나요?

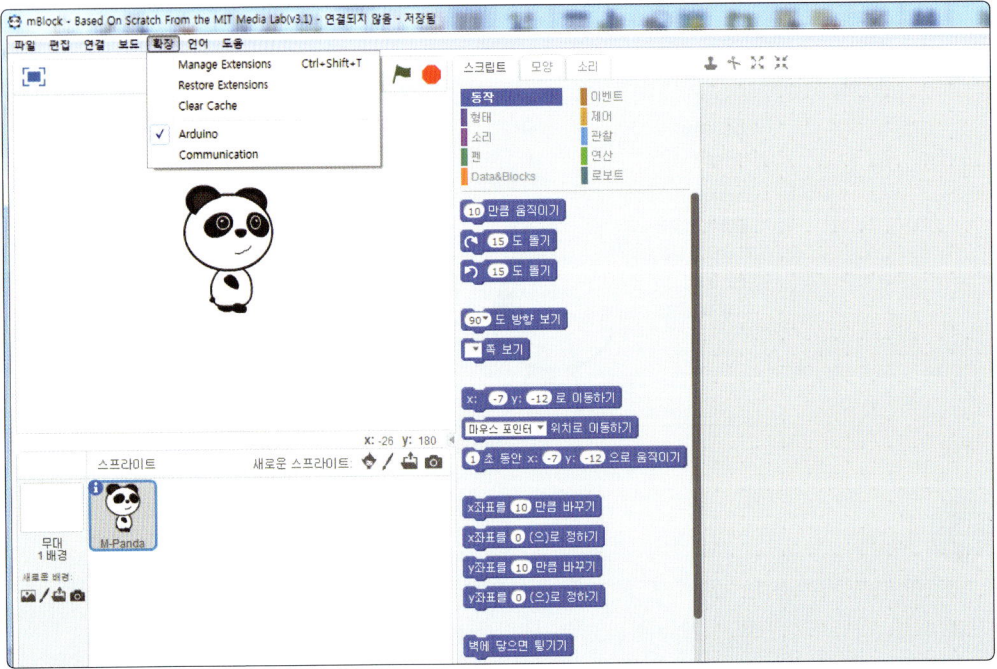

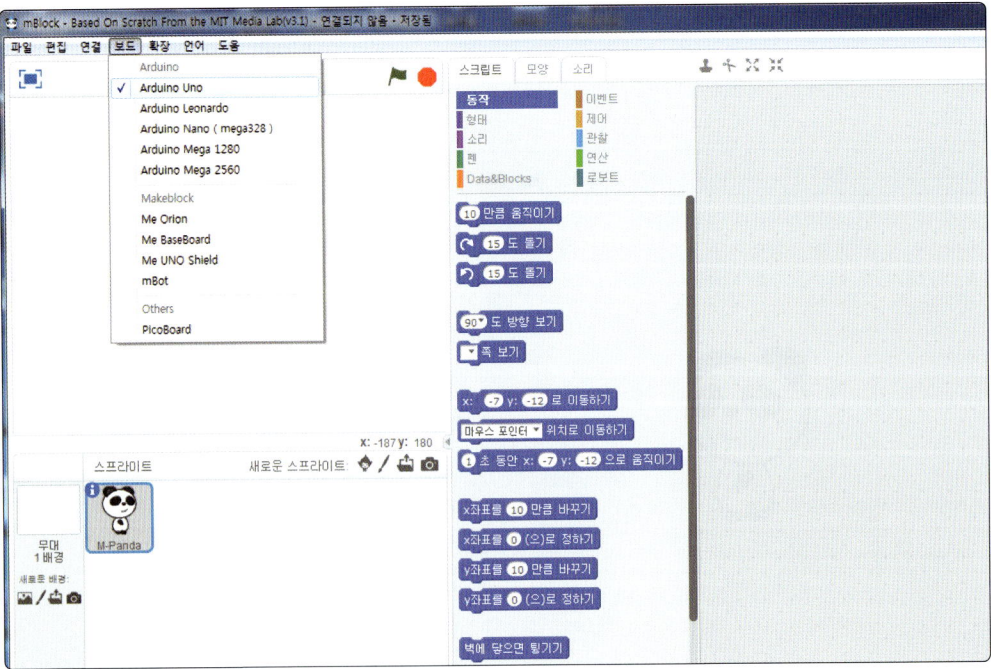

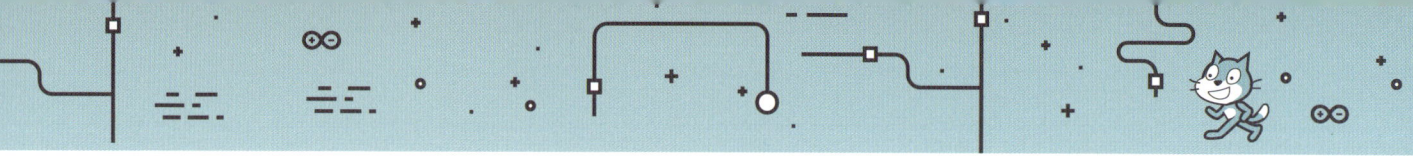

아두이노에 업로드하기
(배터리를 이용하여 컴퓨터 없이 사용하기)

아두이노를 컴퓨터와 연결해 동작할 수도 있지만 업로드하여 아두이노 단독으로 동작할 수도 있습니다. 보조 배터리나 9V 전지를 이용하여 전원을 공급합니다.

무엇을 준비해야 하나요?

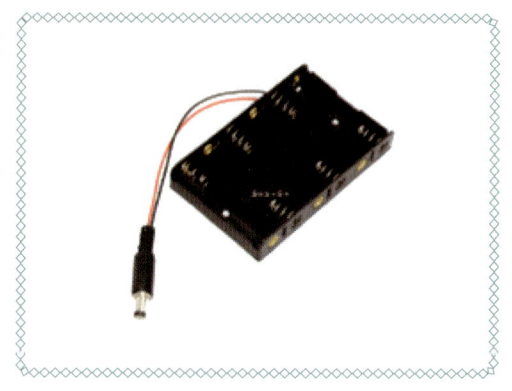

A4 건전지를 이용한 12V 배터리 홀더

9V 전지캡

WARMINGUP 아두이노와 스크래치로 메이커가 되기 위한 준비

컴퓨터 없이 아두이노 동작시키기

① 먼저 아두이노에 업로드하기 위한 스크래치 프로그램을 작성합니다. 프로그램은 반드시 Arduino Program 으로 시작해야 합니다.

아두이노 프로그래밍을 위한 스크래치 명령 모두를 사용할 수 있는 것이 아니라 제어, 연산, Data&Blocks, 로봇 등의 명령 블록을 사용할 수 있습니다.

② 프로그램을 작성한 후에는 [편집] 메뉴에서 [Arduino mode]를 클릭합니다.

❸ 오른쪽에 아두이노 코드가 보이고 'Upload to Arduino' 단추가 있습니다.

❹ 위의 창에서 'Upload to Arduino'를 클릭합니다. 이때 화면 하단에서는 작성한 스케치 프로그램이 번역되어 업로드되는 현황을 살펴볼 수 있습니다.

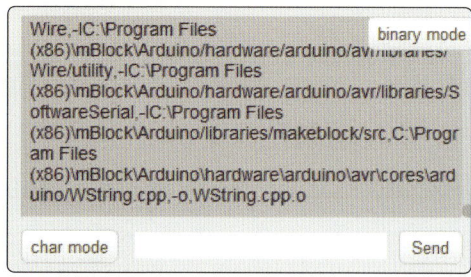

❺ 업로드 작업이 완료되면 'Upload Finish'라는 창이 나타납니다.

❻ 오류 없이 모든 과정이 이루어졌다면 이제 아두이노에 배터리를 연결하는데, 업로드된 스크래치 프로그램이 컴퓨터 없이 동작하게 됩니다.

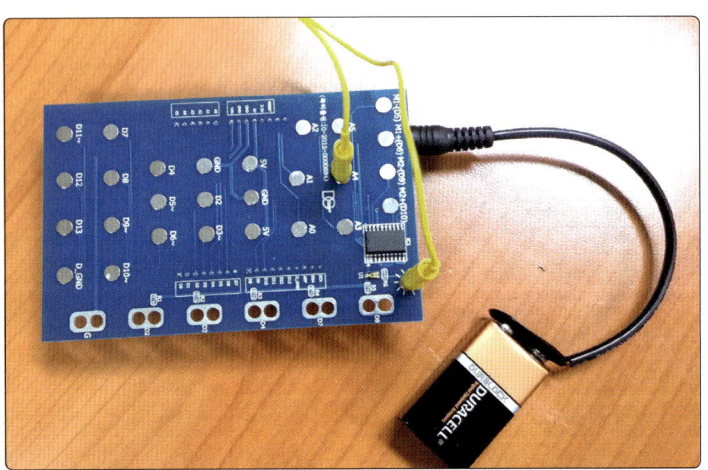

주의하기

다시 스크래치로 프로그램을 작성해서 실행을 시키면 안 됩니다. mBlock에서 작성한 스크래치를 인식하려면 [연결]-[Upgrade Firmware]를 선택하고 다시 펌웨어를 한 번만 업로드해 주면 정상적으로 실행됩니다.

아두이노 무선으로 프로그래밍하기

아두이노를 무선으로 연결하기 위해서는 블루투스나 Wifi 실드가 필요하고, 통신 지식과 제어를 위한 여러 가지 지식이 필요합니다.

아두이노용 Wifi 실드

아두이노용 블루투스 실드

먼저 아두이노용 블루투스를 프로그래밍하고 제어할 수 있는 스크래치 소프트웨어를 설치합니다. 아두이노 온 스크래치 사이트(http://www.arduinoscratch.org)에 접속하여 윈도우용 '아두이노 온 스크래치' 소프트웨어를 다운로드합니다. 소프트웨어는 윈도우 7, 윈도우 10에서 작동합니다.

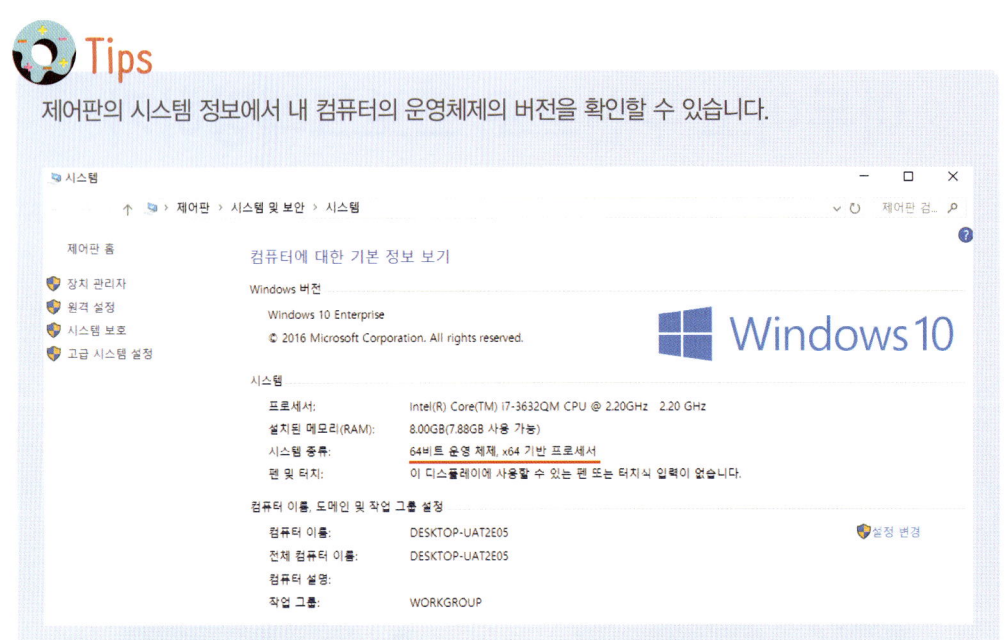

컴퓨터 성능에 따라 5~10분 정도의 설치 시간이 걸립니다. 설치 소프트웨어는 다음의 설명 순서대로 설치됩니다. 이미 컴퓨터에 한 번 설치했다 다시 설치하는 경우에는 'Adobe AIR', 'Viusl C++' 라이브러리는 설치할 필요가 없습니다.

❶ 아두이노용 스크래치를 설치합니다.

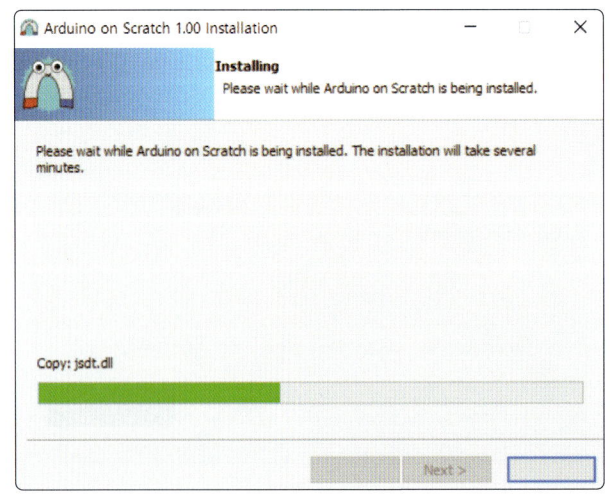

❷ 스크래치 실행 환경을 위한 Adobe AIR를 설치합니다. 이미 설치한 경우에는 다시 설치할 필요가 없습니다.

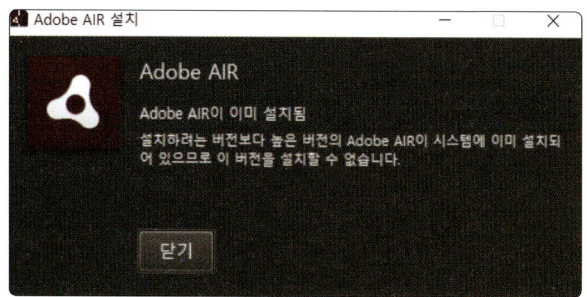

❸ 운영체제 버전에 맞는 Viusal C++ 라이브러리를 설치합니다. 이미 설치한 경우에는 다시 설치할 필요가 없으므로 '닫기'를 누릅니다.

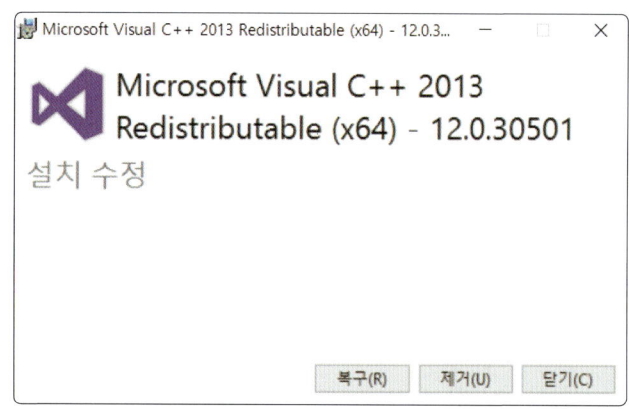

❹ 아두이노용 드라이버 및 호환 보드 드라이버를 설치합니다.

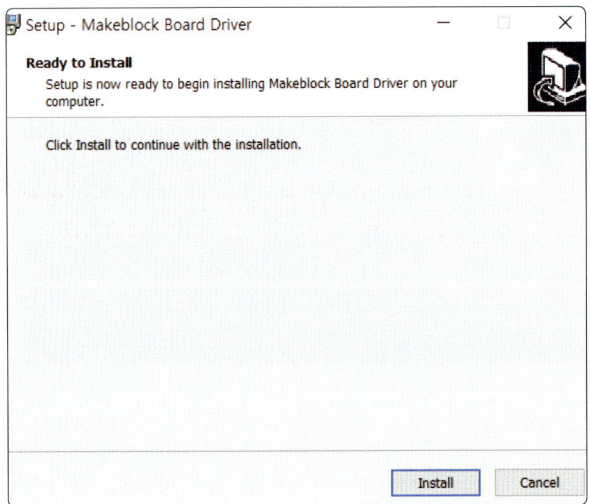

❺ 이제 설치가 다 되었습니다.

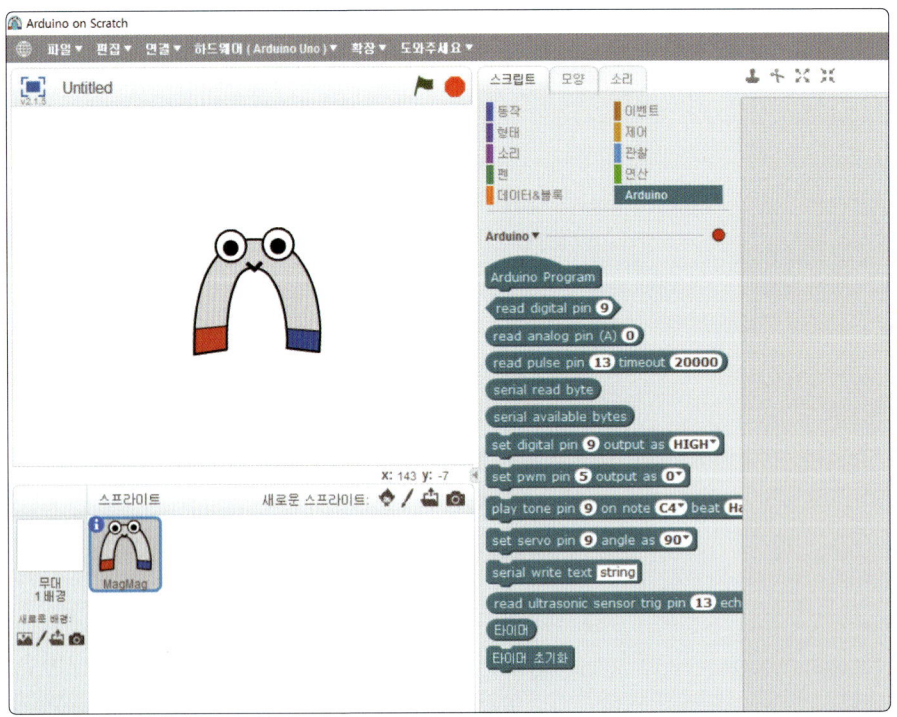

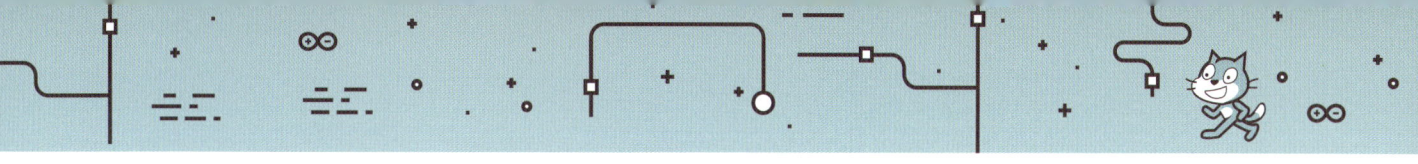

앞에서 설명한 아두이노를 블루투스를 이용해 스크래치 프로그래밍을 하기 위해서는 다음의 단계를 거칩니다.

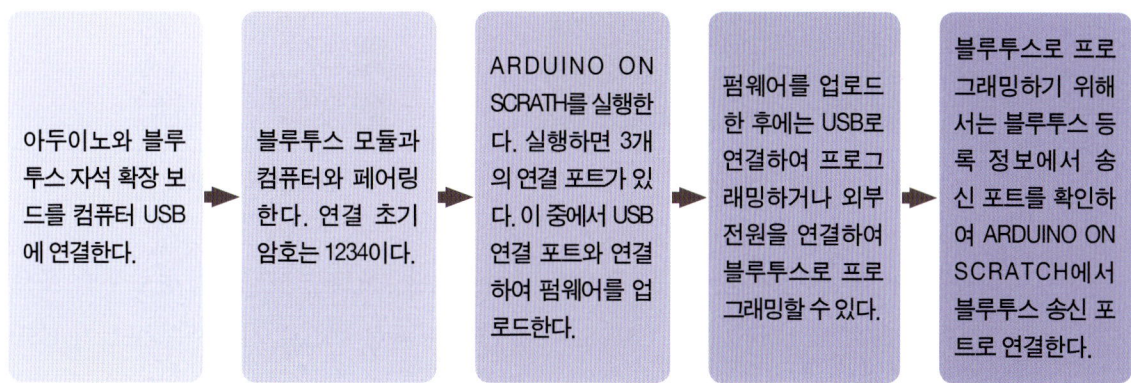

여기서는 윈도우 10을 기준으로 설명합니다. 아두이노와 블루투스 자석 보드를 연결한 후에 'Bluetooth 장치 관리'에서 자동으로 검색된 블루투스 장치를 확인합니다. 여기서는 'Digi_0001'이 아두이노 블루투스 자석 보드입니다.

검색된 아두이노 블루투스 자석 보드

장치를 클릭하면 장치에 대한 암호를 입력하는 화면이 나옵니다. 이때 '1234'를 입력합니다.

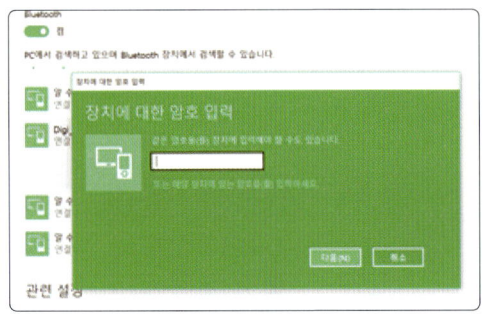
암호 입력 화면

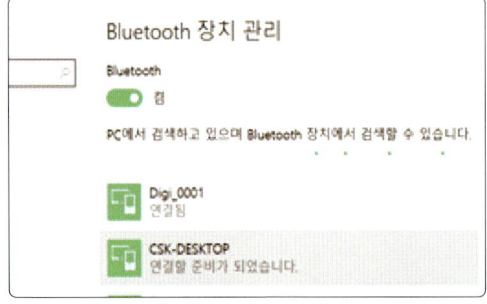
연결 완료된 화면

블루투스를 연결하면 새로운 포트가 생겨납니다. 포트는 3개인데, 블루투스 포트 2개와 USB 포트 1개입니다. 'USB-SERIAL CH340'처럼 USB로 시작하는 포트가 USB 포트입니다.

Tips

블루투스 장치가 주위에 여러 개 있거나 교실처럼 여러 개의 같은 장치를 동시에 사용할 때는 내가 연결한 장치가 어떤 것인지 알기 어렵습니다. 이때는 아두이노 블루투스 자석 보드의 블루투스 모듈에 붙어 있는 이름 스티커를 확인합니다.

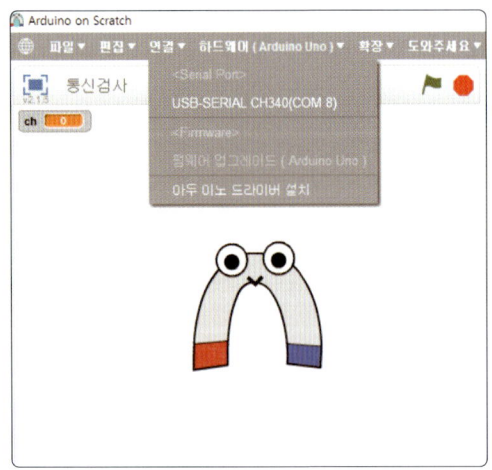
블루투스 연결 전 USB만 연결된 상태

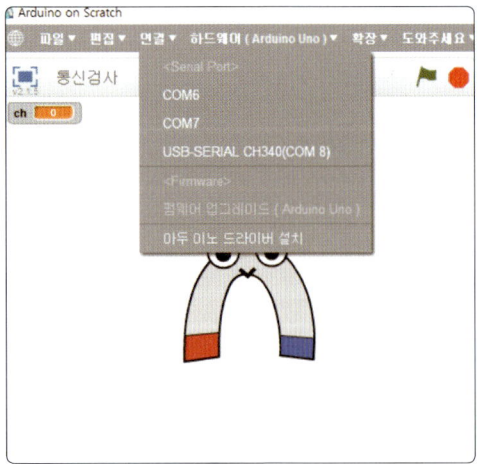
USB와 블루투스 모두 연결된 상태

아두이노를 스크래치로 프로그래밍하기 위해서는 펌웨어 업로드가 반드시 필요합니다. USB 포트를 클릭하여 연결하고, 연결이 성공한 후에 'ARDUINO' 탭을 클릭하면 초록색 불이 들어옵니다.

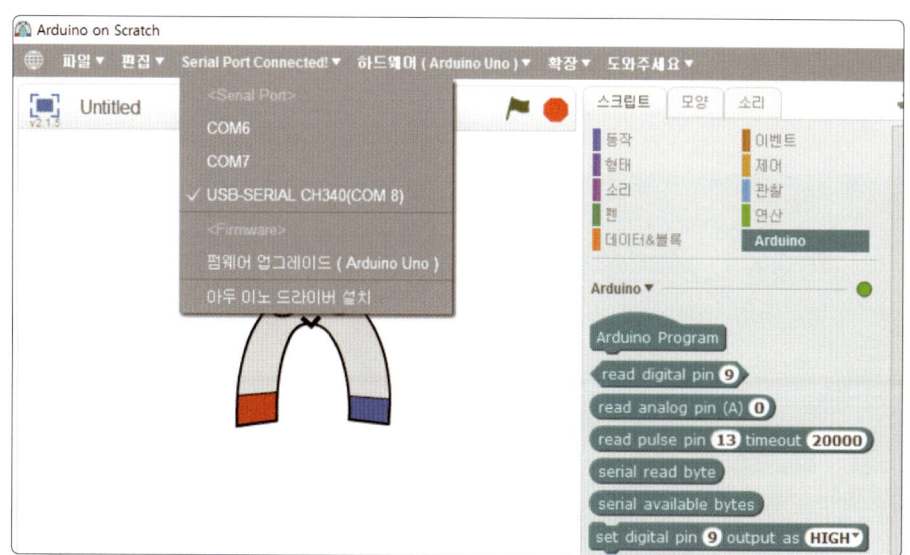

USB 포트를 클릭하여 연결하고 초록색 불 확인

다음으로 펌웨어 업그레이드를 클릭하여 펌웨어를 업로드합니다.

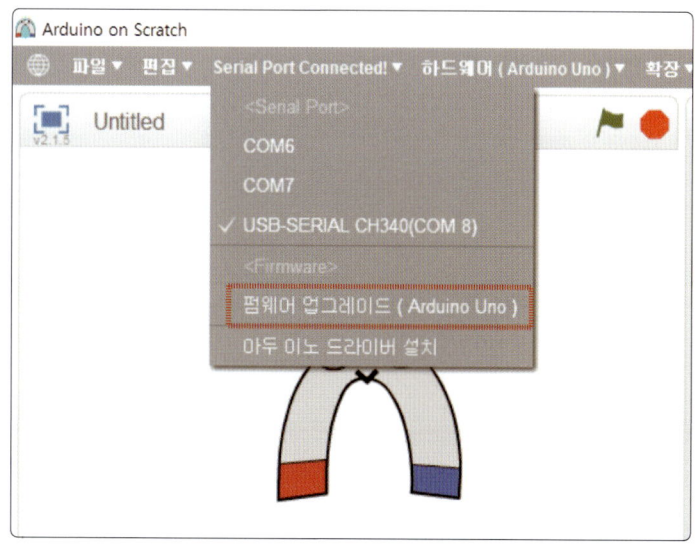

펌웨어 업그레이드

펌웨어를 업로드할 때는 반드시 자석 확장 보드의 연결 단추가 'USB'인지 확인합니다. 만약 단추가 올바르게 되어 있지 않으면 펌웨어가 업로드되지 않습니다.

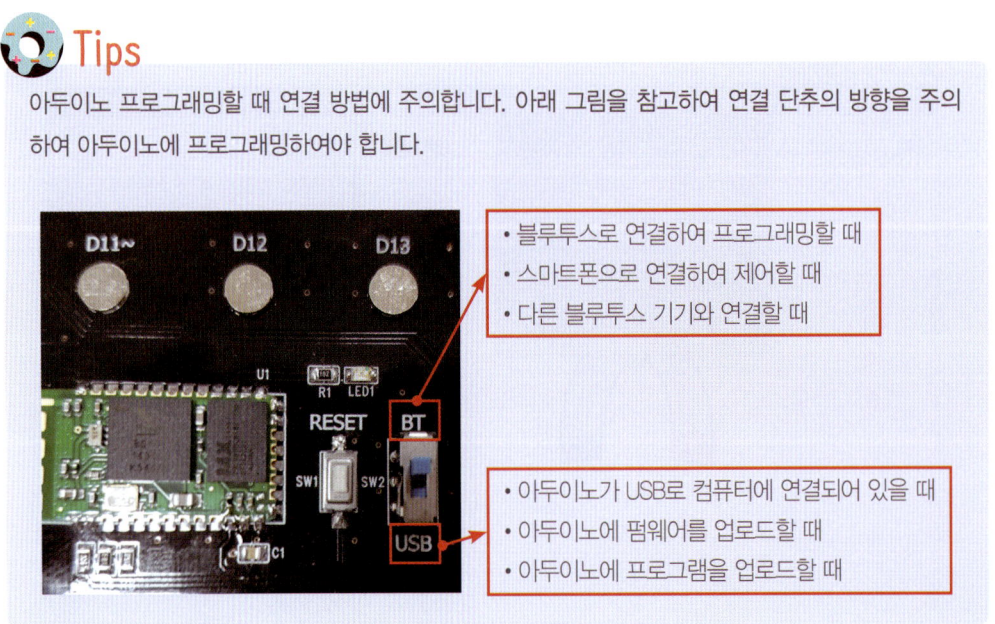

다음으로 윈도우에 블루투스 연결 장치를 클릭하여 블루투스 연결 장치를 엽니다.

그리고 아두이노 블루투스 자석 확장 보드를 클릭하고 송신 포트를 확인합니다.

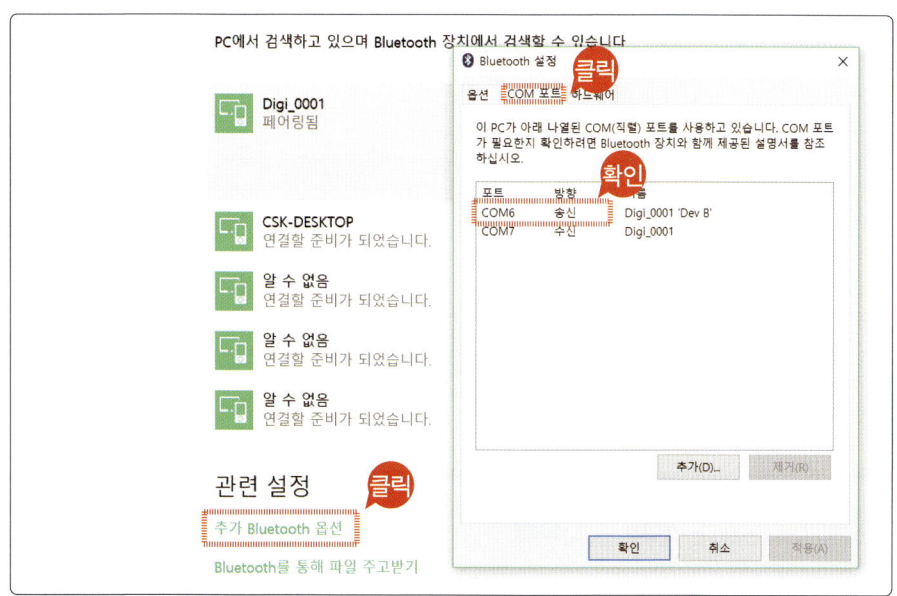

이제 블루투스로 아두이노를 프로그래밍해 봅니다. 아두이노를 컴퓨터에서 분리하고 외부 배터리를 연결합니다. 이때 아두이노 블루투스 확장 헤더 연결 스위치를 반드시 'BT'로 옮깁니다.

외부 배터리 연결

블루투스 프로그래밍을 위해 'BT'로 스위치 이동

WARMINGUP 아두이노와 스크래치로 메이커가 되기 위한 준비

다음으로 ARDUINO ON SCRATCH 프로그램에서 연결 포트를 블루투스 연결 정보에서 확인했던 '송신 포트'인 'COM6'으로 연결합니다. 연결이 성공하면 [Arduino] 탭에 초록색 불이 켜집니다.

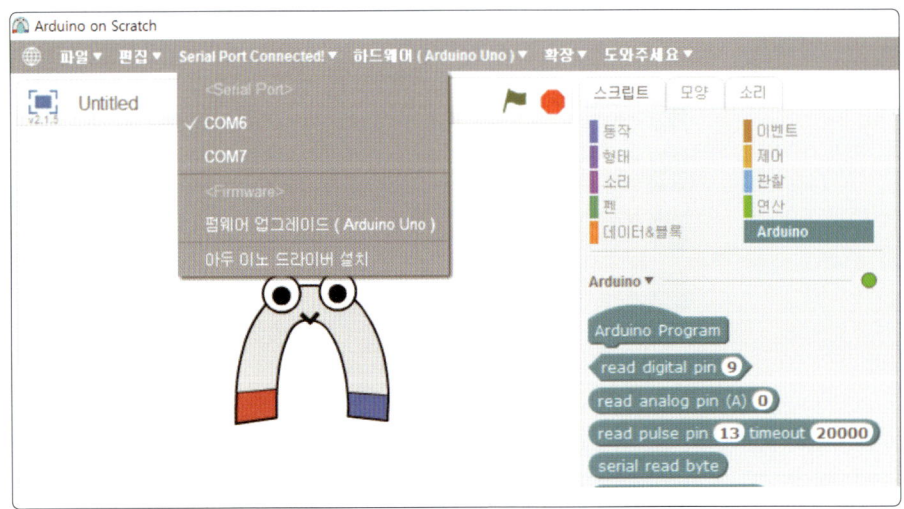

아두이노 블루투스 자석 보드에 연결이 성공하면 계속해서 빨리 깜박이던 보드의 초록색 LED가 계속 켜져 있게 됩니다.

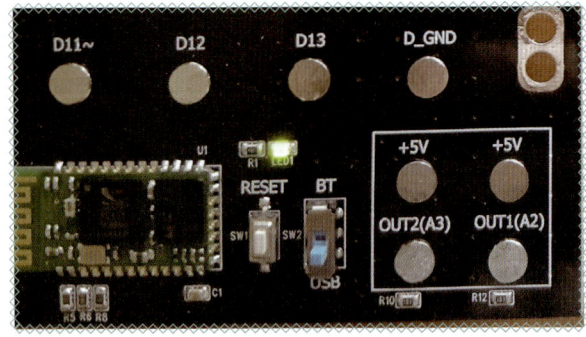

스크래치와 블루투스로 연결이 성공하면 계속 켜지게 되는 LED

자, 이제 무선으로 프로그래밍해 봅시다. 다음 그림처럼 LED를 연결하고 테스트해 봅니다. 스크래치 프로그래밍으로 LED를 켜고 꺼 봅니다.

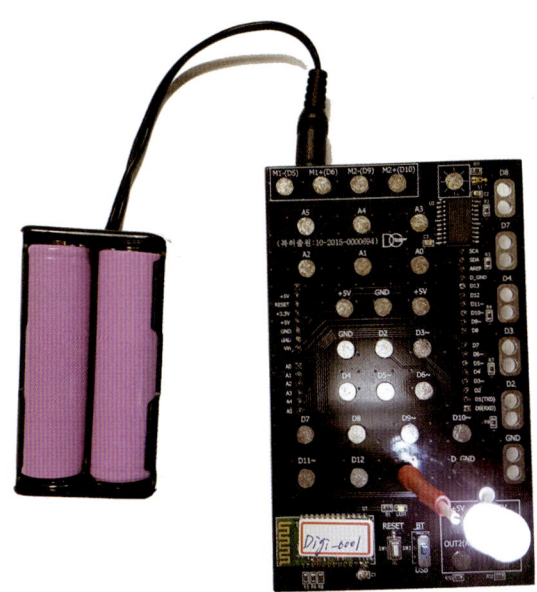

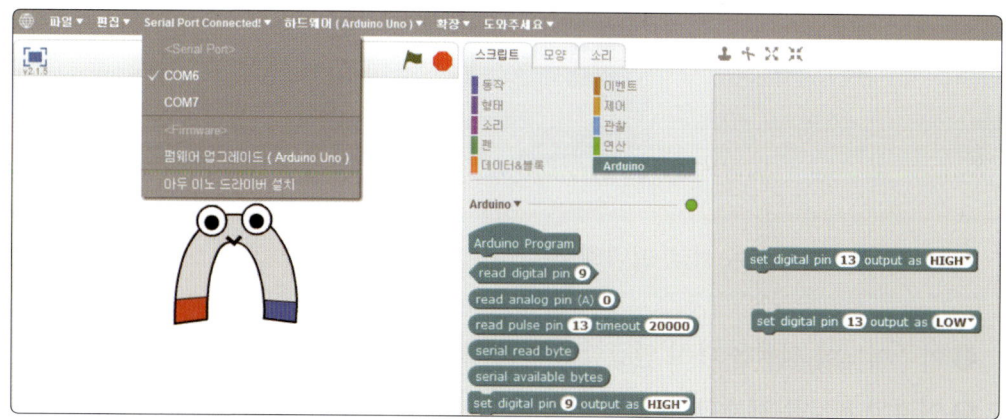

WARMINGUP 아두이노와 스크래치로 메이커가 되기 위한 준비

아두이노 블루투스 확장 헤더 전원을 껐다가 다시 연결할 때

아두이노 블루투스 확장 헤더의 전원이 꺼져도 아래 그림처럼 컴퓨터와 ARDUINO ON SCRATCH 프로그램은 인식하지 못합니다. 전원을 켜고 다시 'COM6' 포트에 연결하면 연결에 성공했다고 메시지가 나오지만, 아두이노 블루투스 자석 보드의 LED 불이 계속 깜박입니다. 즉, 연결이 되지 않은 것이지요.

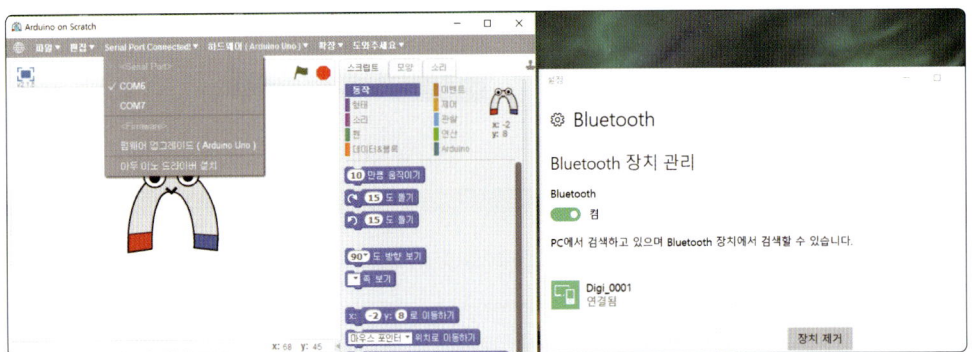

이때는 다음과 같은 순서로 연결해 봅니다.

❶ 아두이노에 전원을 다시 연결합니다.
❷ 연결된 포트를 해제합니다.

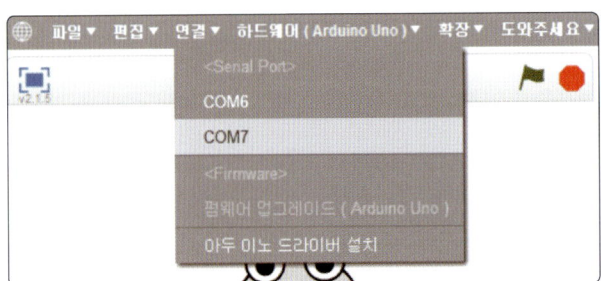

❸ 연결을 해제하면 컴퓨터의 블루투스 장치 정보가 '페어링됨'으로 바뀝니다.

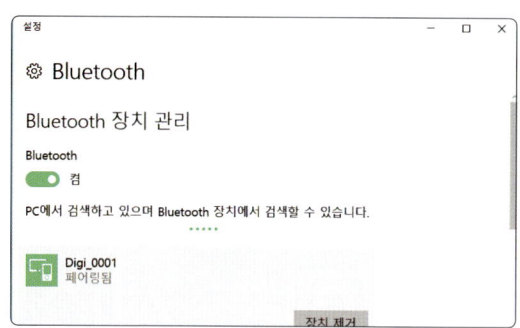

❹ 다시 블루투스 송신 포트에 연결합니다. 아두이노 블루투스 자석 확장 보드의 LED 불이 깜박이지 않고 계속 켜져 있게 되면 연결에 성공한 것입니다.

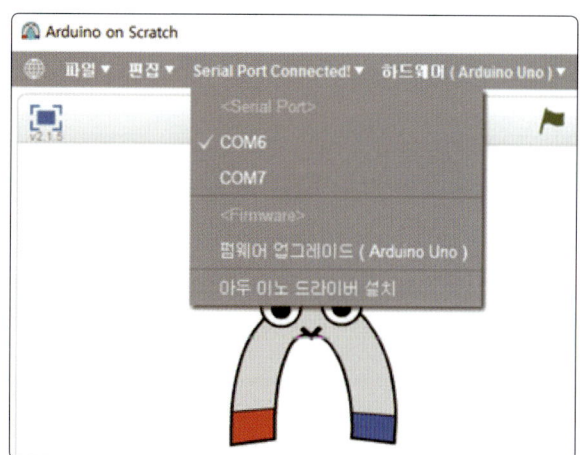

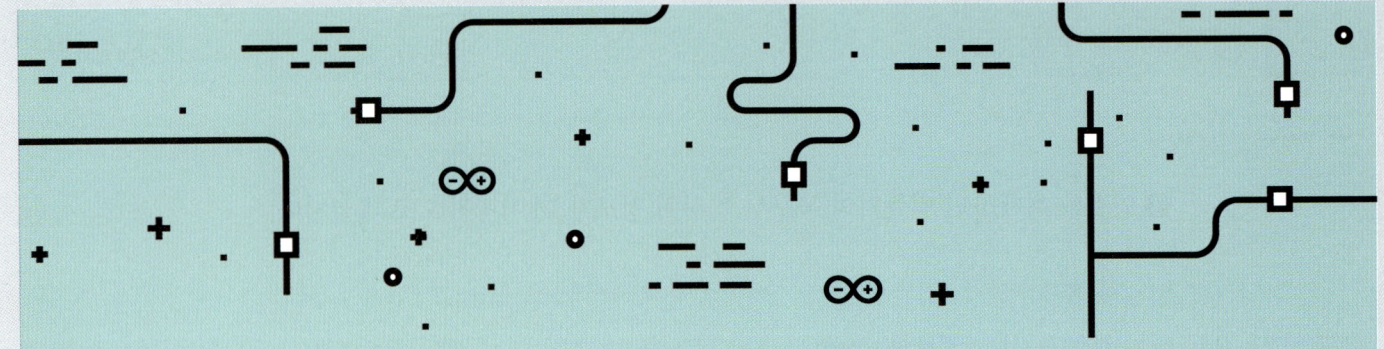

아두이노와 스크래치로 메이커 되기

LED로 밝히는 세상

⊕ 활동 목표

LED의 특성을 이해하고 스크래치를 이용하여 LED를 제어할 수 있다.

⊖ 활동 내용

- LED의 특징을 알아보고, LED를 켜고 끄기
- 신호등의 원리를 이해한 후 LED 3개를 사용해 신호등을 설계하고 스크래치로 프로그램 만들기
- 난수의 개념을 이해하고, 움직이는 LED 댄서 스크래치 프로그램 만들기

 활동 학습을 시작하기 전, 알고 있는 내용을 체크해 보세요

- 스크래치에서 순서대로 실행하는 프로그램 과정을 이해하고 있다. ○
- 변수를 만들어서 값을 저장하여 사용하는 방법을 알고 있다. ○
- 스크래치에서 반복 구조를 이해하고 지정된 횟수의 명령을 수행할 수 있다. ○

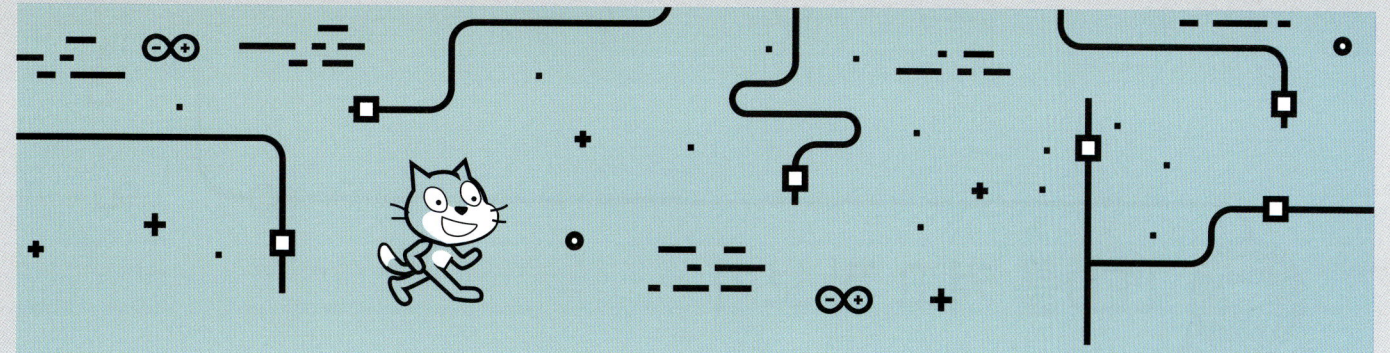

　이 프로젝트에서는 기본적인 스크래치 프로그래밍을 위한 부품들을 익히고, LED를 스크래치 프로그램을 작성하여 제어하는 부분을 학습합니다.
　먼저 1개의 LED를 사용하여 스크래치로 제어해 보고, 2개로 확장해서 실습해 봅니다. 신호등 체계도 학습하여 직접 신호등 시스템을 설계해 보고, 이를 스크래치 프로그램으로 작성해 봅니다. 마지막으로, 수학에서 배우는 난수의 개념을 학습하여 무작위의 의미를 알아보고, LED를 무작위로 제어하는 LED 댄서를 직접 제작해 봅니다.

LED를 켜고 꺼 보기

학습 문제

LED의 기본 특성을 이해하고, 가장 기본적으로 LED 1개를 확장 보드에 연결하여 프로그램으로 켜고 끄는 방법을 실습해 봅시다.

    LED(Light Emitting Diod)는 전류를 빛으로 변환하는 부품이며 여러 가지 색깔과 크기를 가지고 있습니다. LED는 두 개의 다리를 가지고 있는데, 긴 쪽이 (+)극이고 짧은 쪽이 (−)극입니다. 일반적으로 다리가 긴 쪽을 애노드(anode), 짧은 쪽을 캐소드(cathod)라 부릅니다. 인터넷이나 사전 등에서 전문적인 용어로 애노드 부분을 산화 전극, 캐소드 부분을 환원 전극이라고 표현하고 있습니다.

    전기를 흐르게 해서 LED를 켜려면 어떻게 연결해야 할까요? (+)극은 (+)극끼리, (−)극은 (−)극끼리 연결해야 합니다.

주의하기

LED는 허용하는 전압이 있는데, 높은 전압에 연결하면 LED는 바로 타게 됩니다. 아두이노 보드에 표시되어 있는 5V에는 LED를 직접 연결하지 않도록 주의합니다.

무엇을 준비해야 하나요?

LED 1개

어떻게 연결하나요?

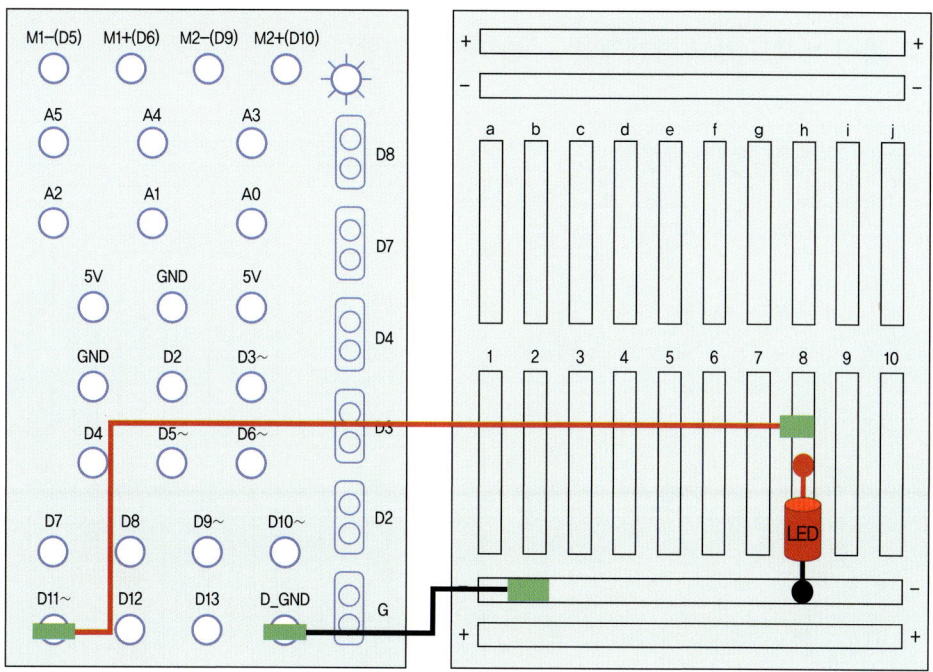

Tips

LED는 투명하여 켜 보기 전에는 색상을 전혀 알 수 없지만 다리의 양쪽 같은 색깔로 LED의 색깔을 알 수 있습니다. LED 아랫부분의 빨간색과 검은색 다리는 회로 연결에서 (+)와 (−) 부분을 표현합니다. 즉, (+)는 빨간색을, (−)는 검은색을 의미합니다.

완성이 되면?

PROJECT 1 LED로 밝히는 세상　45

 ## 자석 브레드 보드에 연결해 보기

❶ LED의 다리에서 빨간색 자석선은 자석 브레드 보드의 8번 라인에, 검은색 자석선은 자석 브레드 보드 아래쪽의 '−' 라인에 연결합니다.

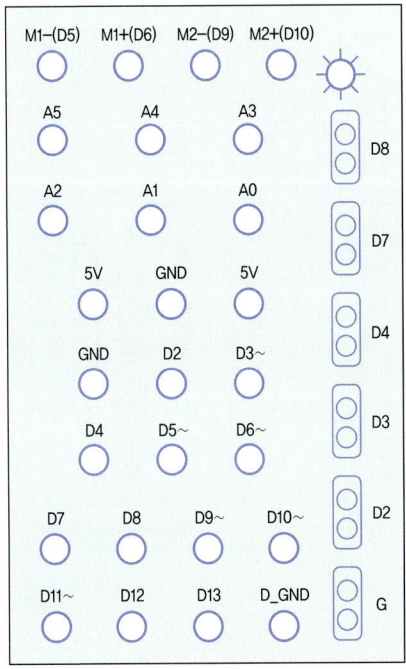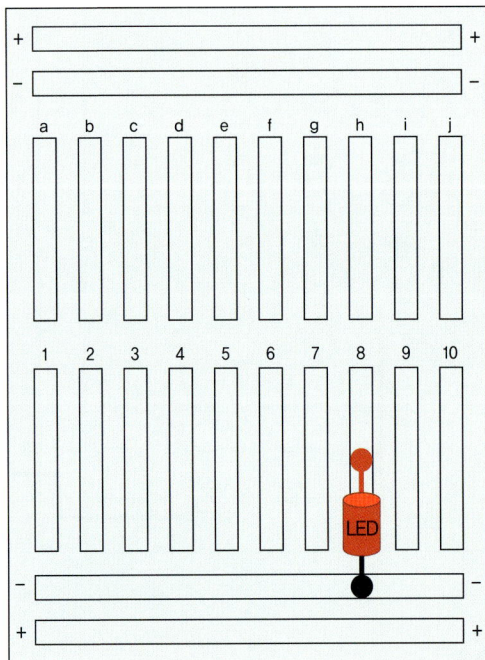

❷ 자석선을 이용하여 확장 보드의 11번 포트와 자석 브레드 보드의 8번 라인, 확장 보드의 D_GND 포트와 자석 브레드 보드의 '−' 라인을 연결합니다.

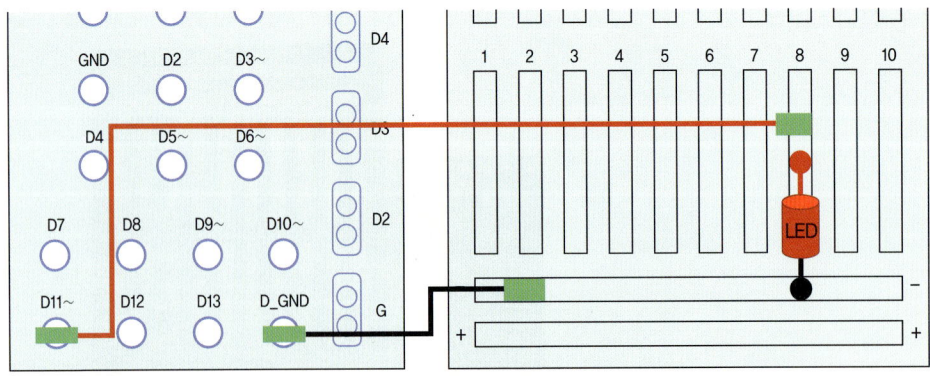

Tips

스크래치와 아두이노가 연결이 되었을 때는 아래 그림과 같은 모습입니다.

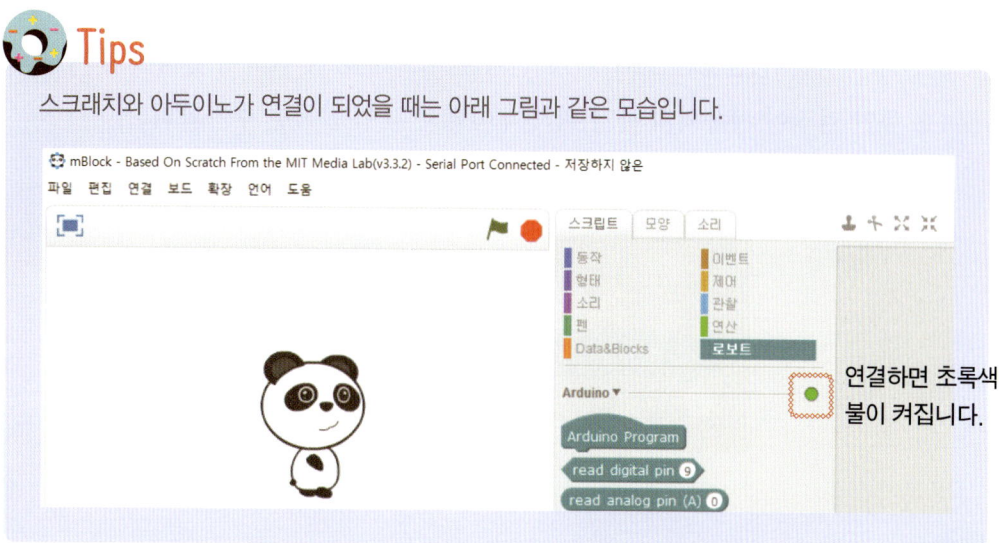

연결하면 초록색 불이 켜집니다.

👉 스크래치 블록 프로그래밍해 보기

❶ [스크립트]-[제어]에서 다음의 블록들을 가져옵니다.

PROJECT 1 LED로 밝히는 세상 **47**

❷ LED와 자석선이 연결된 포트에 5V 전기를 흐르게 하기 위하여 블록을 추가하고, 1초 동안 켜짐이 지속되게 하기 위하여 아래와 같이 블록을 추가합니다.

Tips

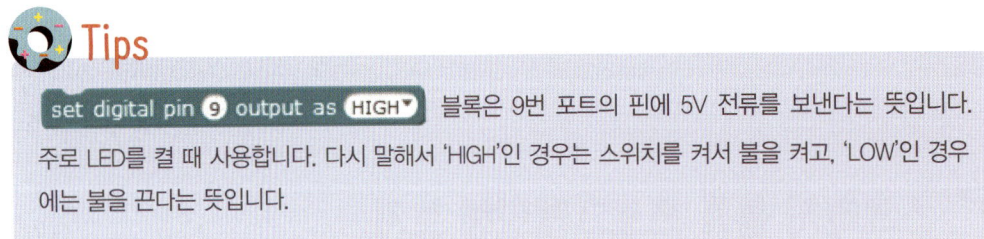

❸ ❷에서 동일한 블록 2개를 추가하고, HIGH를 LOW로 바꾸어 줍니다.

❹ 을 클릭하여 LED에 불이 들어오는지 확인합니다.

Tips

- 만약에 LED에 불이 들어오지 않는다면 다음을 점검해 봅니다.
  ① LED의 빨간색 선(+)과 검은색 선(-)이 브레드 보드에 반대로 있는지 점검합니다.
  ② 11번 포트와 LED의 빨간색 선이 같은 곳(+ 위치)에 있는지 점검합니다.
  ③ D_GND 포트와 LED의 검은색 선이 같은 곳(- 위치)에 있는지 점검합니다.
  ④ 스크래치 명령 블록을 제대로 작성했는지 오류를 점검합니다.
- 0번 포트와 1번 포트는 시리얼 통신에 사용되기 때문에 LED를 연결하지 않도록 주의합니다.

아두이노 관련 부품 알아보기

( )학교 ( )학년 ( )반 이름 ( )

1 아래 사진의 부품 이름을 쓰고 어디에 쓰이는지 설명하세요.

사진	이름	설명

❷ 다음 그림 1과 그림 2의 서로 공통된 부분을 찾아서 기록해 보세요.

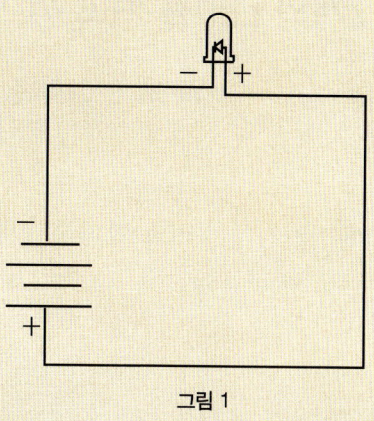

그림 1

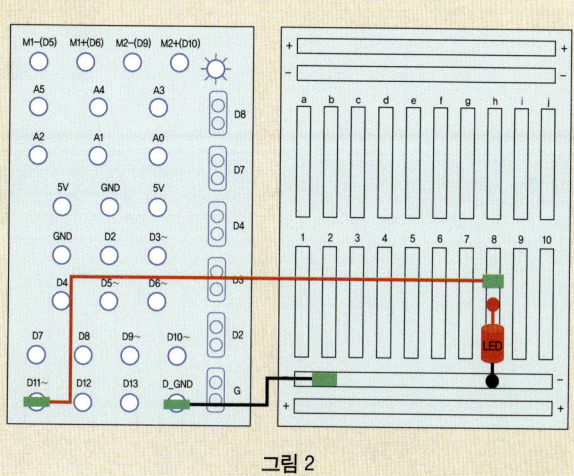

그림 2

그림 1	그림 2
LED	
전선	
배터리	

PROJECT 1 LED로 밝히는 세상

2개의 LED를 켜고 꺼 보기

( )학교 ( )학년 ( )반 이름 ( )

1. LED 2개를 서로 번갈아 가며 켜지게 하려고 합니다. 아래의 양식에 LED 2개와 전선들을 사용하여 연결 회로를 그려 보세요.

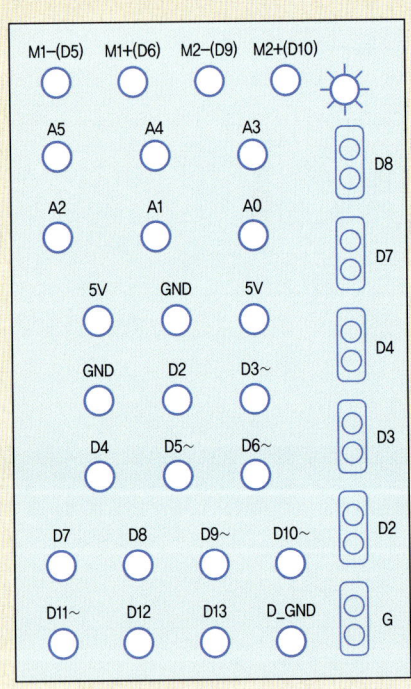

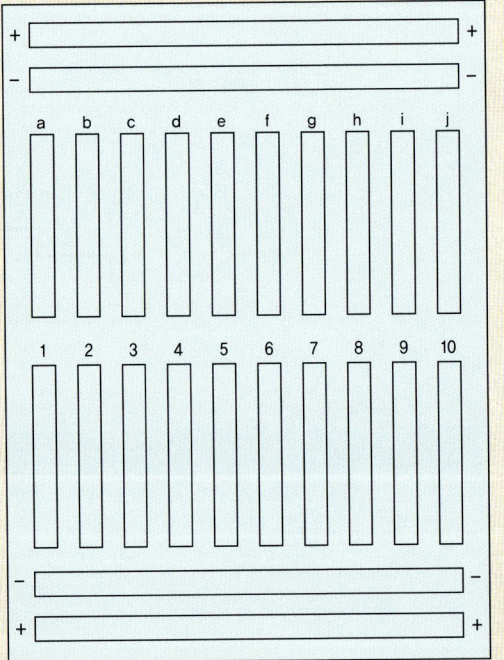

❷ 2개의 LED를 켜고 끄는 알고리즘을 블록 코드로 작성해 보세요.

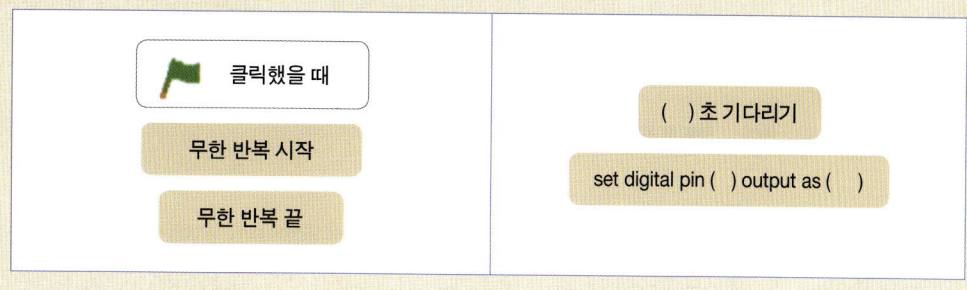

순서	스프라이트 이름: 🚩 클릭했을 때
1	
2	
3	
4	
5	
6	
7	
8	

❸ 다음 보기 에서 5번 포트에 연결된 LED를 무한히 켜고 끌 경우, 필요한 블록들을 모두 고르세요.

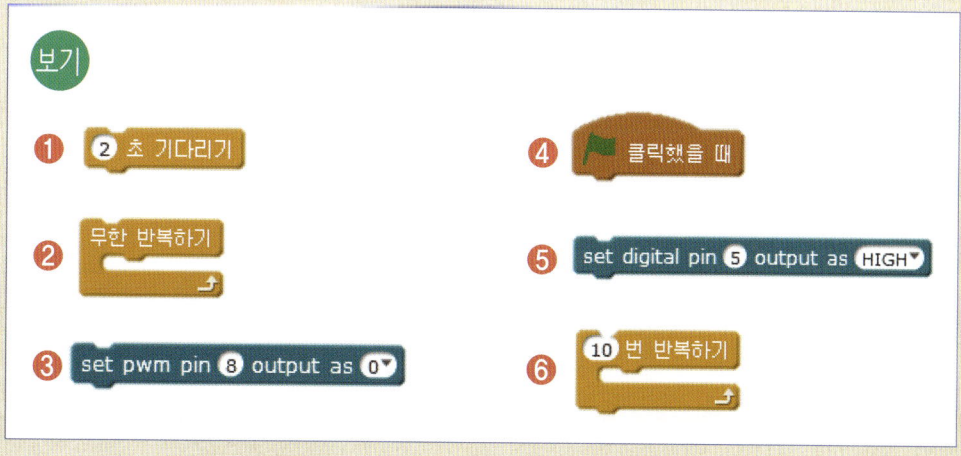

④ 2개의 LED를 켜고 끄는 시간을 다르게 설정하려고 합니다. 하나는 2초 간격, 다른 하나는 0.5초 간격으로 켜지게 할 때, 필요한 알고리즘을 블록 코드로 작성해 보세요.

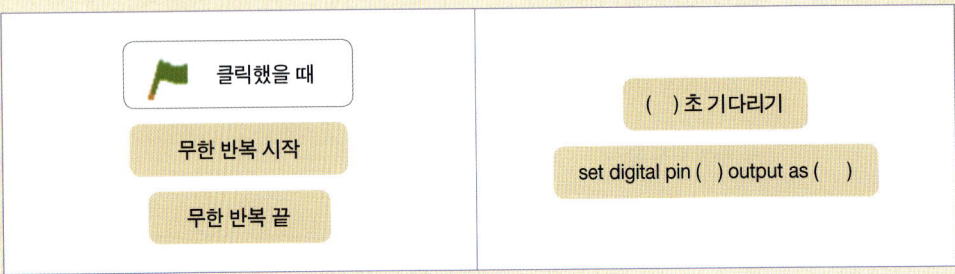

순서	스프라이트 이름:	
	첫 번째 LED	두 번째 LED
	클릭했을 때	클릭했을 때
1		
2		
3		
4		
5		
6		
7		
8		

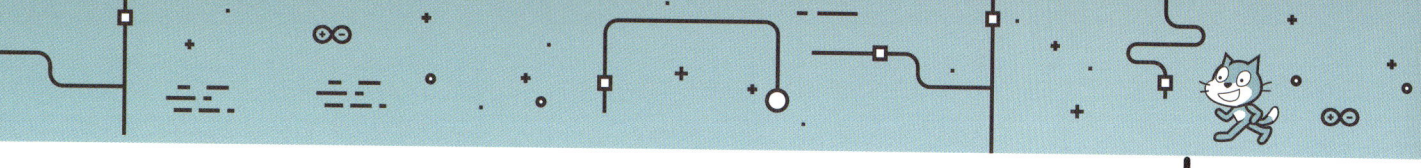

 # 생활 속의 신호등 만들기

> **학습 문제**
> 주변에서 쉽게 볼 수 있는 신호등의 동작 원리를 살펴보고 생활 속의 신호등과 똑같이 프로그램으로 제어해 봅시다.

우리는 신호등에 초록색 불이 들어오면 횡단보도를 건넙니다. 네거리에 있는 자동차들은 초록색 불의 신호등이 빨간색 불로 바뀌면 출발합니다. 이처럼 사람도 자동차도 신호등의 정해진 불빛에 따라 움직이는데, 이 신호를 제대로 지키지 않으면 사고가 일어납니다.

자동차가 발명되고 얼마 지나지 않은 도로는 어떠했을까요? 마차와 자동차 그리고 사람들이 도로와 차도의 구별 없이 함께 다녀 사고가 수없이 일어났다고 합니다. 미국의 발명가인 가렛 모건(Garrett Morgan)은 어느 날 마차와 자동차가 부딪치는 끔찍한 사고를 목격했습니다. 그는 마차와 자동차 그리고 사람들이 다니는 도로에 신호등이 있어야겠다고 생각했습니다. 그리고 오늘날과 같은 빨간색과 초록색 불이 들어오는 신호등을 발명했습니다.

자, 이제부터 빨간색, 노란색, 초록색 불이 들어오는 신호등을 만들어 교통 규칙에 따라 켜 봅시다.

무엇을 준비해야 하나요?

LED 3개

PROJECT 1 LED로 밝히는 세상 55

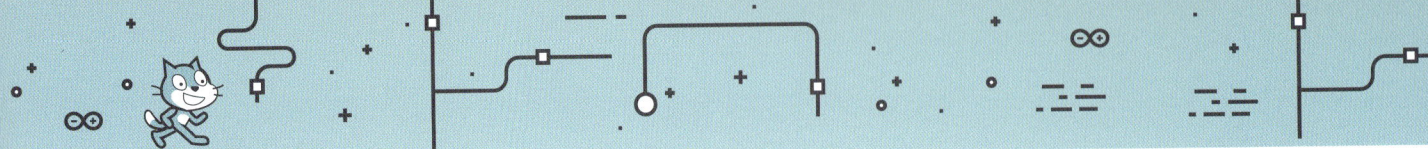

어떻게 연결하나요?

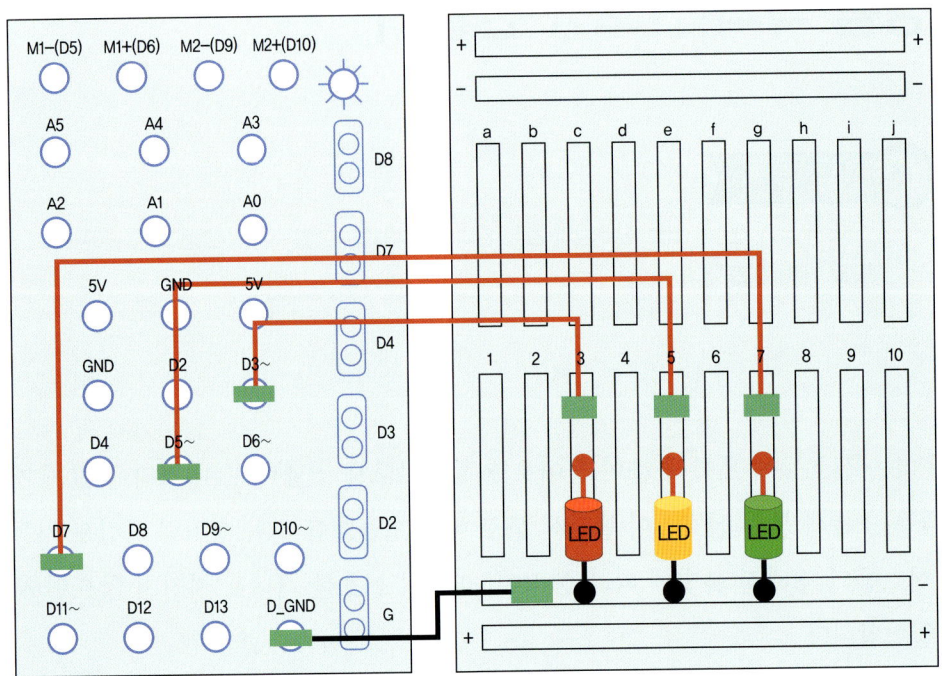

완성이 되면?

 ## 자석 브레드 보드에 연결해 보기

❶ 3개의 LED 빨간색 다리를 3, 5, 7번 라인에 연결하고, 검은색 다리는 자석 브레드 보드 아래쪽의 '−' 라인에 연결합니다. LED의 색깔은 3번부터 빨간색, 노란색, 초록색의 순서로 배치합니다.

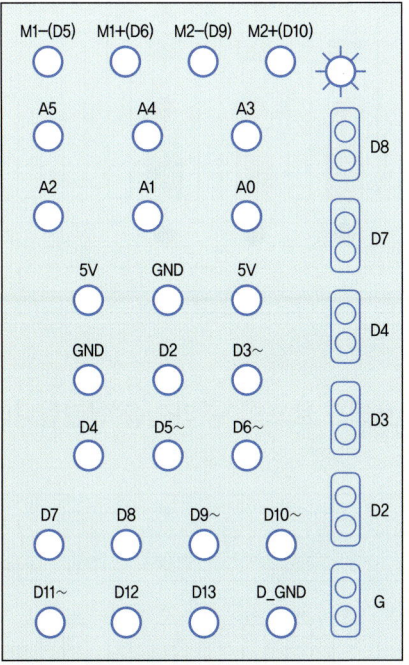
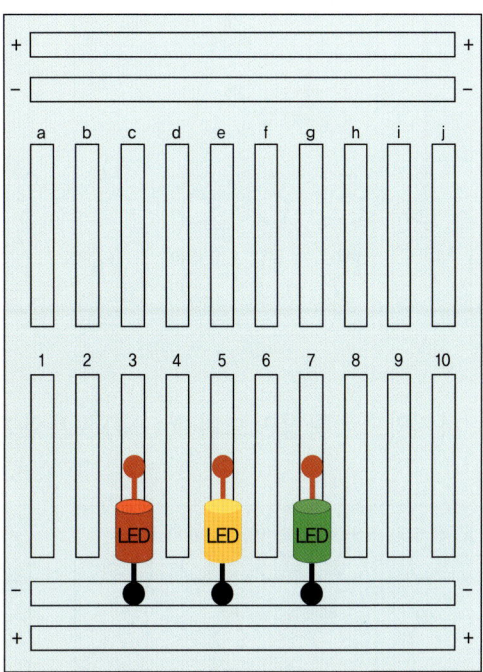

❷ 자석선을 이용하여 확장 보드의 3번 포트와 자석 브레드 보드의 3번 라인, 5번 포트와 자석 브레드 보드의 5번 라인, 7번 포트와 자석 브레드 보드의 7번 라인에 각각 연결합니다.

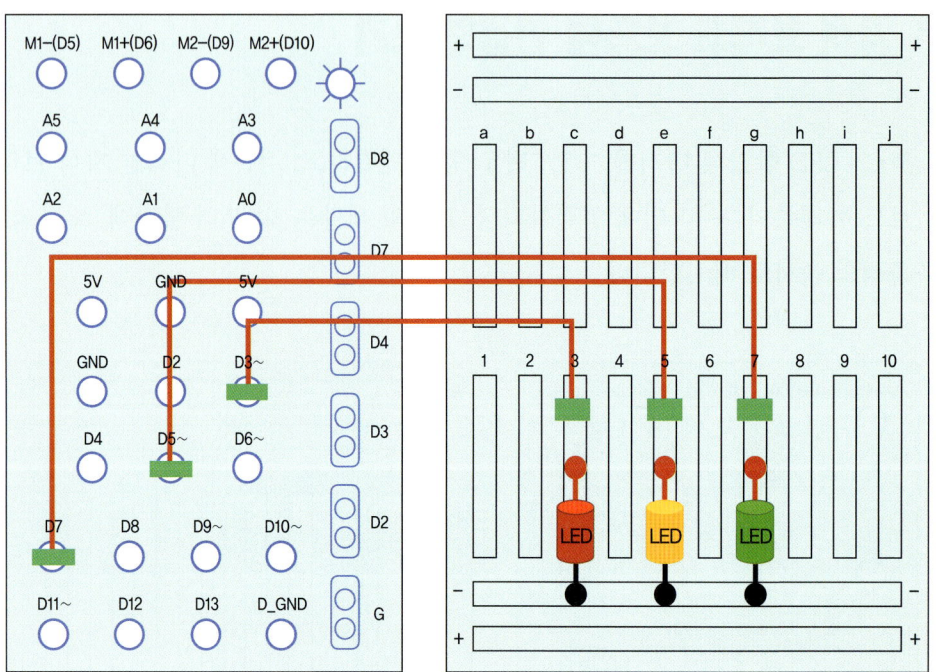

❸ 마지막으로 확장 보드의 D_GND 포트와 자석 브레드 보드의 '−' 라인을 연결합니다.

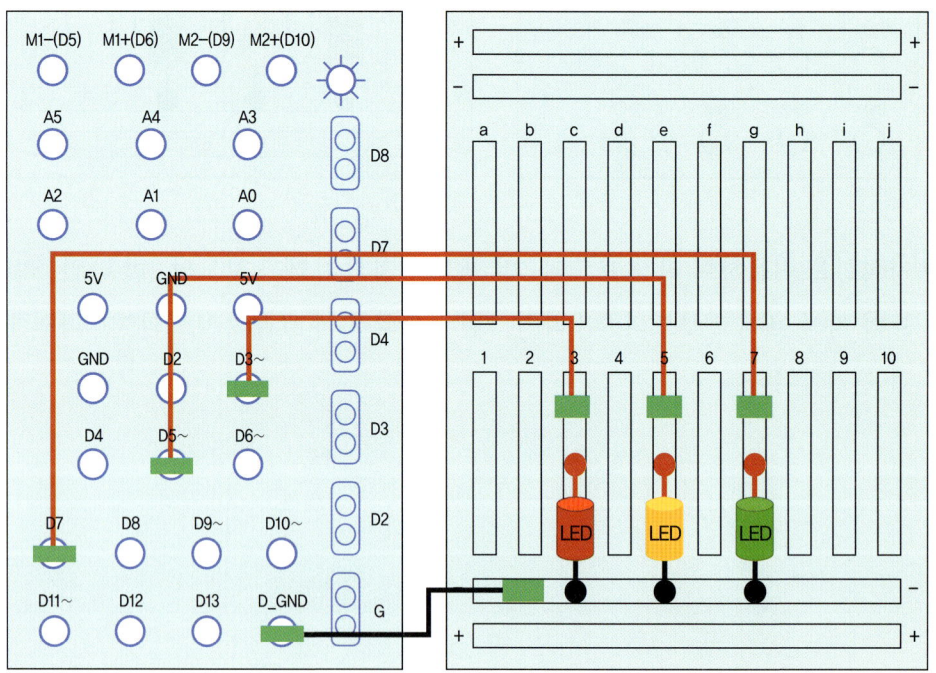

신호등 알고리즘 만들기

( )학교 ( )학년 ( )반 이름( )

※ (1~3) 다음 3색 LED 신호등을 보고 물음에 답하세요.

1 LED가 켜지고, 꺼지는 순서를 정리해 보세요.

순서	내용
1	
2	
3	
4	

2 시간 순으로 켜지는 LED의 순서를 정리해 보세요. (켜짐은 ○, 꺼짐은 ×)

순서	빨간색	노란색	초록색
1			
2			
3			
4			

3 1분 단위로 3가지 색깔의 LED 신호등이 켜지고 꺼질 때 시간을 정리해 보세요.

순서	켜져 있는 시간	꺼져 있는 시간
빨간색		
노란색		
초록색		

4 나만의 신호등을 제작하려고 할 때, 연결 회로를 그려 보세요(단, LED는 3개 이상 사용해도 됩니다).

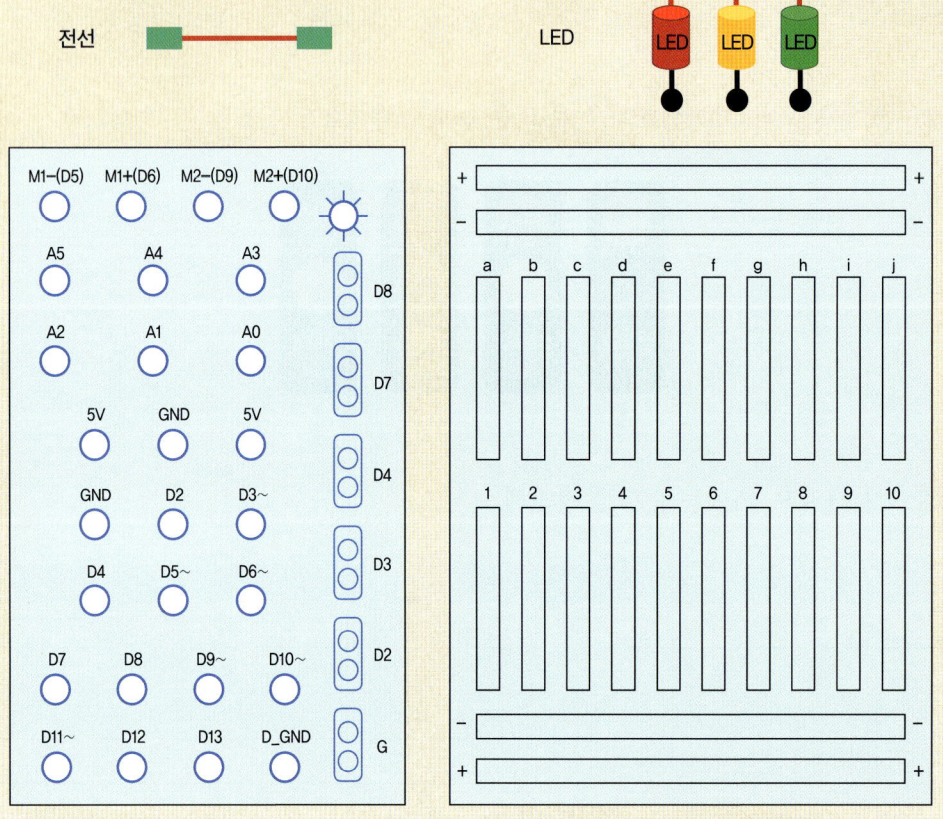

5 나만의 신호등을 만들어 보세요. 각 시간별로 켜지는 신호등을 색칠해 보고 그때의 의미를 정리해 보세요.

켜지는 신호등	의미
○○○○○	
○○○○○	
○○○○○	
○○○○○	
○○○○○	

❻ 나만의 LED 신호등을 만드는 알고리즘을 만들어 보세요.

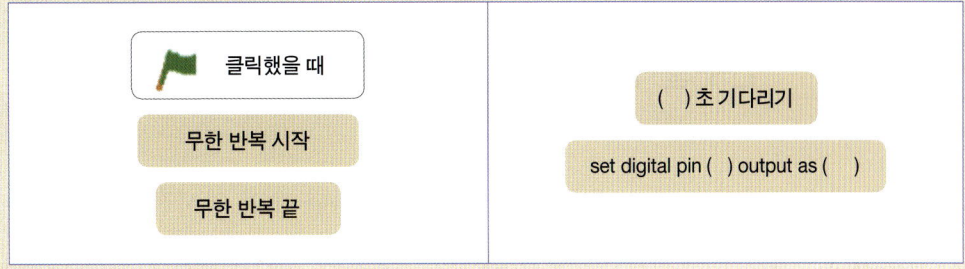

순서	스프라이트 이름:
	내용
1	
2	
3	
4	
5	
6	
7	
8	
9	
10	
11	
12	
13	
14	
15	

더 알아보기   변수를 만드는 방법에 대하여 알아봅시다

변수는 값을 기억하는 장소입니다. 프로그래밍을 하다 보면 임시적으로 계산 결과나 값을 기억해야 합니다. 이럴 때 값을 보관하는 장소가 변수입니다.

❶ [스크립트]-[Data&Blocks]에서 변수 만들기 를 눌러 '깜빡'이라는 변수 이름을 만듭니다.

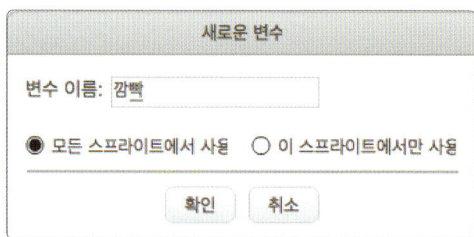

🍩 **Tips**
변수는 어떤 값을 기억하는 장소입니다. 임의로 변경하기 전까지는 주어진 값을 기억하고 있습니다.

❷ '깜빡'이라는 변수를 만들면 아래와 같이 변수 이름과 변수에 관련된 블록이 나타납니다.

❸ 여기에서는 깜빡 변수의 값을 임의로 정하거나 다른 값으로 바꾸기를 할 수 있습니다. 수식을 사용해서 값을 누적할 수도 있습니다.

```
          클릭했을 때
    깜빡 ▼ 을(를) 1 로 정하기
    15 번 반복하기
        set digital pin 7 output as HIGH ▼
        깜빡 초 기다리기
        set digital pin 7 output as LOW ▼
        깜빡 초 기다리기
        깜빡 ▼ 을(를) -0.1 만큼 바꾸기
```

❹ 위의 스크래치 프로그램을 15번 반복합니다. 15번 반복이 되는 동안에는 7번 포트에 연결된 LED를 켜고 끄는 동작을 깜빡 초만큼 진행합니다. 마지막에 반복되는 깜빡 변수의 값을 기존 값에서 −0.1만큼 바꾸기를 실행합니다.

❸에서의 블록의 의미는 깜빡 변수의 값에서 −0.1을 계산하고 그 값을 다시 깜빡 변수에 저장하는 것입니다. 15번을 반복하는 동안에 깜빡은 1에서 0.9, 0.8, …, 0이 될 때까지 값이 작아집니다. 즉, LED를 켜고 끄는 사이의 기다리는 시간(지연 시간)이 자꾸 작아지니 LED 켜지는 시간이 점점 짧아지게 되는 것입니다.

1부터 10까지의 합을 구해 보자

( )학교 ( )학년 ( )반 이름( )

1 다음 스크래치 프로그램에서는 '합'과 '증감 값'이라는 변수를 각각 만들었습니다. 이 스크래치는 1~10까지의 합을 구하는 프로그램입니다. 빈칸에 알맞은 블록을 넣어 보세요.

❶

❷

❸

❹

❺

❷ 앞의 스크래치 프로그램을 실행한 결과 두 개의 변수(합, 증감 값)에 기억된 각각의 값은 얼마인가요?

합: _____

증감 값: _____

❸ 앞의 블록에서 사용하지 않아도 실행 결괏값에는 전혀 영향을 미치지 않는 블록을 찾고 이를 설명하세요.

변화가 없는 블록: _____

설명: _____
_____
_____
_____

마구마구 춤추는 LED 댄서 만들기

학습 문제

수학의 난수의 개념을 이해하고, 이를 바탕으로 순서를 예측할 수 없도록 아두이노 회로를 구성한 후 LED를 켜고 끄는 방법을 실습해 봅시다.

멋진 LED 신호등을 만들어 보았나요? 여기에서는 춤추는 LED 댄서를 만들어 볼 거예요.

여러분은 에디슨이 전구를 발명했다는 것을 잘 알지요? 그런데 전구보다 밝고 아름다운 LED는 누가 처음 발명한 것일까요?

미국 발명가인 닉 홀로니악(Nick Holonyak)이 제너럴 일렉트릭이라는 전기기기 제조 회사의 연구소에서 1962년 빨간색의 LED를 발명했답니다. 2014년에는 일본의 세 학자 이카사키 이사무, 아마노 히로시, 나카무라 슈지가 파란색의 LED를 개발하여 노벨 물리학상을 받았습니다. 노벨상을 받을 만큼 LED의 발명은 대단합니다. LED는 전구보다 18배, 형광등보다 4배 밝으며, 수명 또한 10만 시간으로 전구보다 100배나 오래 갑니다.

무엇을 준비해야 하나요?

LED 5개

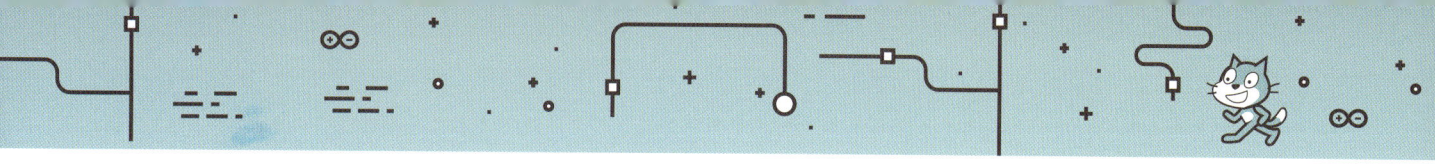

어떻게 연결하나요?

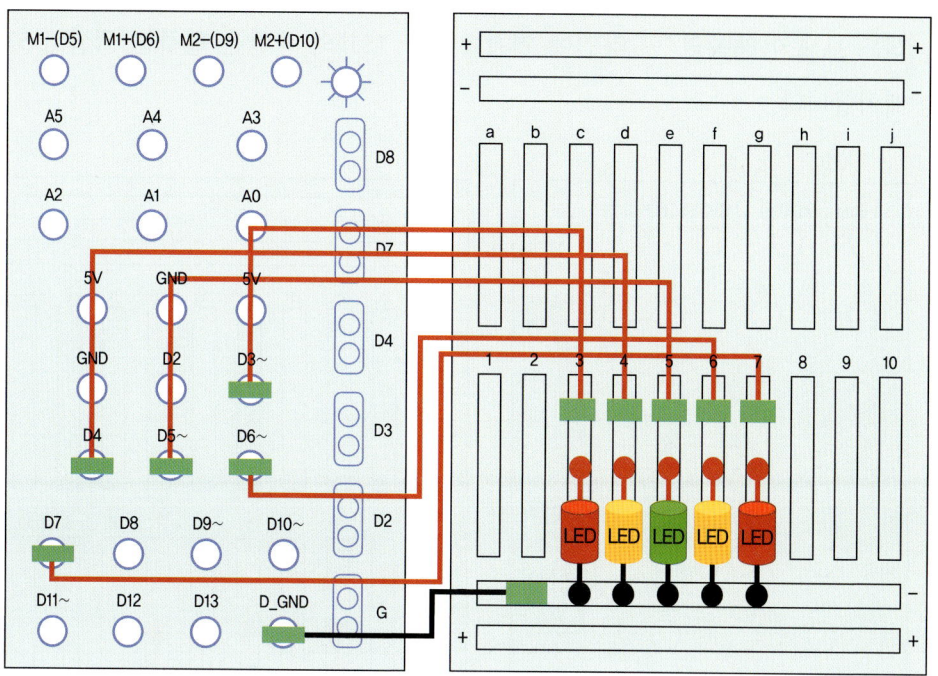

완성이 되면?

PROJECT 1 LED로 밝히는 세상

자석 브레드 보드에 연결해 보기

❶ 5개 LED의 빨간색 다리를 3, 4, 5, 6, 7번 라인에 연결하고, 검은색 다리는 자석 브레드 보드 아래쪽의 '-' 라인에 연결합니다. LED의 색깔은 원하는 색깔로 5개를 배치합니다.

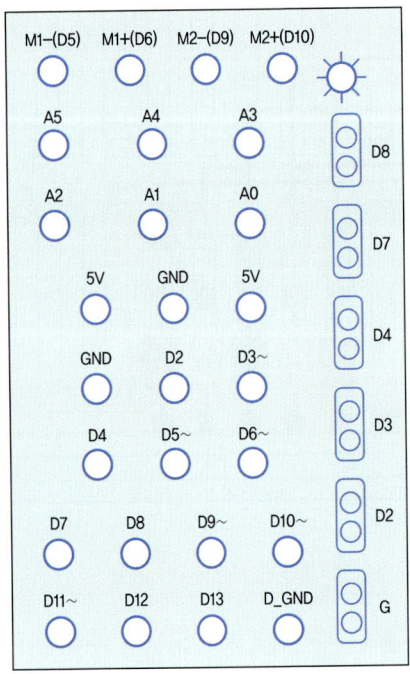 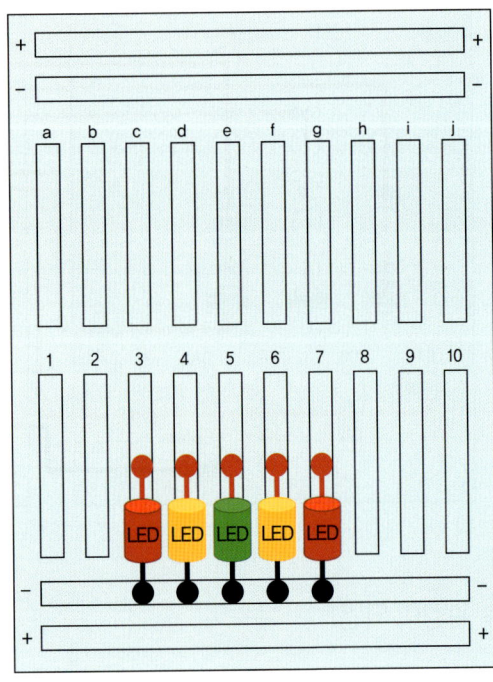

❷ 자석선을 이용하여 확장 보드의 3, 4, 5, 6, 7번 포트와 자석 브레드 보드의 3, 4, 5, 6, 7번 라인에 각각 연결합니다.

 Tips
해당 포트의 번호와 자석 브레드 보드 번호의 위치에 유의하여 연결합니다. 번호가 반드시 일치하지 않아도 됩니다.

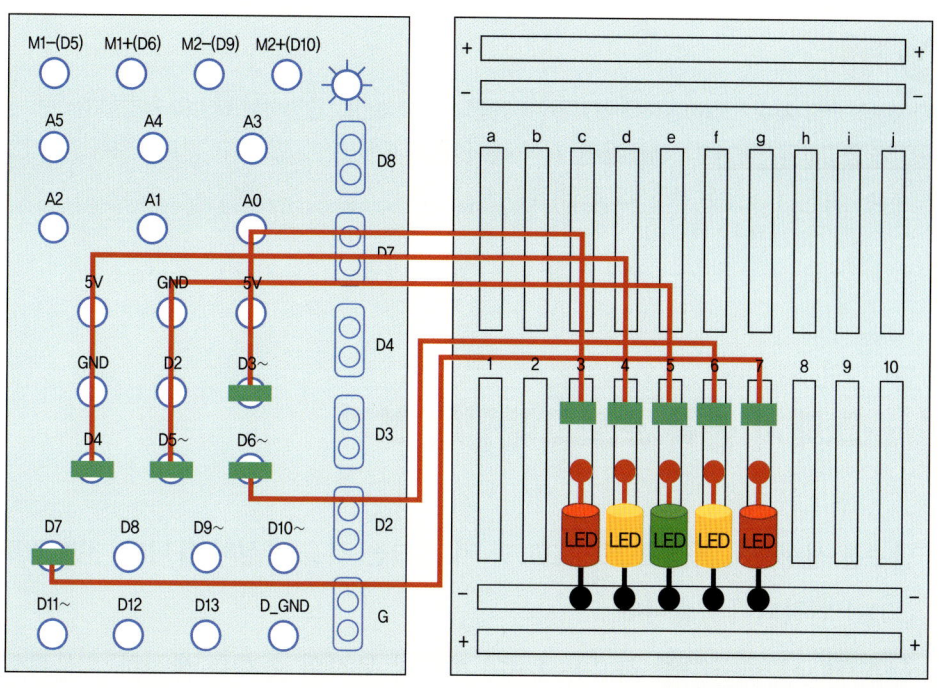

❸ 마지막으로 확장 보드의 D_GND 포트와 자석 브레드 보드의 '−' 라인을 연결합니다.

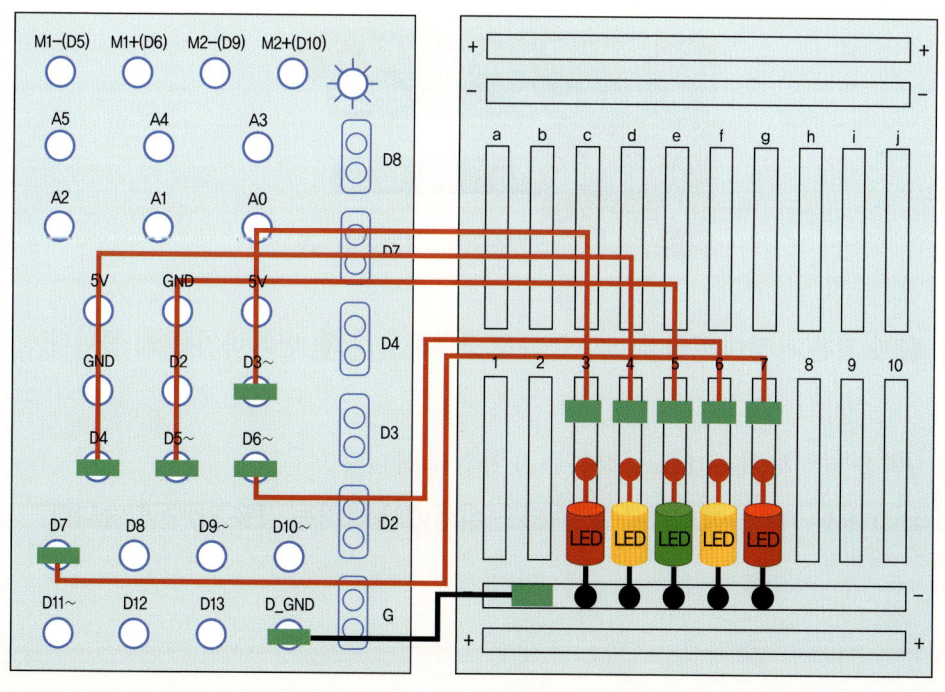

> **Tips**
> 자석선의 연결 개수가 많아질수록 헷갈릴 수 있습니다. 자석선을 연결하는 나만의 원칙을 정하면 정확하게 연결할 수 있습니다. 예를 들면, 자석선을 연결할 때 D_GND 포트와의 연결은 보통 검은색으로 하며 LED의 '+' 연결은 빨간색으로 합니다.

스크래치 블록 프로그래밍해 보기

❶ 난수를 생성해서 특정 포트의 LED만 켜고 끄는 것을 작성해 봅니다. 3번 포트에 LED가 연결되어 있습니다.

`1 부터 10 사이의 난수` 블록은 1~10 사이의 무작위 숫자를 생성하는 블록입니다. 숫자는 정수만 생성됩니다. 3~7번 포트에 연결된 LED 중에서 생성된 난수와 같은 숫자가 있으면 해당 LED만 켜고 끄면 됩니다.

❷ ❶과 같은 과정에 따라 총 5개 블록을 구성하고, 무한 반복하기를 해 줍니다.

❸ ▶을 클릭하여 제대로 동작하는지 확인해 봅니다.
LED가 3~7번 사이의 추측할 수 없는 위치에서 켜지는 것을 알 수 있습니다.

Tips

LED는 D3~D7번에 각각 연결되었습니다. 여기에서 3~7 사이의 난수를 지정하면 3~7 사이의 아무 숫자나 나오게 됩니다. 난수의 경우는 다음에 어떤 숫자가 나올지 알 수가 없습니다.

 안에서 의 숫자를 바꾸면 켜지는 LED의 시간을 다르게 설정할 수도 있습니다.

LED를 순차적으로 켜고 끄기

( )학교 ( )학년 ( )반 이름( )

1. LED를 순차적으로 왼쪽에서 오른쪽으로 켜는 알고리즘의 블록 코드를 만들어 보세요.

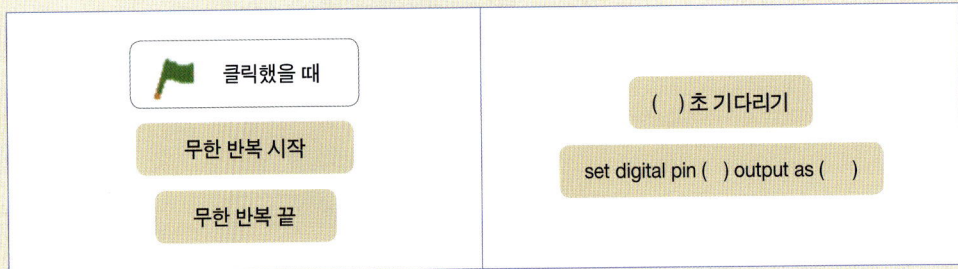

순서	내용
1	
2	
3	
4	
5	
6	
7	
8	
9	

2. LED를 순차적으로 오른쪽에서 왼쪽으로 켜는 알고리즘의 블록 코드를 만들어 보세요.

순서	내용
1	
2	
3	
4	
5	
6	
7	
8	
9	

❸ '왼쪽으로 LED 켜기' 방송하기 블록을 만들고, '왼쪽' 신호를 받았을 때 블록을 만들어, LED를 왼쪽에서 오른쪽으로 켜 보세요. '오른쪽으로 LED 켜기' 방송하기 블록을 만들고, '오른쪽' 신호를 받았을 때 LED를 오른쪽에서 왼쪽으로 켜 보세요.

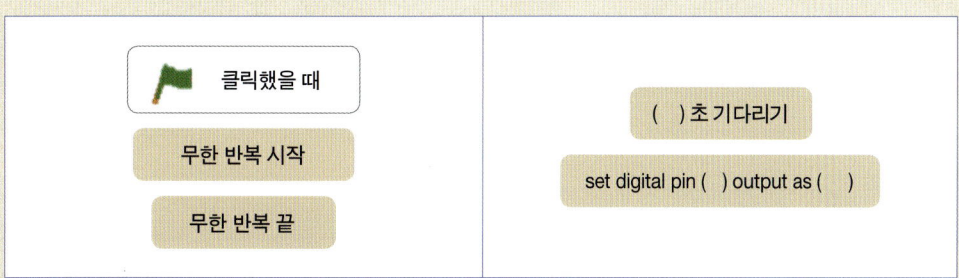

순서	방송: 오른쪽 ▼ 방송하기 오른쪽 ▼ 을(를) 받았을 때	방송: 왼쪽 ▼ 방송하기 왼쪽 ▼ 을(를) 받았을 때
1		
2		
3		
4		
5		
6		
7		

❹ 🚩을 클릭했을 때 왼쪽에서 오른쪽으로, 오른쪽에서 왼쪽으로 무한 반복을 실행하는 알고리즘을 블록 코드로 만들어 보세요(단, 방송하기를 사용할 것).

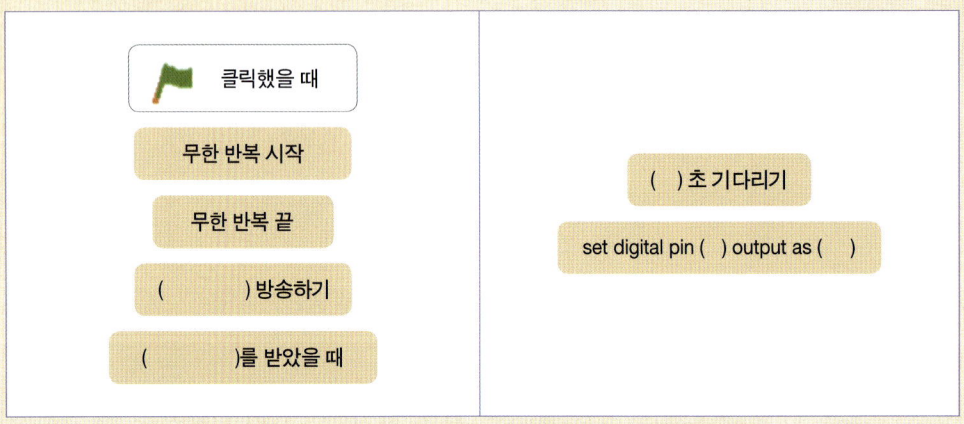

순서	내용
1	
2	
3	
4	
5	
6	
7	
8	
9	

나만의 LED 댄서 만들기

( )학교 ( )학년 ( )반 이름( )

1 난수란 무엇인가요?

2 우리 주변에서 난수를 활용한 예시를 3가지만 찾아보세요.

3 스크래치에서 `1 부터 10 사이의 난수` 블록을 실행할 경우 나오는 난수의 범위는 얼마인가요?

4 다음과 같은 알고리즘을 블록 코드로 표현해 보세요.

알고리즘
① 3~7 사이의 숫자를 하나 고른다.
② ①에서 선택된 숫자가 3인지 확인한다.
③ 만약에 숫자가 3이라면 3번 포트에 연결된 LED를 1초간 켰다 끈다.

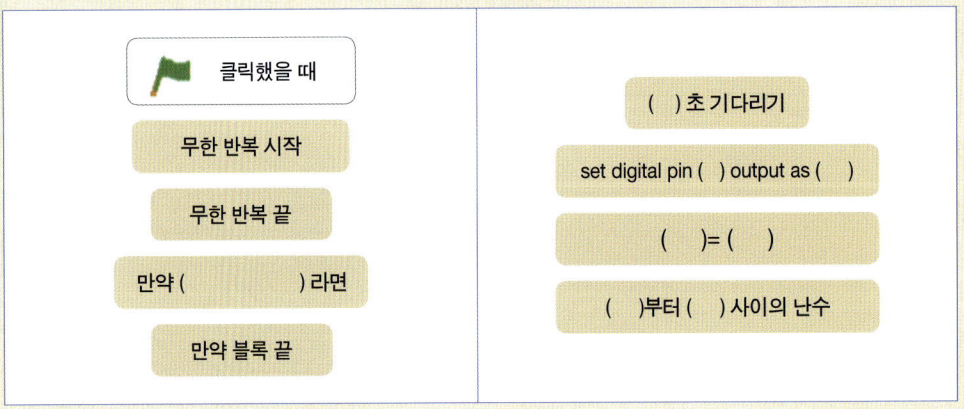

순서	스프라이트 이름: 내용
1	
2	
3	
4	
5	
6	
7	
8	
9	
10	
11	
12	
13	
14	
15	

5 만약 LED 7개를 사용하여 LED 댄서를 구성할 경우 연결 회로를 그려 보세요.

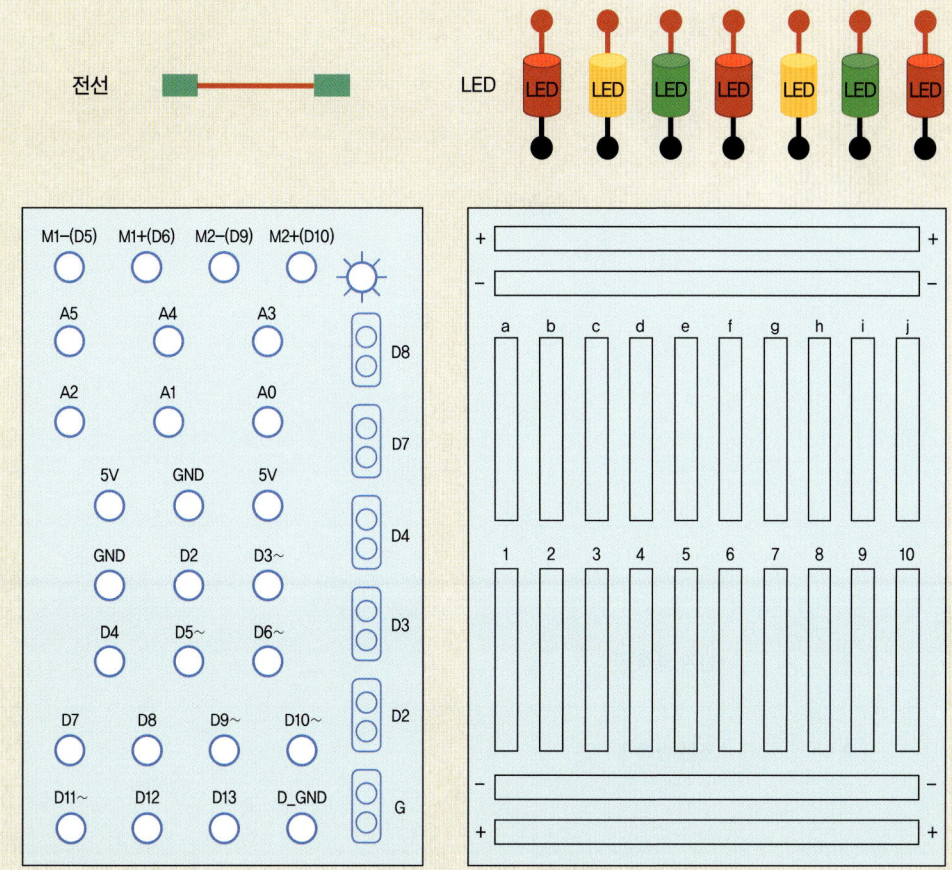

6 LED 댄서가 예측할 수 없는 위치에서 켜지고 꺼지는 것에 대하여 배웠습니다. 여기에서 각각의 LED가 켜지는 시간도 짧게 또는 길게 하려고 한다면 아래 작성한 블록 코드를 어떻게 변경하면 될까요?

순서	내용
1	🏁 클릭했을 때
2	무한 반복 시작
3	만약 (　　　) 라면
4	
5	
6	
7	
8	만약 블록 끝
9	무한 반복 끝

LED를 이용해 숫자 맞추기 게임해 보기

( )학교 ( )학년 ( )반 이름( )

1. LED는 두 가지 상태를 가집니다. 켜질 때와 꺼질 때입니다. 4개의 LED를 켜고 끄는 모든 방법을 알아보세요. 켜진 상태는 ●이고, 꺼진 상태는 ○ 입니다.

순서	LED 상태	순서	LED 상태
1	○○○○	9	○○○○
2	○○○○	10	○○○○
3	○○○○	11	○○○○
4	○○○○	12	○○○○
5	○○○○	13	○○○○
6	○○○○	14	○○○○
7	○○○○	15	○○○○
8	○○○○	16	○○○○

2. 3개의 LED를 켜고 끈다고 할 때, LED를 켜고 끈 상태에 따라 숫자를 부여해 보세요.

숫자	LED 상태	숫자	LED 상태
1	○○○	6	○○○
2	○○○	7	○○○
3	○○○	8	○○○
4	○○○	9	○○○
5	○○○	10	○○○

❸ 숫자를 표현하는 LED를 만들려고 합니다. 연결 회로를 그려 보세요.

❹ 3개의 LED를 가지고 3자리 숫자를 표현하는 프로그램을 만들려고 합니다. 알고리즘을 만들어 보세요.

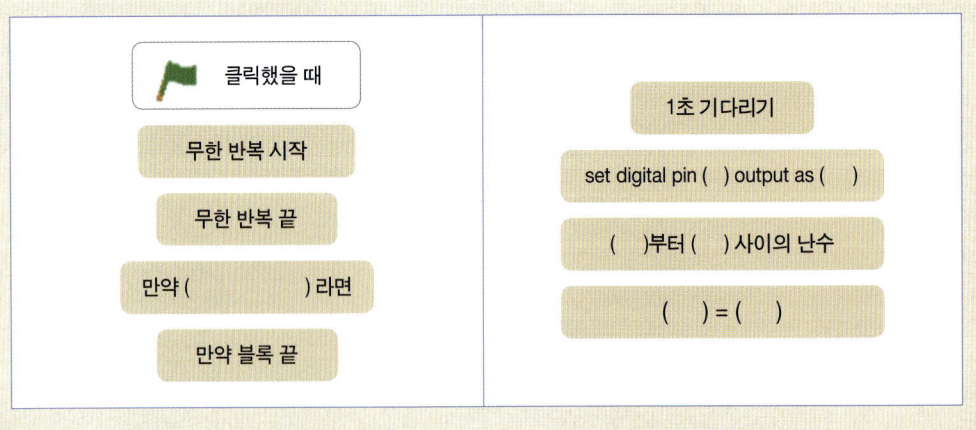

순서	내용
1	🚩 클릭했을 때
2	
3	
4	
5	
6	
7	
8	
9	
10	

5 친구와 함께 LED로 숫자를 표현하고 맞추는 게임을 해 보세요. 숫자는 앞에서 만든 3자리 숫자로 합니다.

내가 표현한 숫자	친구가 대답한 숫자

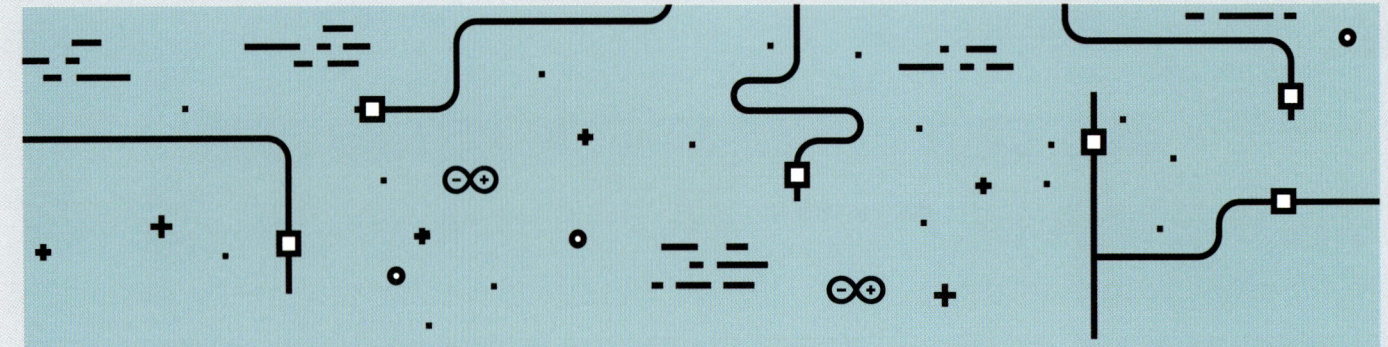

아두이노와 스크래치로 메이커 되기

LED와 센서들을 함께 사용하기

⊕ 활동 목표

다양한 센서의 특징과 사용법을 이해하고, 스크래치로 센서를 제어하는 프로그램을 작성할 수 있다.

⊖ 활동 내용

- 빛 센서를 이용하여 빛의 밝기에 따라서 LED를 제어해 보기
- 부저(피에조 스피커)를 사용하여 LED를 제어해 보고, 빛 센서에 따라서 음계를 연주하는 스크래치 프로그램 만들기
- 사물의 움직임을 감지하는 센서를 사용하여 스크래치로 작성해 보고, 아두이노에 업로드하여 단독으로 동작시켜 보기

 활동 학습을 시작하기 전, 알고 있는 내용을 체크해 보세요

- 스크래치에서 순서대로 실행하는 프로그램 과정을 이해하고 있다. ○
- 아두이노를 컴퓨터에 연결하여 스크래치를 작성하기 위한 기본적인 작동 방법을 알고 있다. ○
- 변수를 만들어서 값을 저장하여 사용하는 방법을 알고 있다. ○
- 스크래치에서 조건 구조와 반복 구조로 된 명령 블록을 수행할 수 있다. ○

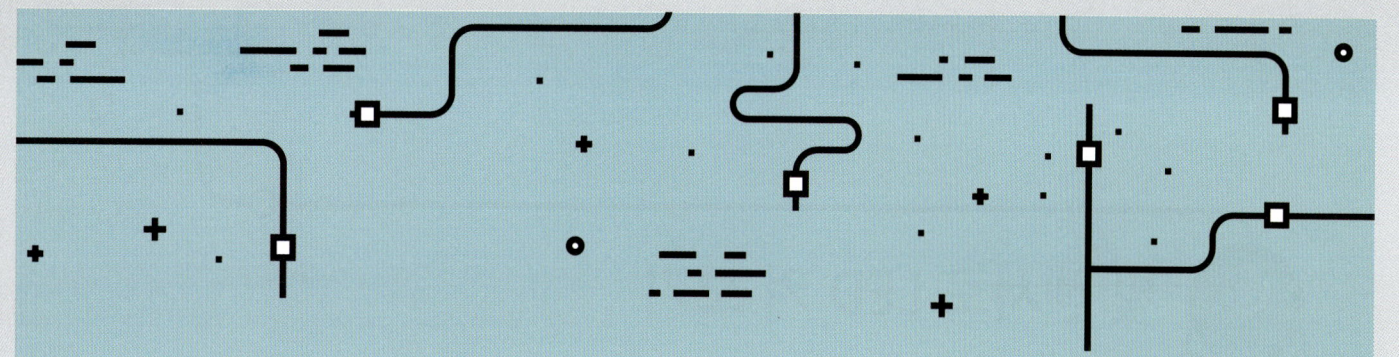

　이 프로젝트에서는 아두이노에서 사용하는 여러 가지 센서에 대하여 알아보고자 합니다. 빛 센서의 값을 측정하여 빛의 세기에 따른 변화를 살펴보고, 부저를 이용해 소리 내는 방법도 알아봅니다. 움직임을 감지하는 센서를 알아보고, LED와 함께 움직임이 있으면 LED를 켜는 프로그램을 만들어 봅니다. 또 멜로디 IC를 아두이노에 연결하는 방법을 알아보고, 움직임이 감지되면 음악이 흘러나오도록 프로그램을 만들어 봅니다.

빛 센서로 LED 켜 보기

빛 센서의 동작 원리를 이해하고, 빛의 양에 따라서 LED의 밝기를 제어해 봅시다.

빛 센서는 빛의 양에 따라 성질이 변하는 소자입니다. 조도 센서, 포토다이오드, 포토트랜지스터, 포토레지스터라고도 합니다. 일반적인 빛 센서는 CDS 광센서가 사용되는데, 카드뮴(CD)과 황(S)을 화합하여 만들어진 황화카드뮴에 2개의 다리가 연결된 상태로 이루어져 있습니다.

여기에서는 확장 보드에 달려 있는 빛 센서를 활용해서 값을 측정해 봅니다.

빛 센서

🔌 무엇을 준비해야 하나요?

LED 1개

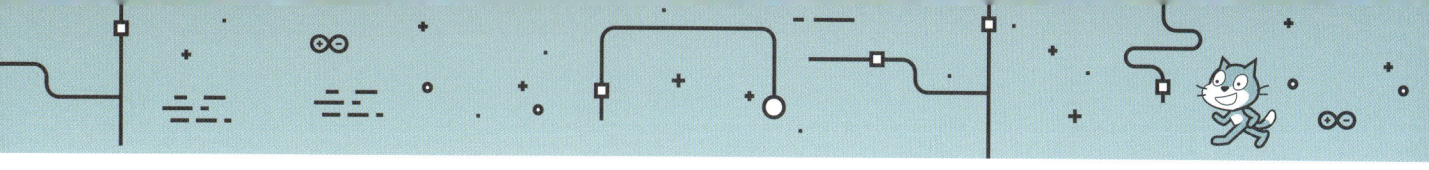

어떻게 연결하나요?

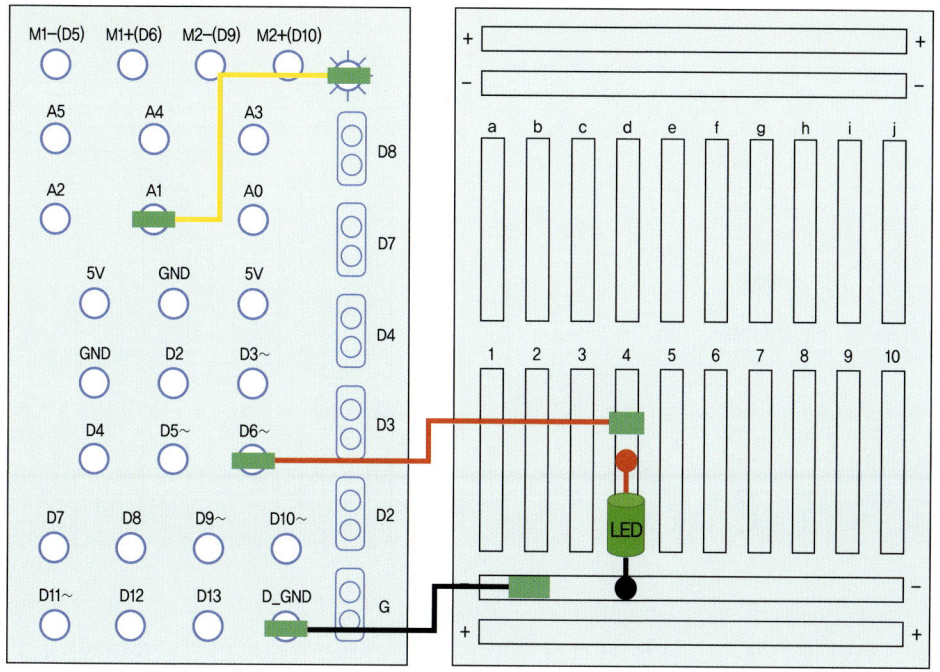

완성이 되면?

PROJECT 2 LED와 센서들을 함께 사용하기

자석 브레드 보드에 연결해 보기

❶ 확장 보드의 빛 센서 단자와 A1을 자석선으로 연결합니다.

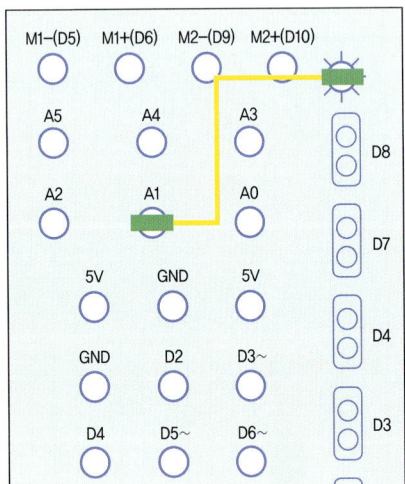
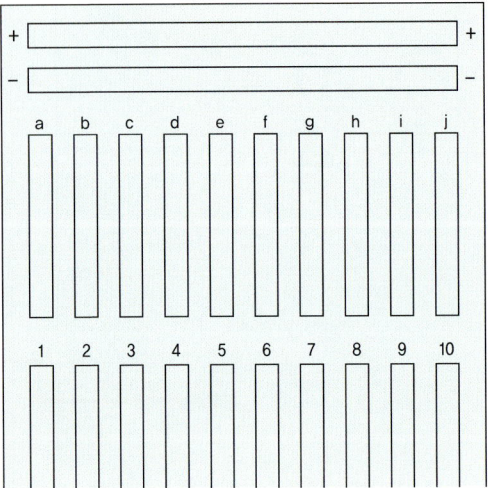

❷ LED의 빨간색을 브레드 보드의 4번 라인에, 검은색을 '−' 라인에 연결합니다.

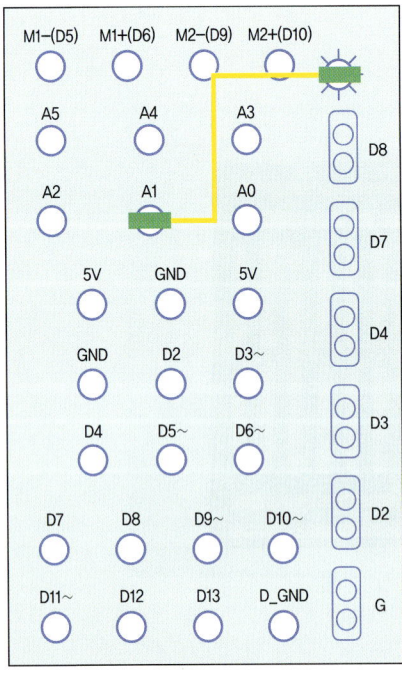
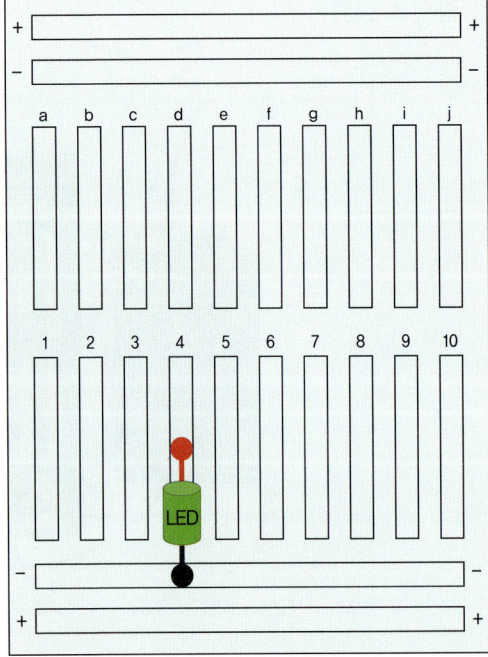

❸ 확장 보드의 4번 라인과 브레드 보드의 D6를, 확장 보드의 '−' 라인과 브레드 보드의 D_GND를 연결합니다.

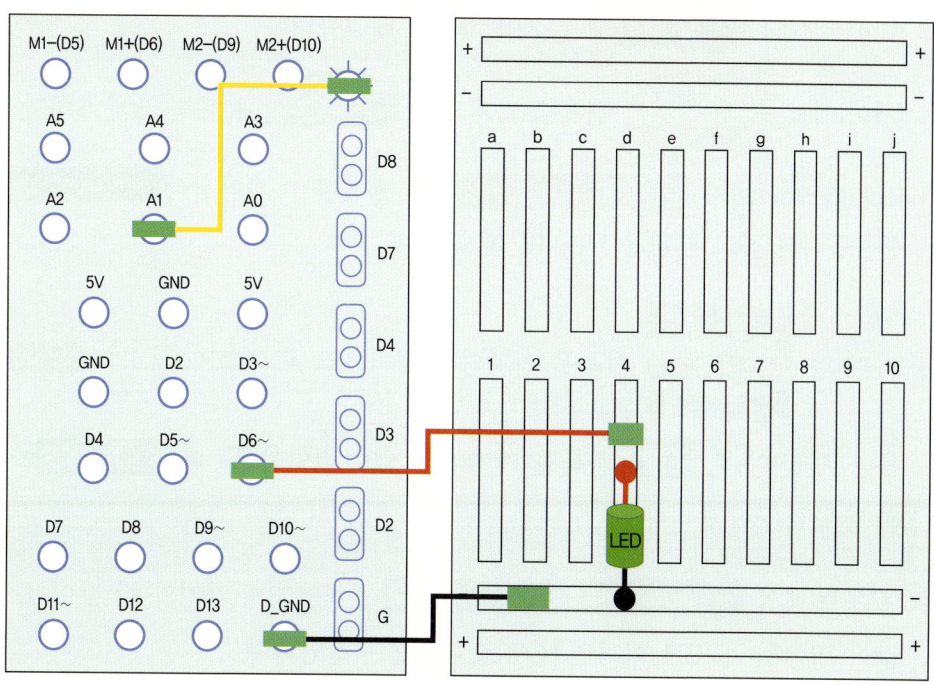

스크래치 블록 프로그래밍해 보기

❶ [스크립트]-[Data&Blocks]에서 [변수 만들기]를 실행하여 빛 센서 값 변수를 만듭니다.

❷ [이벤트]에서 `클릭했을 때` 블록을 가져와 배치합니다.

❸ [제어]에서 `무한 반복하기` 블록을 가져와서 `클릭했을 때` 블록 밑에 배치합니다.

❹ [Data&Blocks]의 `빛센서값을(를) 0 로 정하기` 블록을 가져와서 `read digital pin 9` 블록을 결합하고 핀 값을 1로 바꾸어 줍니다.

❺ [제어]의 `만약 라면 아니면` 블록을 가져와서 배치하고, [Data&Blocks]의 `빛센서값` 블록과 [연산]의 `> ` 블록을 가져와서 서로 결합한 후 `빛센서값 > 300` 블록과 같이 바꾸어 줍니다.

❻ [로보트]에서 `set digital pin 9 output as HIGH` 블록을 2개 가져와 핀 값이 4, 센서 값이 1일 때는 HIGH, 아니면 LOW로 내용을 수정합니다.

❼ [제어]의 `1초 기다리기` 블록을 2개 가져와서 아래 그림과 같이 배치합니다.

❽ ▶을 클릭하여 정상적으로 동작하는지 확인해 봅니다.

Tips

작성한 변수 이름 위에서 마우스 오른쪽을 클릭하면 변수 이름을 수정하거나 삭제할 수 있습니다.

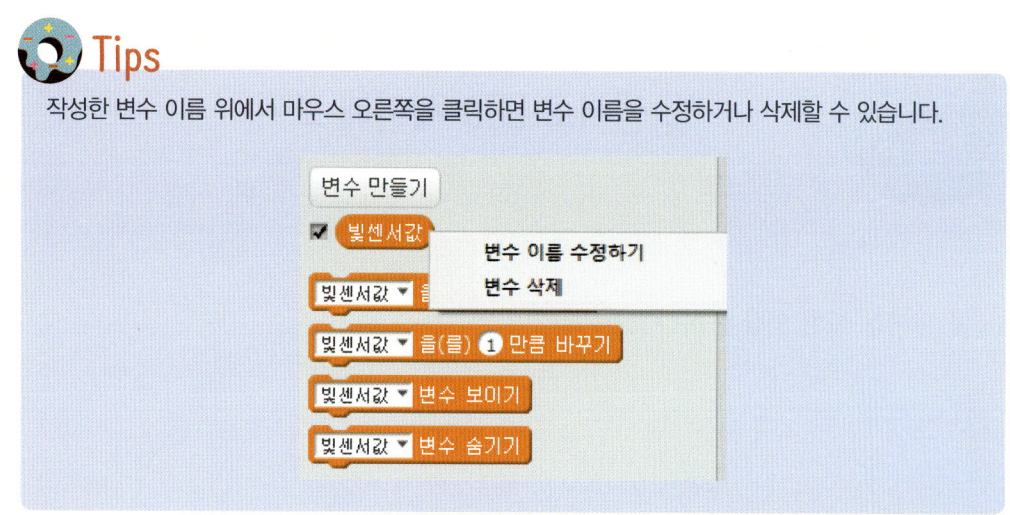

프로젝트에서 변수를 만드는 방법을 배웠습니다. 잊지 마세요.

빛 센서로 LED 제어해 보기

( )학교 ( )학년 ( )반 이름( )

1 빛 센서는 어떤 역할을 하나요?

2 빛 센서를 사용하여 빛의 세기를 측정하려고 할 때, 연결 회로를 그려 보세요.

전선 ▬▬▬

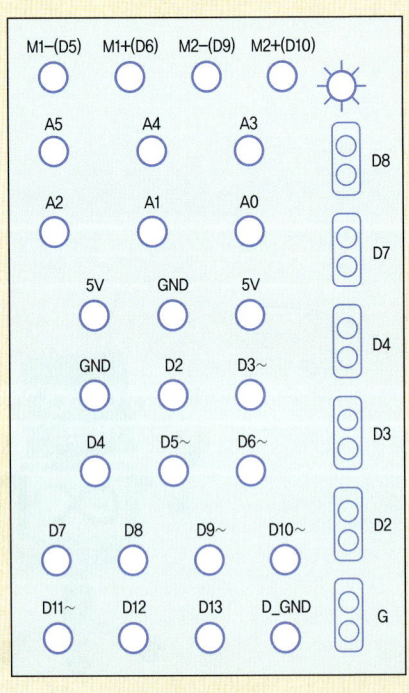
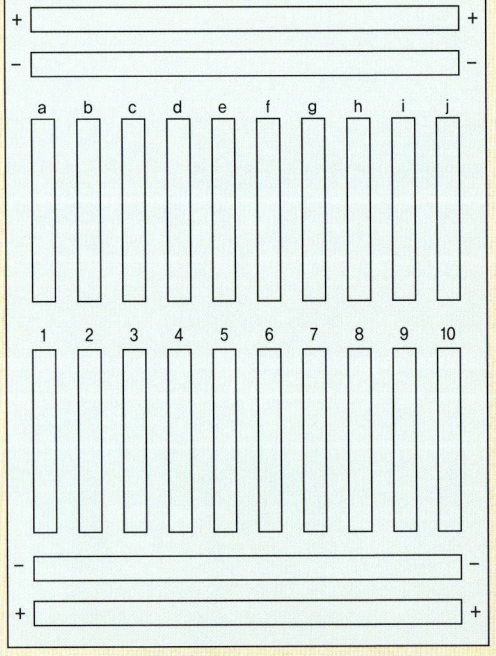

❸ 빛 센서 값이라는 변수를 하나 만들고, 빛 센서를 사용하여 주변 밝기를 체크하는 알고리즘을 블록 코드로 작성해 보세요.

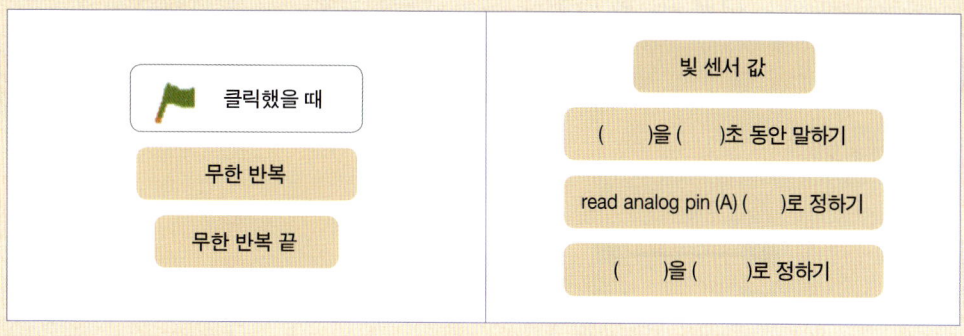

순서	스프라이트 이름:
	클릭했을 때
1	
2	
3	
4	
5	
6	
7	

❹ 빛 센서를 측정한 값이 어두울수록 숫자가 (①), 밝을수록 숫자가 (②) 입니다.

①	②

❺ 측정한 빛 센서의 값을 정리해 보세요.

밝았을 때의 센서 값	평상시 주변의 센서 값	어두웠을 때의 센서 값

❻ 앞에서 측정한 빛 센서의 값을 중심으로 가로등을 제작하려고 합니다. 일정한 밝기 이상일 경우 LED 가로등이 꺼지고, 일정한 밝기 미만이 되면 가로등이 켜지게 하려고 합니다. 연결 회로를 그리고, 알고리즘을 블록 코드로 작성해 보세요.

〈연결 회로〉

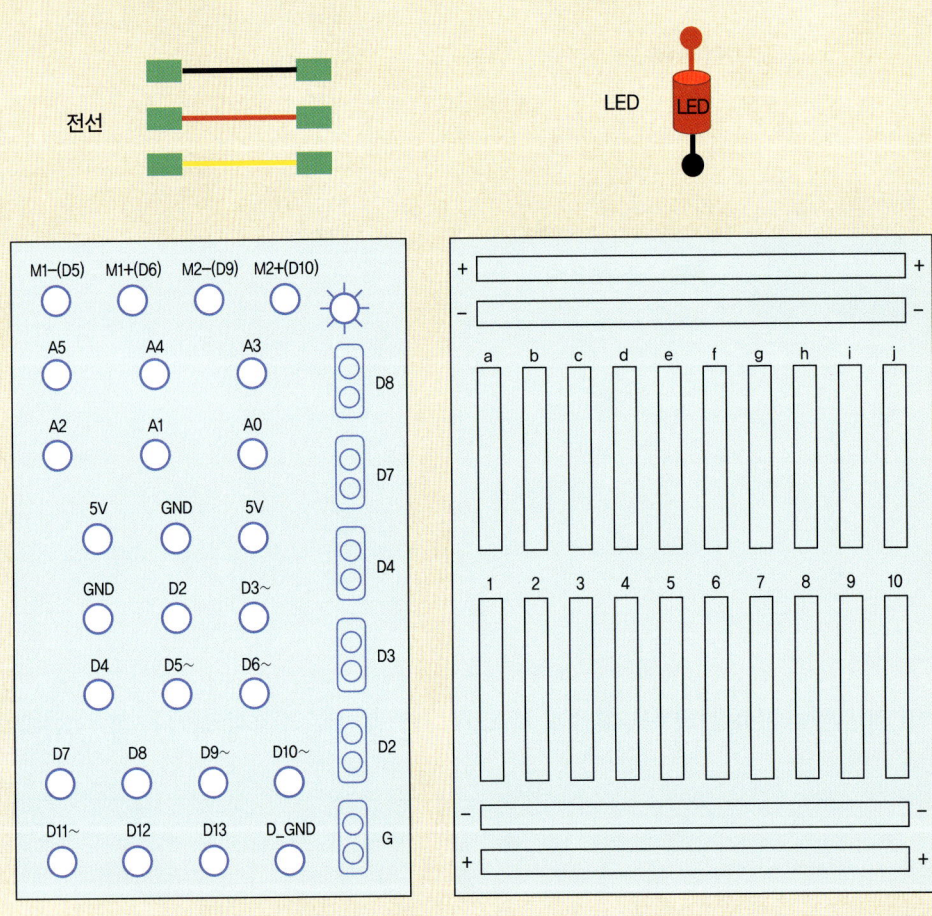

〈블록 코드〉

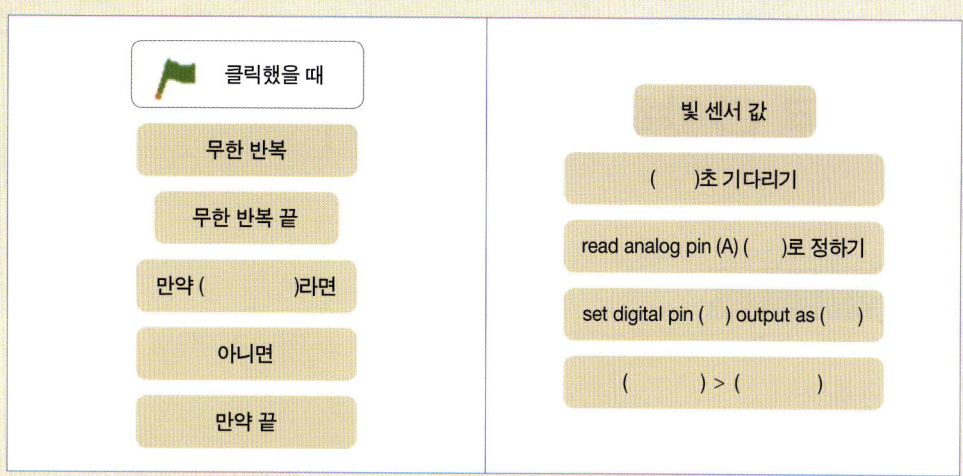

순서	스프라이트 이름:
	클릭했을 때
1	
2	
3	
4	
5	
6	
7	
8	
9	
10	
11	
12	

부저로 다양한 소리 만들기

부저로 소리를 만드는 방법을 알아보고, 다양한 소리를 스크래치 프로그래밍을 이용하여 만들어 봅시다.

　　부저(피에조 스피커)는 전기적 신호를 사용하여 소리를 발생시키는 부품입니다. 피에조 스피커 내부에는 특정 판이 있는데, 이 판이 전기 신호에 의해 수축/확장되면서 소리가 납니다. 소리는 물체가 떨릴 때 생깁니다. 이러한 떨림을 진동이라고 합니다. 사람의 목소리도 이와 마찬가지로 호흡을 할 때 들어온 공기가 성대를 지나가면서 진동을 일으켜 소리를 냅니다.

🔌 무엇을 준비해야 하나요?

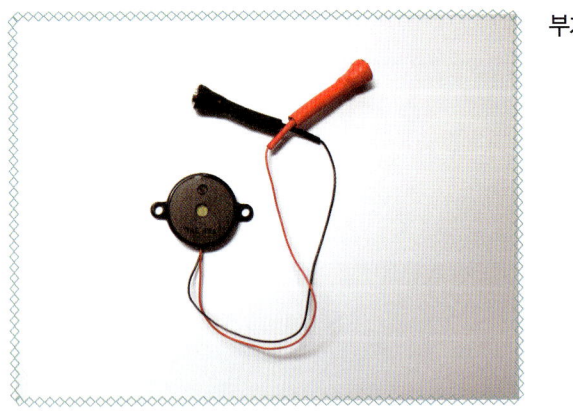

부저

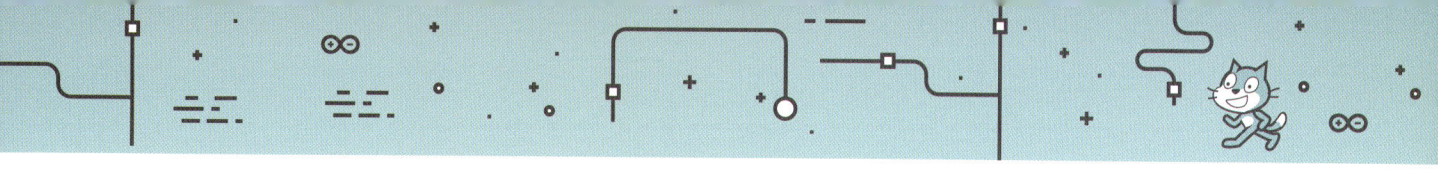

어떻게 연결하나요?

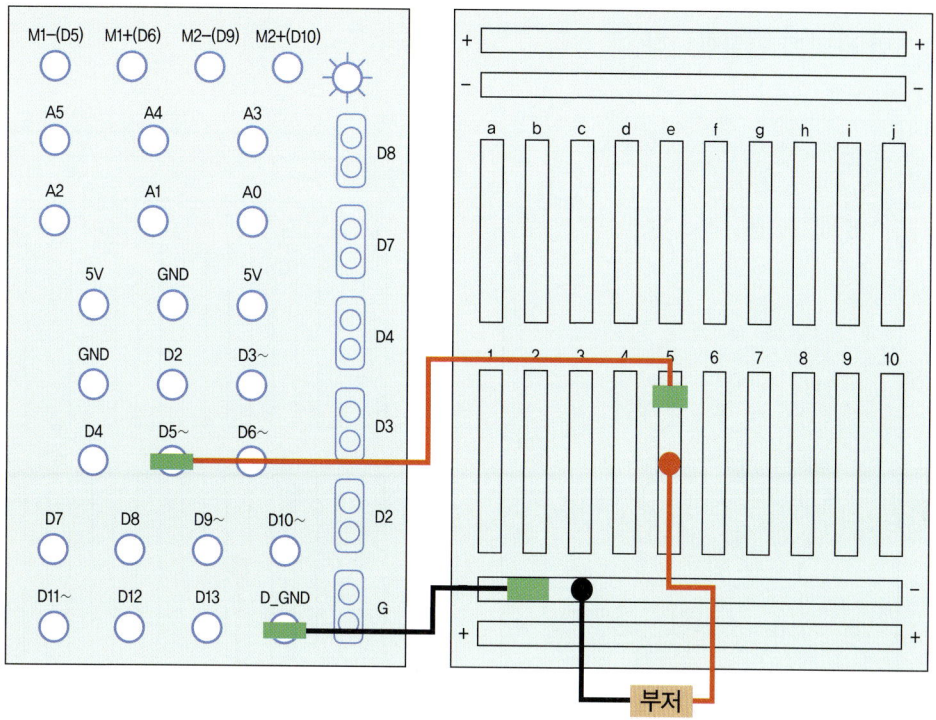

완성이 되면?

PROJECT 2 LED와 센서들을 함께 사용하기

자석 브레드 보드에 연결해 보기

❶ 부저의 검은색 선은 확장 보드의 '−' 라인에 연결하고, 빨간색 선은 확장 보드의 5번 라인에 연결합니다.

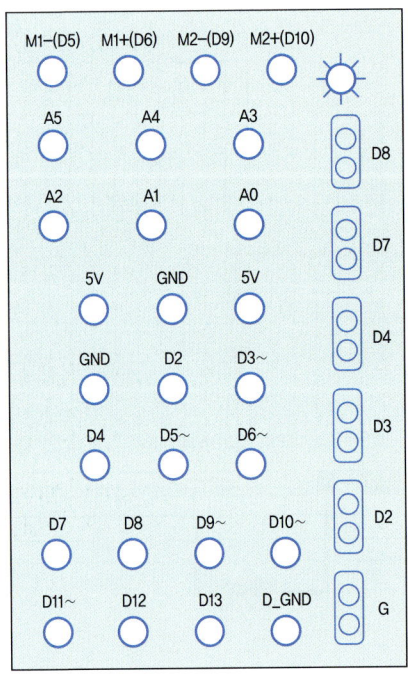
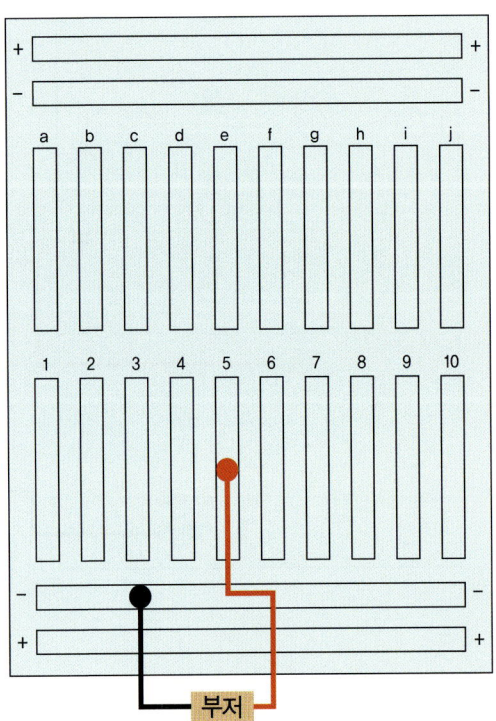

❷ 브레드 보드의 5번 라인은 확장 보드의 5번 포트에 연결하고, 브레드 보드의 '−' 라인은 확장 보드의 D_GND에 연결합니다.

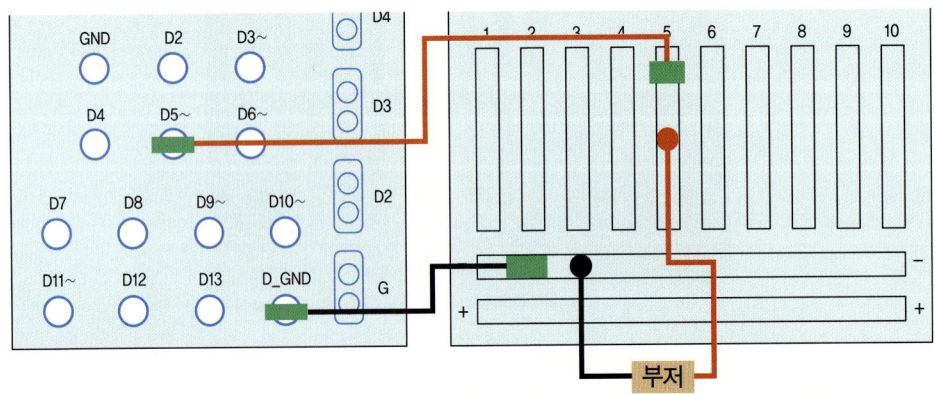

 간단한 소리를 재생하는 스크래치 블록 프로그래밍해 보기

❶ [이벤트]에서 ![클릭했을 때] 블록을 가져와 배치합니다.

❷ [제어]에서 `set pwm pin 5 output as 0` 블록을 가져와서 ![클릭했을 때] 블록 밑에 배치하고, 결괏값을 100으로 수정합니다.

❸ ![깃발]을 클릭하여 정상적으로 동작하는지 확인해 봅니다.

Tips
계이름을 재생하려면 `play tone pin 9 on note C4 beat Half` 블록을 사용합니다. 이 블록은 4옥타브의 도를 나타내며, 길이는 4분의 1을 말합니다.

소리의 변화 알아보기

( )학교 ( )학년 ( )반 이름 ( )

1. 부저에서 소리를 재생해 보려고 합니다. 아래의 명령을 수행했을 때 들리는 소리를 정리해 보세요.

숫자	소리 듣고 정리하기
0	
50	
100	
150	
200	
250	

2. 앞에서와 같이 숫자가 커짐에 따라 소리에는 어떤 변화가 있나요?

❸ 스크래치에서 도, 레, 미를 연주하려면 tone 명령을 사용하여 아래와 같은 스크래치 코드를 작성하면 됩니다.

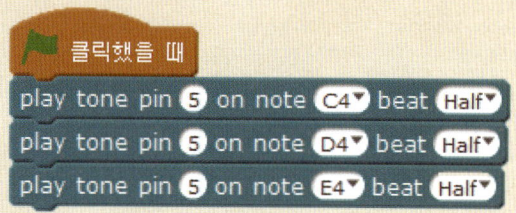

(1) 음계에 맞는 스크래치 코드의 기호를 찾아보세요.

음계	도	레	미	파	솔	라	시	도
기호	C4	D4						

(2) 스크래치 코드의 길이 부분의 값을 변화시킬 때 소리의 변화를 기록해 보세요. 음계는 C4로 맞추고 소리의 변화를 들어 봅니다.

길이	Half	Quater	Eighth	Whole	Double	Zero
소리의 변화						

❹ 〈학교 종이 땡땡땡〉이라는 동요를 연주하는 알고리즘 블록 코드를 작성해 보세요.

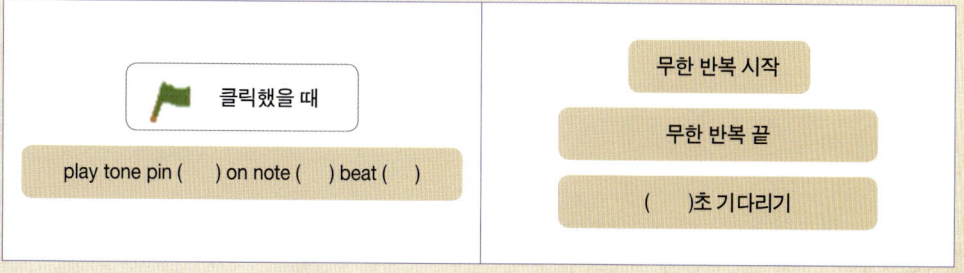

순서	스프라이트 이름:
	🚩 클릭했을 때
1	
2	
3	
4	
5	
6	
7	
8	
9	
10	
11	
12	
13	
14	
15	
16	
17	
18	
19	
20	
21	
22	
23	
24	
25	

빛의 밝기에 따라 소리 조절해 보기

( )학교 ( )학년 ( )반 이름( )

1. 빛 센서에서 감지되는 값에 따라서 부저의 소리를 조절하려고 합니다. 빛 센서와 부저의 연결 회로를 그려 보세요.

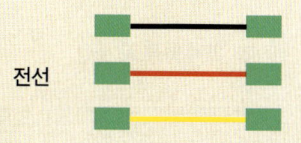
전선

부저

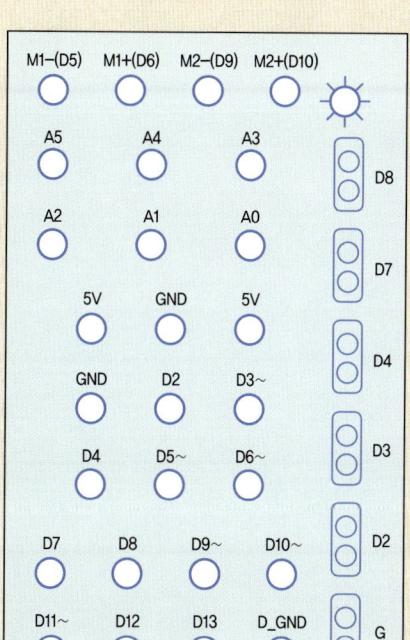

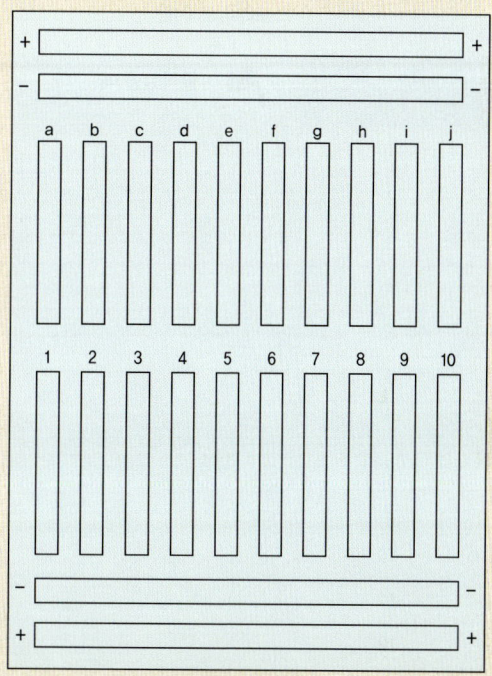

PROJECT 2 LED와 센서들을 함께 사용하기

❷ 갑자기 밝아지면(휴대폰 플래시로 비추었을 때) 음악을 연주하는 알고리즘을 만들어 보세요.

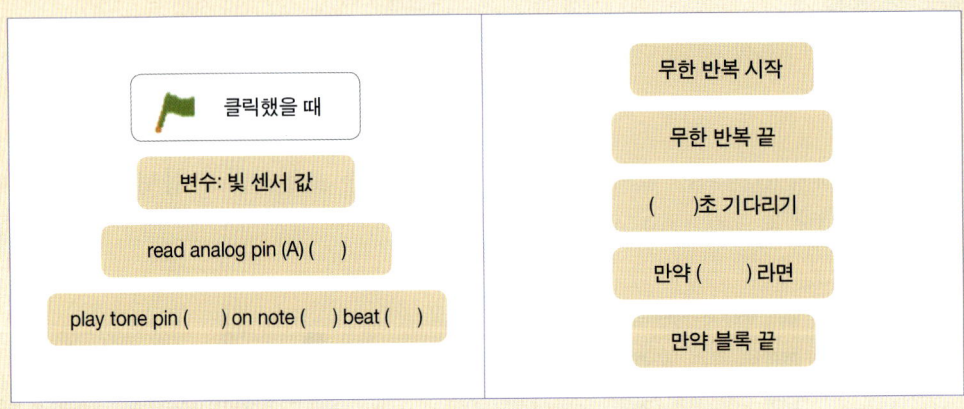

순서	스프라이트 이름: 🏁 클릭했을 때
1	
2	
3	
4	
5	
6	
7	
8	
9	
10	
11	
12	
13	

움직임이 감지되면 LED가 켜지도록 해 보기

> **학습 문제**
>
> 사물의 움직임을 감지하는 PIR 센서를 알아보고, PIR 센서를 활용하여 움직임을 감지한 후 LED를 켜는 프로그램을 만들어 봅시다.

PIR(Passive Intra-Red) 센서는 움직이는 물체에서 방출되는 적외선(열)을 감지하는 센서입니다. 우리가 아파트 계단을 오르내리거나 현관문에 들어설 때 전등이 켜지는 것은 PIR 센서를 설치했기 때문입니다. PIR 센서가 우리 몸에서 나오는 열을 감지하기 때문이지요. PIR 센서는 전면의 120도 범위 안에서 움직이는 사물을 감지할 수 있습니다.

자, 이제부터 스크래치를 활용하여 움직임이 감지되면 LED가 켜지도록 프로그램을 만들어 볼까요? 이 프로젝트를 훌륭히 수행한다면 LED뿐만 아니라 여러분이 많이 사용하는 컴퓨터 모니터도 여러분이 사용할 때만 켜지도록 할 수 있습니다.

무엇을 준비해야 하나요?

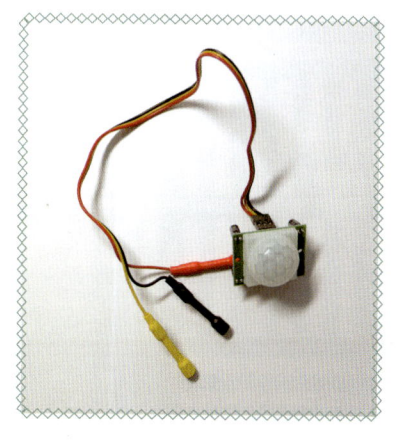

PIR 센서

LED

어떻게 연결하나요?

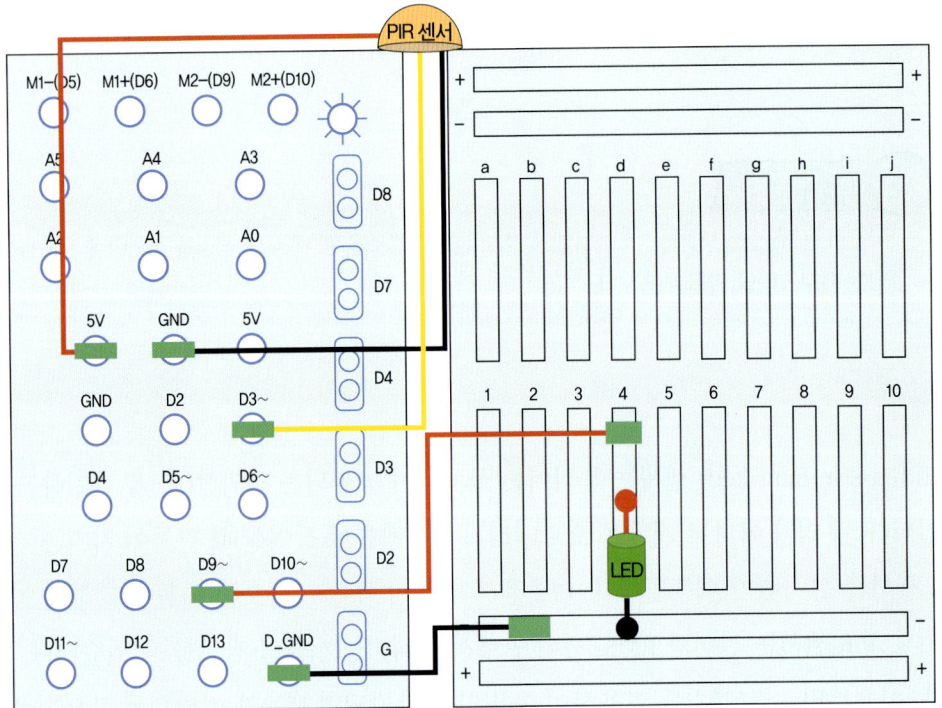

완성이 되면?

자석 브레드 보드에 연결해 보기

❶ PIR 센서의 빨간색 자석선을 확장 보드의 5V에, 검은색 자석선을 확장 보드의 GND에, 노란색 자석선을 D3에 연결합니다.

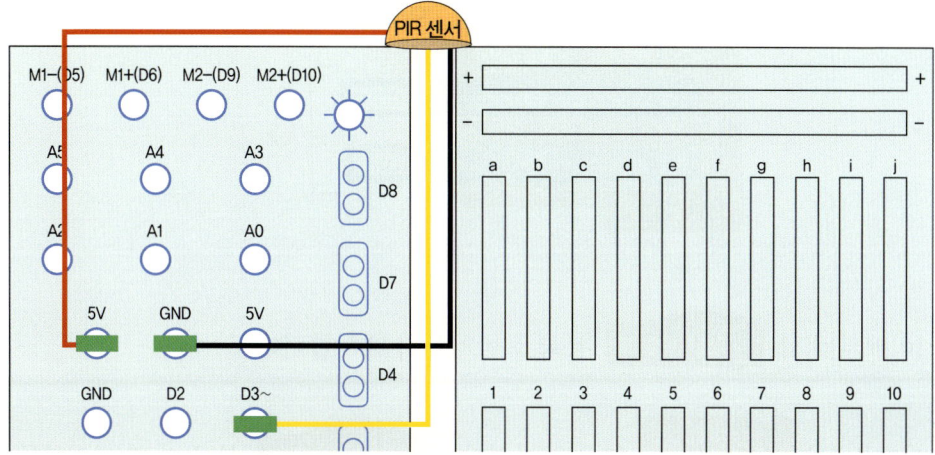

❷ LED의 빨간색 자석선을 D9에, 검은색 자석선을 D_GND에 연결합니다.

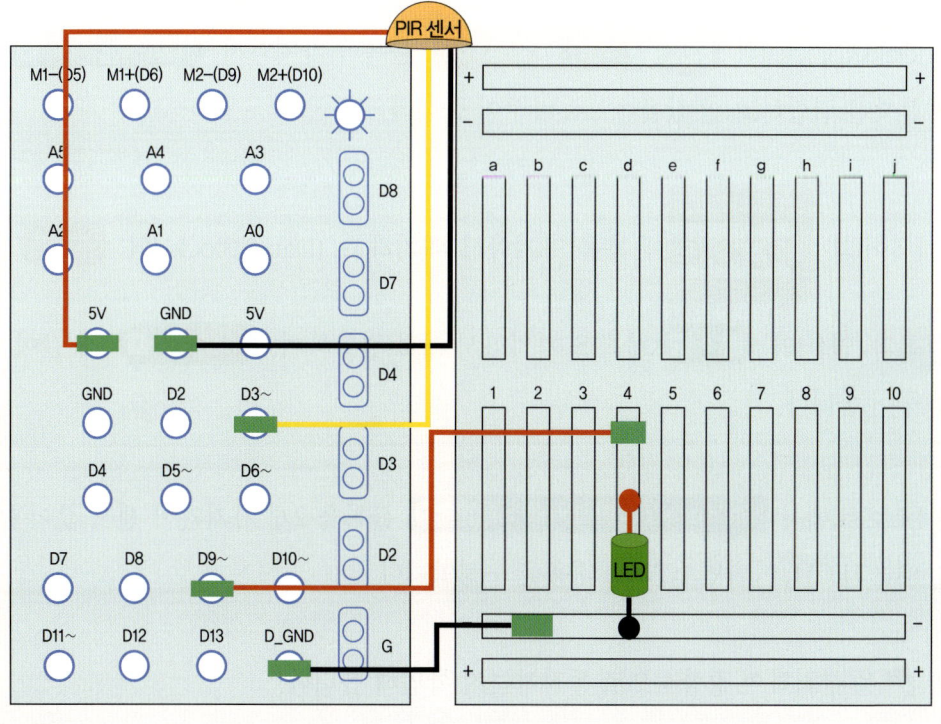

PROJECT 2 LED와 센서들을 함께 사용하기

스크래치 블록 프로그래밍해 보기

❶ [이벤트]에서 ![클릭했을 때] 블록을 가져와서 배치합니다.

❷ [제어]에서 ![무한 반복하기] 블록을 가져와서 ![클릭했을 때] 블록 밑에 배치합니다.

❸ [Data&Blocks]의 변수 만들기를 이용하여 ![센서값] 변수를 하나 만듭니다.

❹ [Data&Blocks]의 ![센서값 을(를) 0 로 정하기] 블록을 가져와서 ![read digital pin 9] 블록을 결합하고 핀 값을 3으로 바꾸어 줍니다.

❺ [제어]의 ![만약 라면 아니면] 블록을 가져와서 배치하고, [Data&Blocks]의 ![센서값] 블록과 [연산]의 ![>] 블록을 가져와서 서로 결합하여 ![센서값 = 1] 과 같이 바꾸어 줍니다.

❻ [로봇]에서 ![set digital pin 9 output as HIGH] 블록을 2개 가져와서 센서 값이 1일 때는 HIGH, 아니면 LOW로 내용을 수정합니다.

❼ ▶을 클릭하여 정상적으로 동작하는지 확인해 봅니다.

PIR 센서 활용해 보기

( )학교 ( )학년 ( )반 이름( )

1 근접 센서를 아두이노 D3 포트에 연결하는 회로를 그려 보세요.

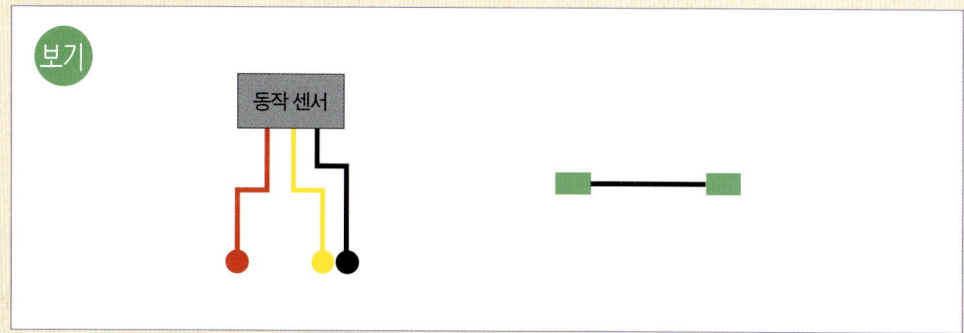

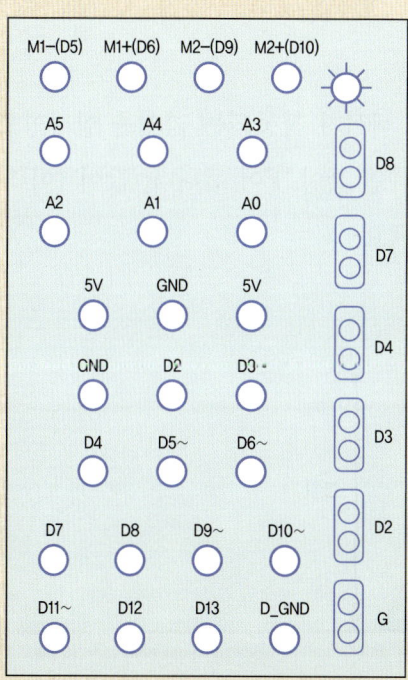

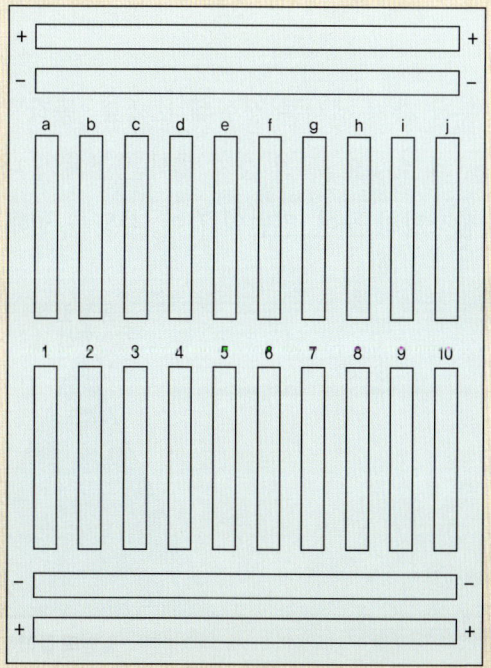

❷ PIR 센서를 연결하는 값을 확인하는 블록 코드를 만들어 보세요.

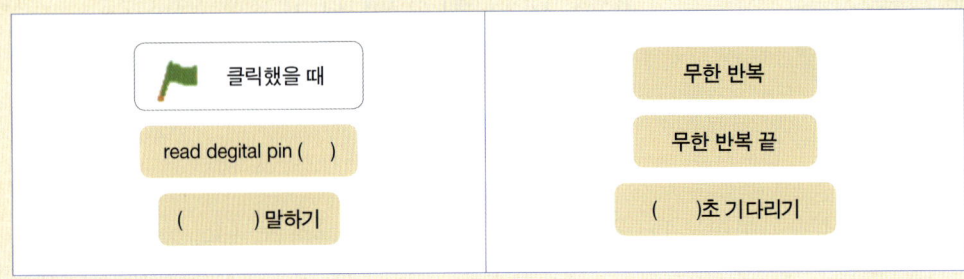

순서	스프라이트 이름:
	🚩 클릭했을 때
1	
2	
3	
4	
5	

❸ 동작 감지 센서를 실험해 보세요. 동작 감지 센서가 작동되는 넓이를 삼각형으로 구해 보세요. 동작 감지 센서는 물체가 나타나면 값이 '1'이 됩니다. 값이 1이 되는 삼각형의 높이, 밑변의 길이, 각도를 구해 보세요.

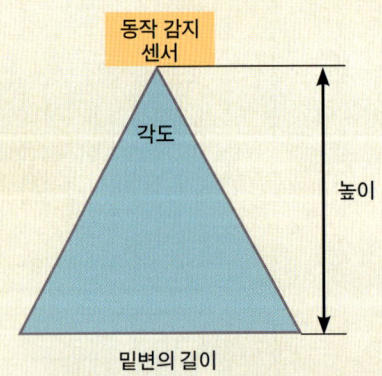

구분	값
높이	
밑변의 길이	
각도	

❹ PIR 센서와 LED 1개를 연결하여 도둑이 들어와 PIR 센서가 감지되면 LED를 켜서 주인에게 알리도록 하는 연결 회로와 블록 코드를 작성해 보세요.

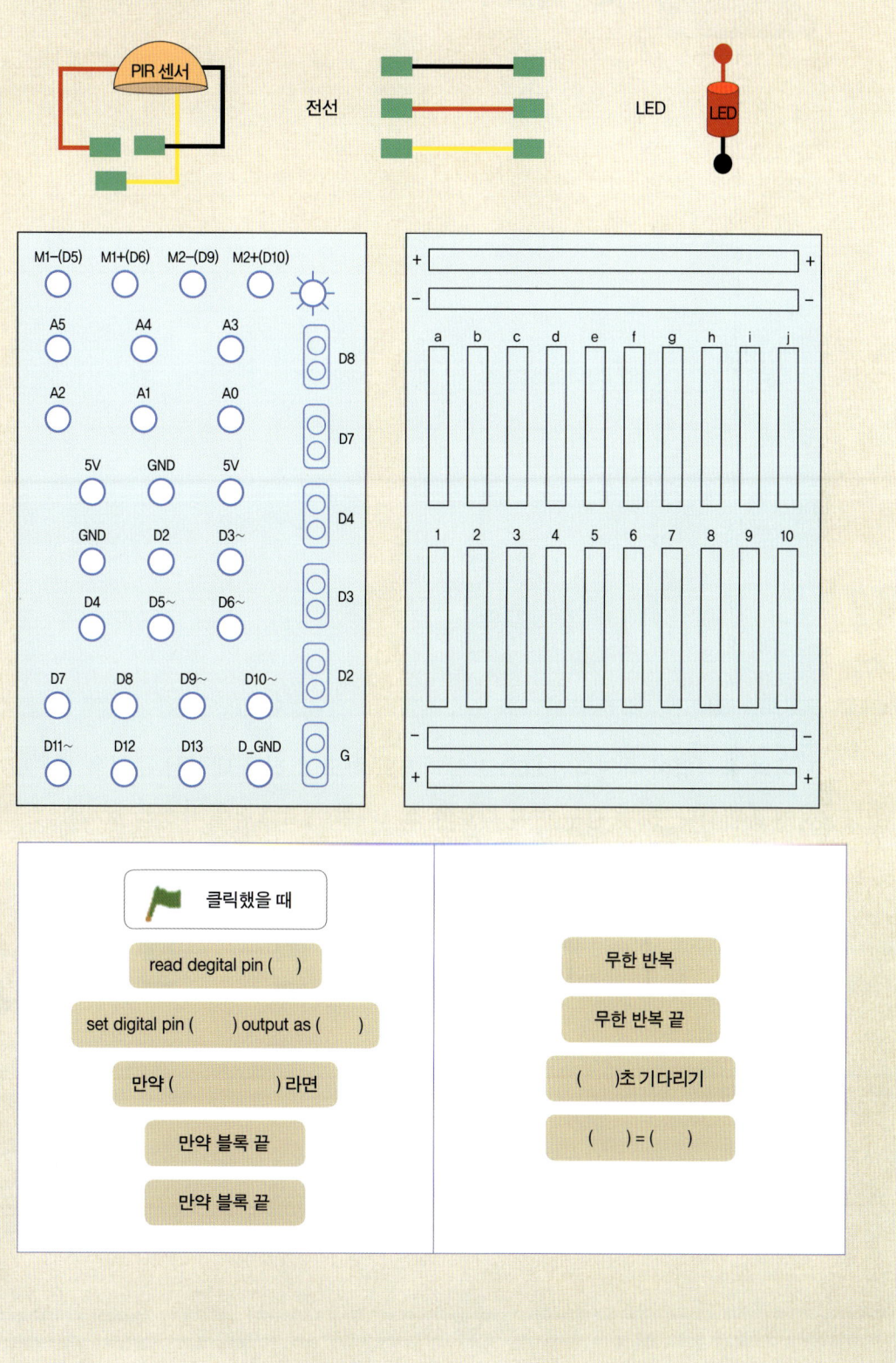

5 도둑의 움직임이 감지되면 LED로 알리기도 하고 소리를 내어서 주인을 깨우도록 하려고 합니다. 그럴 경우 연결 회로와 스크래치 프로그램을 작성해 보세요.

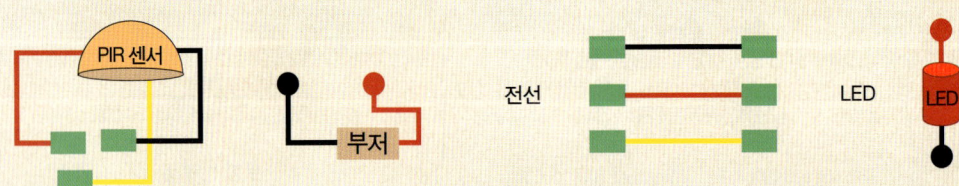

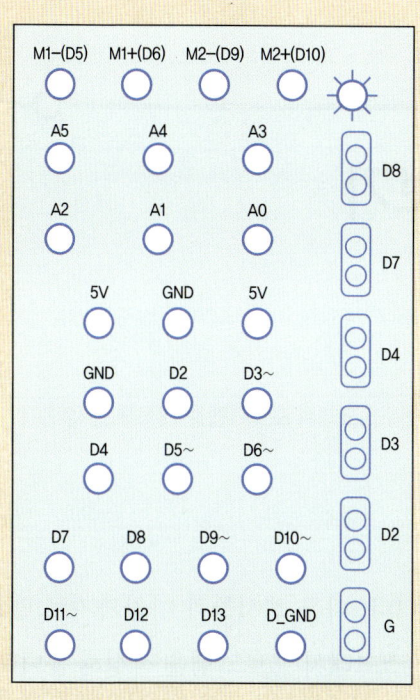
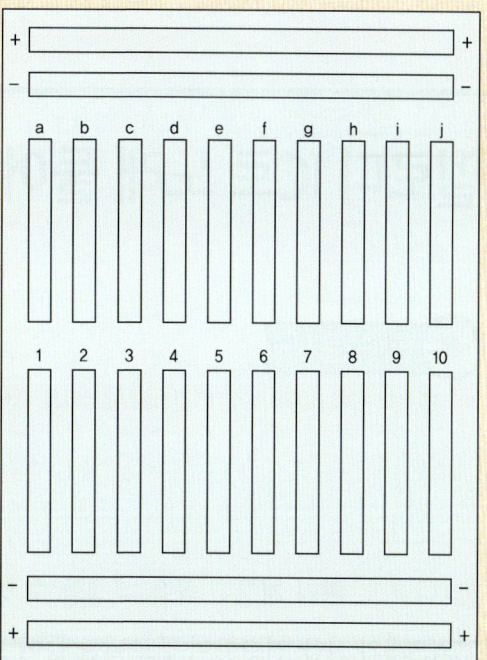

〈스크래치 프로그램〉

순서	스프라이트 이름: 🚩 클릭했을 때
1	
2	
3	
4	
5	
6	
7	
8	
9	
10	
11	
12	

멜로디 IC로 노래 들어 보기

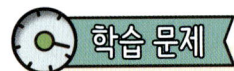

멜로디 IC를 아두이노에 연결하여 멜로디를 재생시키는 스크래치 프로그램을 제작해 봅시다.

멜로디 IC로 미리 저장된 곡을 재생할 수 있습니다. 다른 센서들과 마찬가지로 멜로디 IC의 3개의 선을 연결하여 멜로디를 들어 보는 스크래치 프로그램을 작성해 봅니다.

🔌 무엇을 준비해야 하나요?

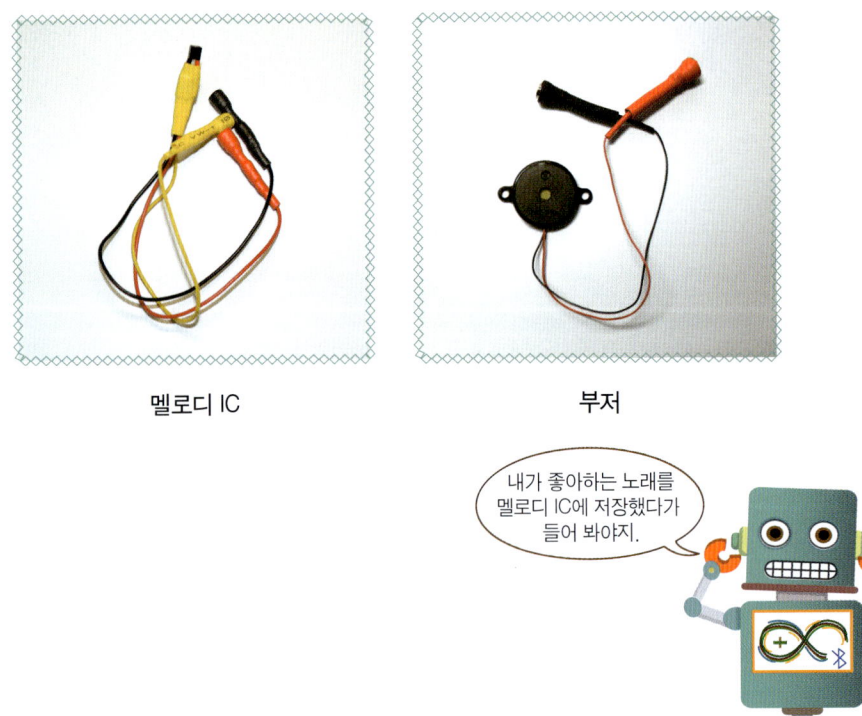

멜로디 IC   부저

내가 좋아하는 노래를 멜로디 IC에 저장했다가 들어 봐야지.

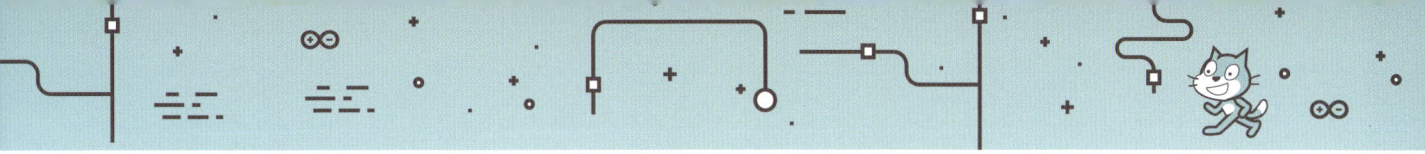

어떻게 연결하나요?

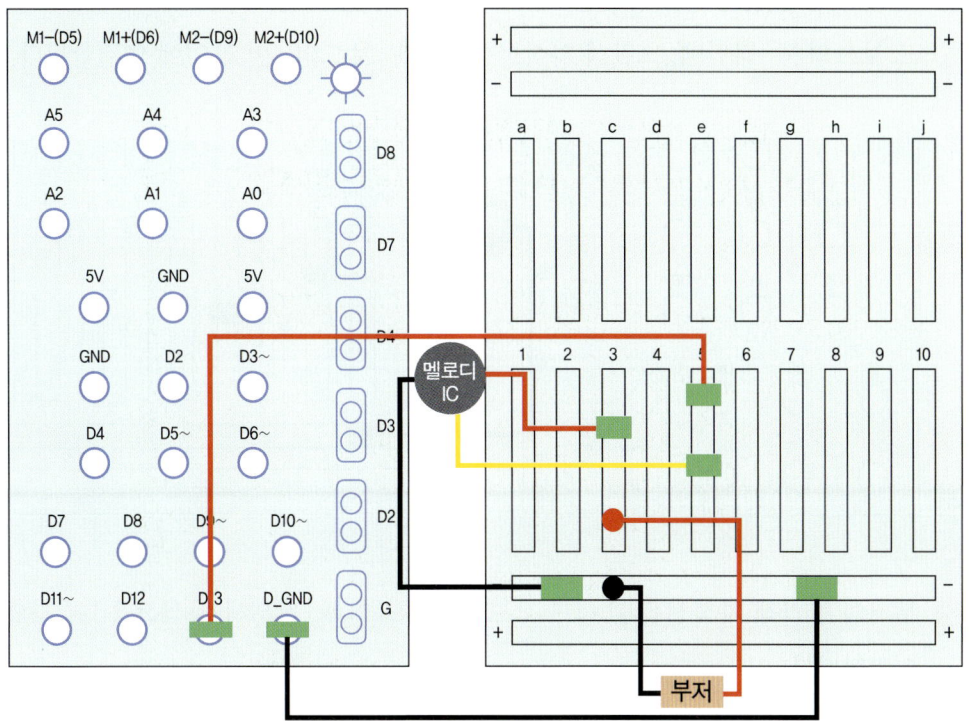

완성이 되면?

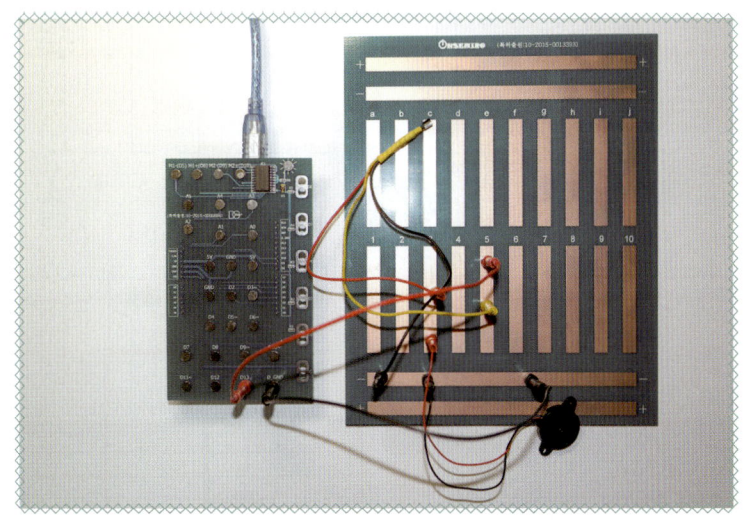

PROJECT 2 LED와 센서들을 함께 사용하기

자석 브레드 보드에 연결해 보기

❶ 멜로디 IC의 빨간색 자석선을 브레드 보드의 3번 라인에, 검은색 자석선을 브레드 보드의 '−' 라인에, 노란색 자석선을 브레드 보드의 5번 라인에 연결합니다.

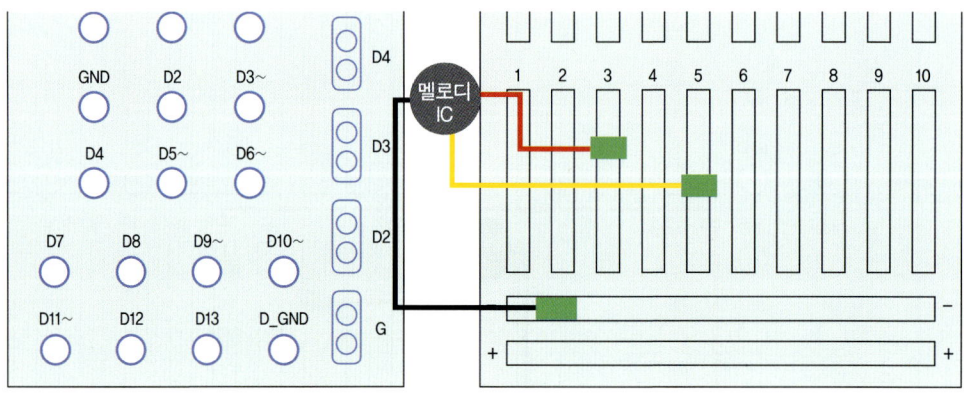

❷ 부저의 빨간색 자석선을 브레드 보드의 3번 라인에, 검은색 자석선을 '−' 라인에 연결합니다.

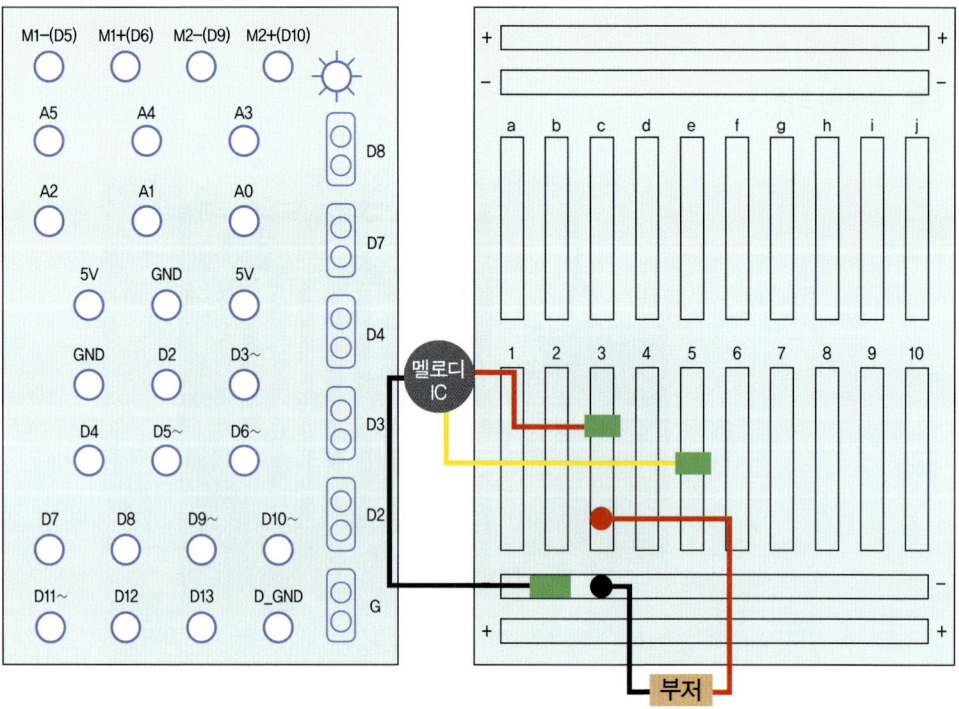

❸ 브레드 보드의 5번 라인과 확장 보드의 D13을, 브레드 보드의 '−' 라인과 확장 보드의 D_GND를 연결합니다.

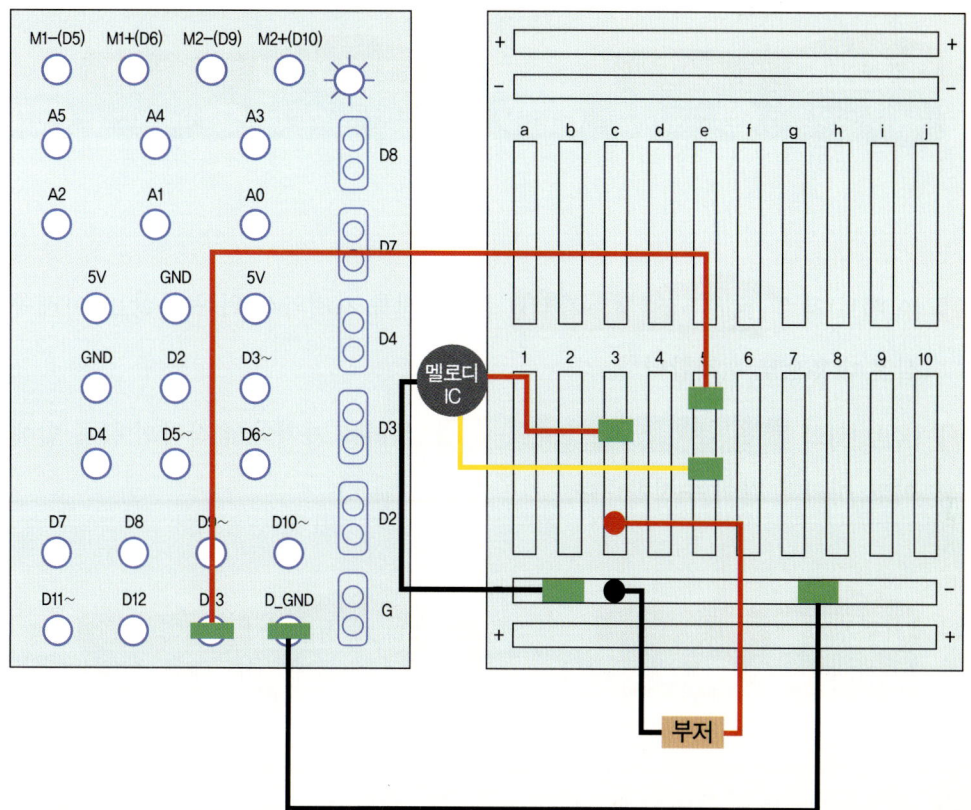

스크래치 블록 프로그래밍해 보기

❶ [이벤트]의 `스페이스 키를 눌렀을 때` 블록 2개를 가져와서 위쪽 화살표, 아래쪽 화살표 내용으로 수정합니다.

❷ [로보트]의 `set digital pin 5 output as HIGH` 블록을 가져와서 각각의 블록 밑에 붙이고, 아래와 같이 수정합니다.

❸ 🏁을 클릭하여 제대로 동작하는지 확인해 봅니다.
키보드의 위쪽 화살표를 눌러 멜로디가 재생되고, 아래쪽 화살표를 눌러 재생이 멈추면 정상적으로 동작하는 것입니다.

멜로디 IC 사용해 보기

( )학교 ( )학년 ( )반 이름 ( )

1. 멜로디 IC의 각 전선을 연결하는 방법을 알아보세요.

색깔	연결 위치
노란색	
검은색	
빨간색	

2. PIR 센서와 멜로디 IC를 연결하는 방법을 서로 비교해 보세요.

PIR 센서 설명	선 색깔	멜로디 IC 설명
	노란색	
	검은색	
	빨간색	

3. 키보드의 스페이스 키를 눌렀을 때 멜로디가 재생하고, a 키를 누르면 중지하는 알고리즘을 블록 코드로 작성해 보세요.

( ) 키를 눌렀을 때	set digital pin ( ) output as ( )

순서	스프라이트 이름:	
	기능: 멜로디를 재생하는 스크래치	기능: 멜로디를 멈추는 스크래치
	( ) 키를 눌렀을 때	( ) 키를 눌렀을 때
1		
2		

❹ PIR 센서, 멜로디 IC, 부저를 연결하여, 도둑이 들어와 PIR 센서가 감지되면 멜로디가 재생하여 주인에게 알리도록 하는 연결 회로와 블록 코드를 작성해 보세요.

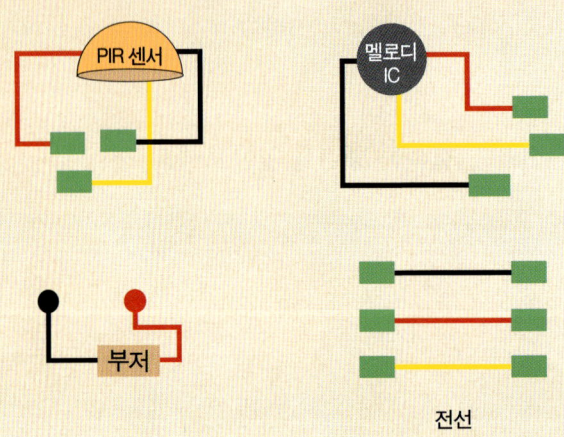

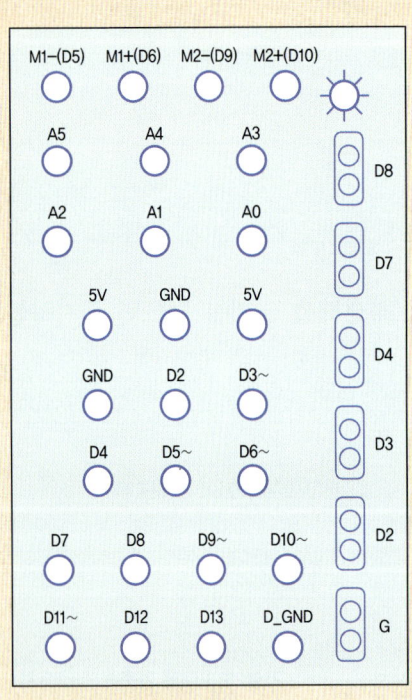
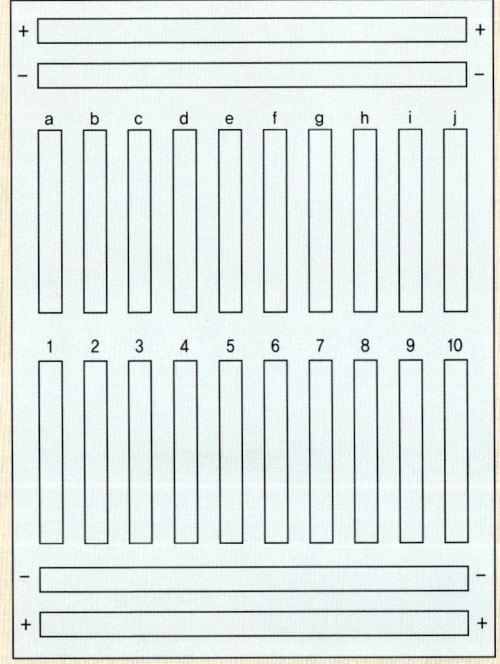

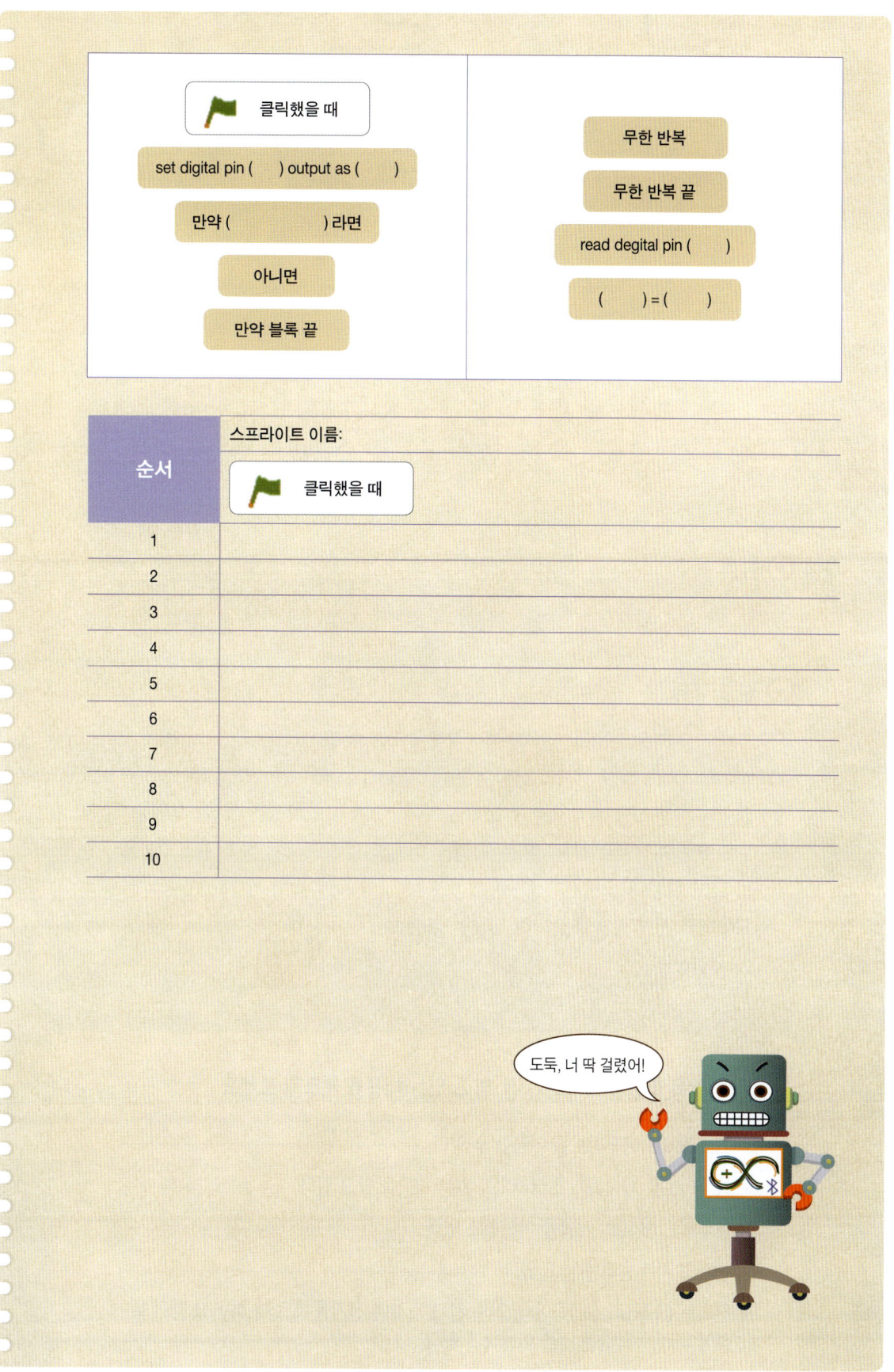

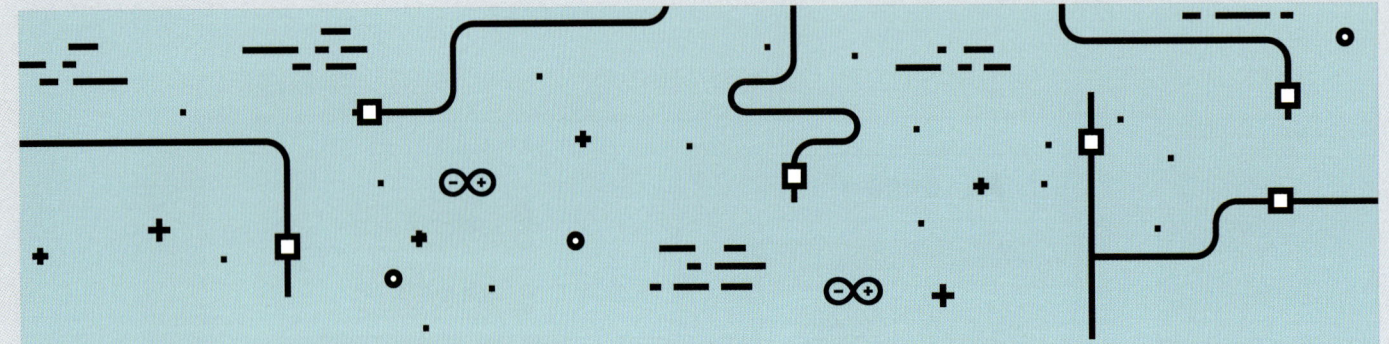

아두이노와 스크래치로 메이커 되기

PROJECT 3 덜덜이 경주 로봇 만들기

⊕ 활동 목표
모터의 회전으로 발생하는 진동을 이용하여 물체를 움직이게 만들 수 있다.

⊖ 활동 내용
- 주변의 도구를 이용하여 덜덜이 경주 로봇을 직접 제작하고 메이커로서의 활동 체험하기
- 전기에너지에 의한 모터의 회전 운동을 이해하고, 이에 따라 발생하는 진동을 이용하여 물체를 움직일 수 있다는 것을 이해하기
- 모터를 전기적으로 작동시키는 방법을 이해하고, 스크래치 블록 프로그램을 이용하여 모터 작동시키기
- 모터의 회전 방향을 조정하여 덜덜이 경주 로봇이 목표점까지 빠르게 이동할 수 있도록 제어하기

 활동 학습을 시작하기 전, 알고 있는 내용을 체크해 보세요

- 스크래치와 아두이노를 연결할 수 있다. ○
- 아두이노를 제어하는 스크래치의 기본 명령을 알고 있다. ○
- 아두이노 GPIO의 개념을 이해하고 있다. ○
- 센서의 기본 원리를 알고 있다. ○
- 전기는 (+)극과 (−)극이 있으며, 전기 소자에 전기를 흐르게 하면 소자의 특성에 따라 동작하는 것을 이해하고 있다. ○
- 반복문에 의해 명령 블록이 반복적으로 실행되는 것을 이해하고 만들 수 있다. ○

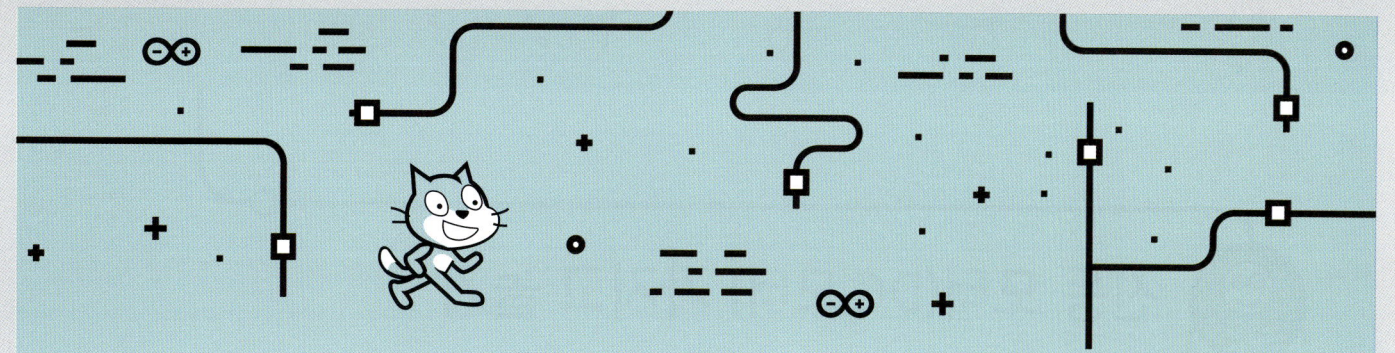

RC 자동차를 운전해 보았나요? 어른이 되어 진짜 자동차를 운전하는 자신의 모습을 상상해 보세요.

주변에서 흔히 볼 수 있는 클립을 이용하며 경주 로봇의 몸체를 만들고, 작은 실린더 모터를 이용하여 경주 로봇을 움직일 수 있습니다. 아두이노와 아두이노 확장 보드, 스크래치 프로그램을 이용하여 경주 로봇을 세밀하게 제어하고, 경주 로봇이 움직일 때 사이렌 소리를 내거나 나만의 신호음을 만들어 달릴 수 있습니다.

덜~덜~덜~ 움직이는 경주 로봇을 타고 신나게 달려 보실래요?

진동 모터(DC 모터) 가지고 놀기

학습 문제

모터의 특성을 이해하고, 블록 스크립트를 이용하여 모터의 회전 운동과 회전 속도를 제어해 봅시다.

　모터는 전기에너지를 운동(회전)에너지로 변환하는 장치입니다. 모터에 공급하는 전원에 따라 AC 모터와 DC 모터가 있습니다. DC 모터는 건전지와 같이 전류의 방향이 (+)에서 (−)로 일정하게 흐를 때 사용하는 모터로, 일정한 전압으로 연결하면 회전이 발생하며 광범위하고 높은 정밀도를 가지고 있어 속도 제어가 가능합니다.

여러 가지 종류의 DC 모터

　자, 지금부터 진동 모터를 아두이노 확장 보드와 자석 브레드 보드에 연결하는 방법을 알아보겠습니다.

무엇을 준비해야 하나요?

진동 모터 1개

어떻게 연결하나요?

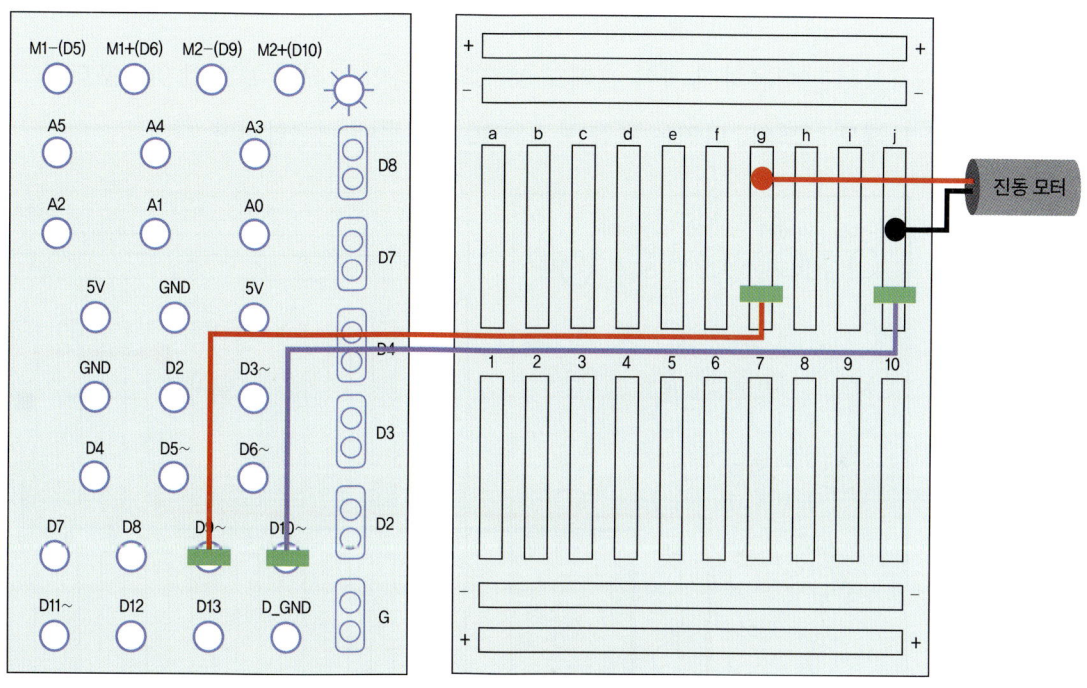

완성이 되면?

PROJECT 3 덜덜이 경주 로봇 만들기

자석 브레드 보드에 연결하기

❶ 진동 모터의 빨간색 자석선은 자석 브레드 보드의 g 라인에, 검은색 자석선은 브레드 보드의 j 라인에 연결합니다.

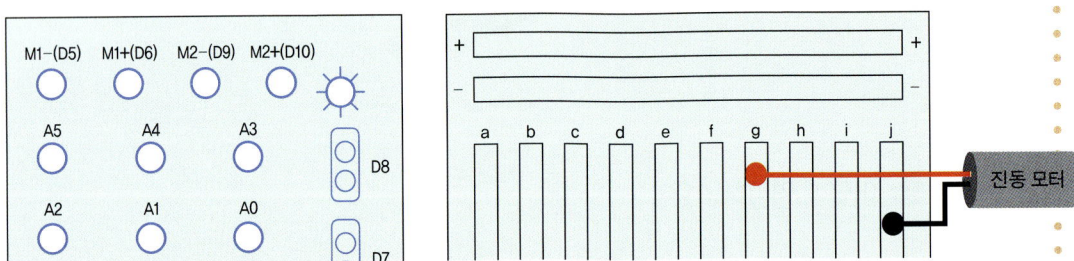

❷ 자석선을 이용하여 자석 브레드 보드의 g 라인은 확장 보드의 9번 포트에, 자석 브레드 보드의 j 라인은 확장 보드의 10번 포트에 연결합니다.

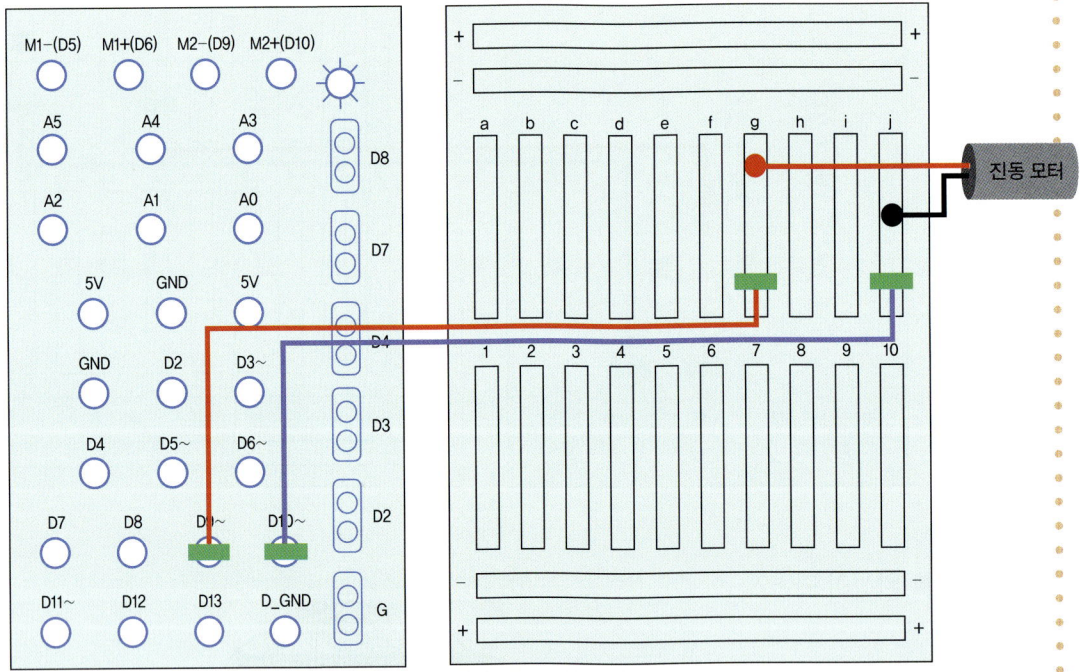

주의하기

- 진동 모터의 빨간색 자석선과 검은색 자석선을 바꾸어 연결하면 반대로 회전합니다.
- 자석선은 자석 브레드 보드의 g 라인과 j 라인에 연결하지 않고 다른 라인에 연결해도 됩니다. 다만, 다른 자리에 변경하여 연결한 경우에는 확장 보드와 연결할 때 변경한 자리와 연결해 주어야 합니다.

 스크래치 프로그래밍으로 진동 모터 동작시키기

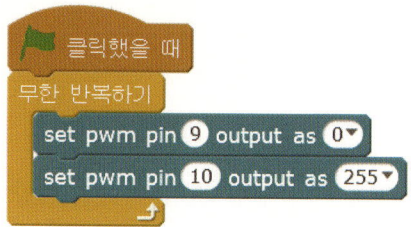

① [스크립트]-[이벤트]에서 ![클릭했을 때] 블록을 가져와서 배치합니다.

② [스크립트]-[제어]에서 ![무한 반복하기] 블록을 가져와서 ![클릭했을 때] 블록 밑에 배치합니다.

③ [스크립트]-[로보트]에서 ![set pwm pin 5 output as 0] 블록을 가져와서 ![무한 반복하기] 블록 사이에 배치하고 핀 값을 '9', 출력 값을 '0'으로 바꾸어 줍니다.

④ [스크립트]-[로보트]에서 ![set pwm pin 5 output as 0] 블록을 가져와서 ![무한 반복하기] 블록 사이의 ![set pwm pin 9 output as 0] 블록 밑에 배치하고 핀 값을 '10', 출력 값을 '225'로 바꾸어 줍니다.

🚩을 클릭하여 동작시키면 모터가 회전하면서 발생하는 진동에 의해 경주 로봇이 앞으로 움직입니다.

스크래치 프로그래밍으로 진동 모터의 회전 속도 제어하기

❶ 최대 속도로 회전하기

다음 블록 코드는 진동 모터의 회전 속도를 최대로 하여 회전하게 합니다. 이때 모터의 진동 세기도 최대가 됩니다(진동 모터의 회전 방향을 쉽게 확인하기 위해 회전 부분에 테이프를 붙입니다).

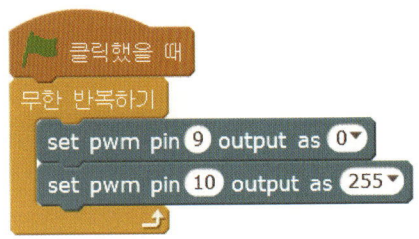 

Tips

스크래치 프로그래밍에 사용한 블록들은 다음과 같은 팔레트에 위치합니다.

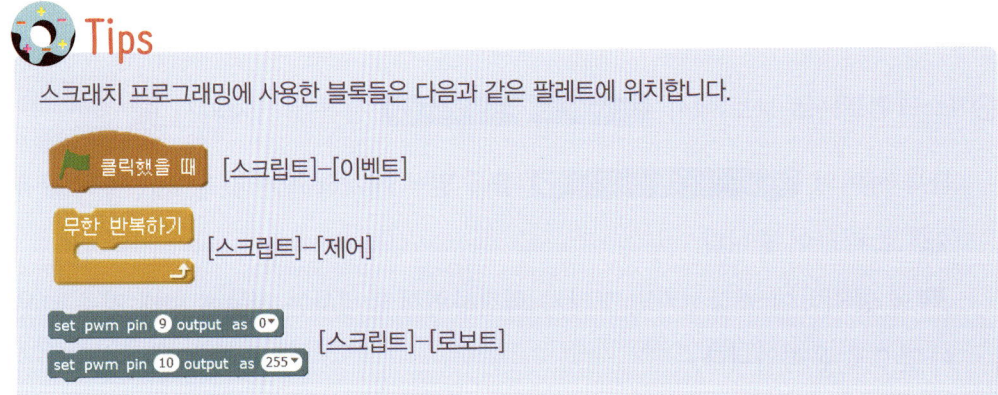

❷ 약하게 회전하기

다음 블록 코드는 진동 모터 회전 속도를 약하게 하여 회전하게 하며 진동도 약해집니다.

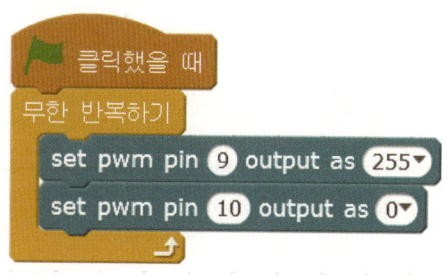

❸ 다음 블록 코드는 진동 모터 회전 방향을 ❶, ❷와 반대 방향으로 움직이게 하며 모터의 회전 속도를 최대로 합니다.

진동 모터 가지고 놀기

( )학교 ( )학년 ( )반 이름 ( )

1. 다음 2개의 회로도를 보고 회로를 구성한 후 진동 모터의 동작을 관찰해서 적어 보세요(진동 모터의 회전 방향을 쉽게 확인하기 위해 회전 부분에 테이프를 붙입니다).

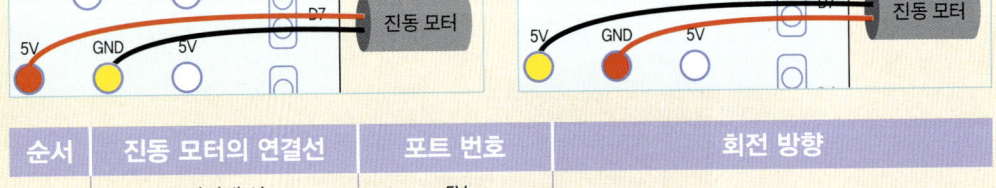

순서	진동 모터의 연결선	포트 번호	회전 방향
1	빨간색 선	5V	
	검은색 선	GND	
2	빨간색 선	GND	
	검은색 선	5V	

2. 다음 진동 모터를 스크래치 블록 코드로 동작시키기 위해 확장 보드의 9번, 10번 포트와 자석 브레드 보드를 이용하여 회로도를 그려 보세요.

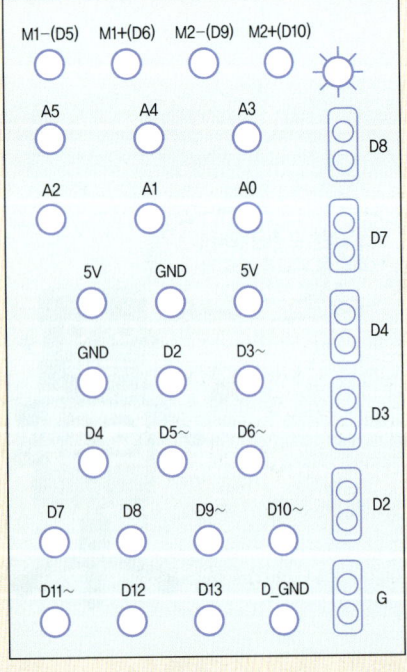
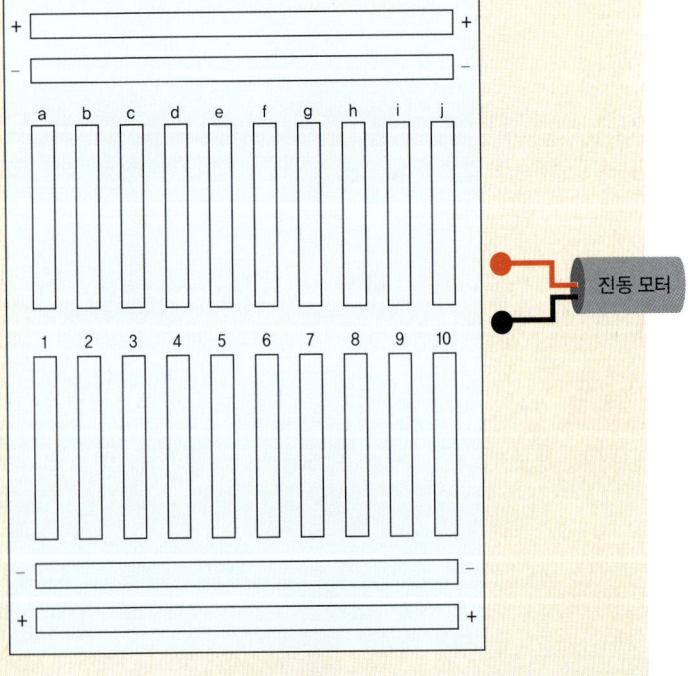

❸ 진동 모터를 9번과 10번 포트에 연결한 후에 다음 스크래치 블록을 실행시키고 결과를 적어 보세요.

4 다음 'set pwm pin~' 명령 블록에서 'as ( )'값에 다음과 같은 pwm 값을 입력할 때, 진동 모터의 동작 상태를 관찰해서 적어 보세요.

pwm 값	모터 동작 세기
0	
50	
100	
150	
250	

5 다음 스크래치 블록을 실행시켰을 때 나타나는 결과가 다른 이유를 적어 보세요.

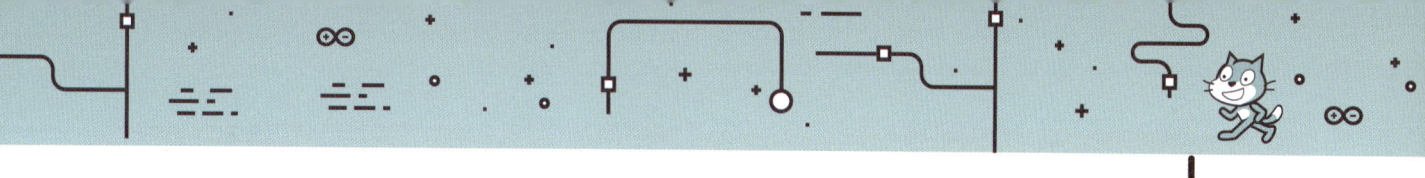

나만의 신호음 만들기

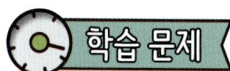

피에조의 특성을 이해한 후 블록 스크립트로 피에조를 제어하여 악보를 연주하고 나만의 신호음을 만들어 봅시다.

피에조는 금속판 사이에 얇은 압전 소자가 있어 소리, 진동, 압력 등을 감지할 수 있습니다. 압전 소자는 압력을 가하면 전기를 발생시키고, 반대로 전기를 가하면 진동하며 소리를 내는 성질이 있습니다.

여러분이 신고 다니는 운동화 중에서 발을 디딜 때마다 반짝거리며 소리를 내는 운동화는 이러한 피에조의 성질을 이용한 것입니다.

다양한 형태의 피에조

자, 지금부터 피에조를 아두이노 확장 보드와 자석 브레드 보드에 연결하는 방법을 알아봅니다.

PROJECT 3 덜덜이 경주 로봇 만들기　131

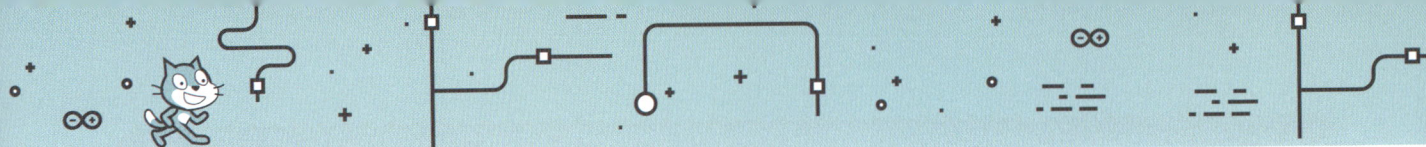

🔌 무엇을 준비해야 하나요?

피에조

🔌 어떻게 연결하나요?

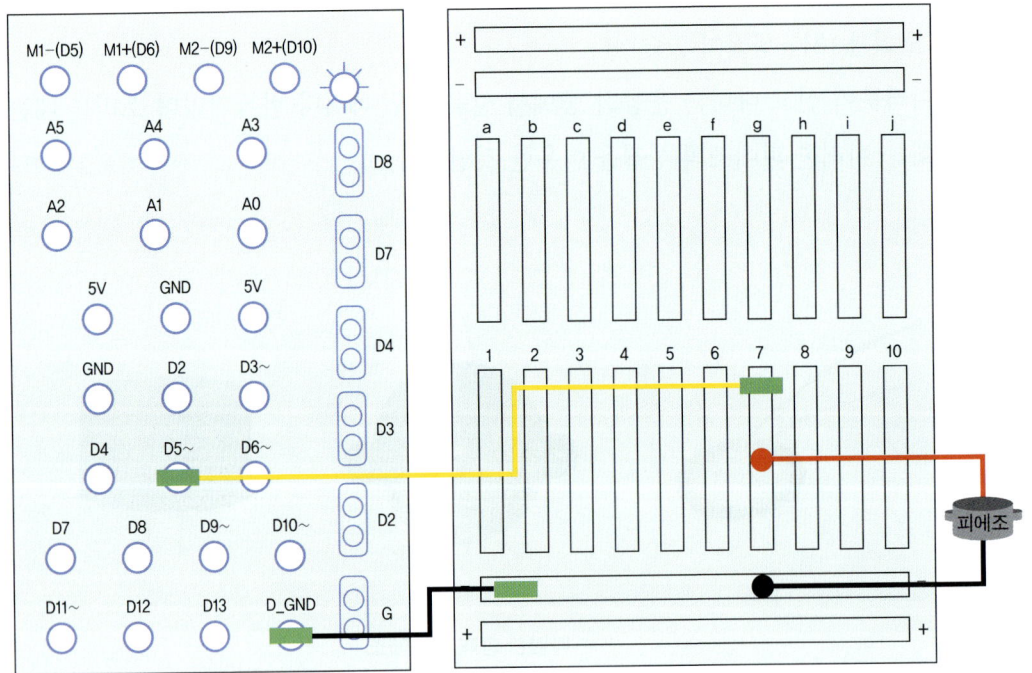

완성이 되면?

자석 브레드 보드에 연결하기

① 피에조 센서의 한쪽 선을 자석 브레드 보드의 7번 라인에 연결하고 다른 한쪽 선을 '-' 라인에 연결합니다.

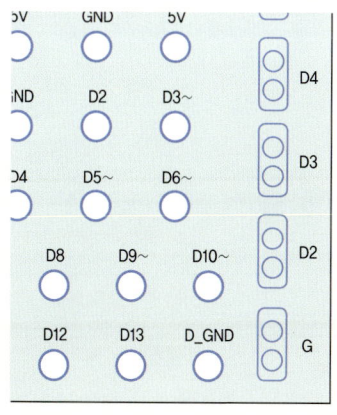 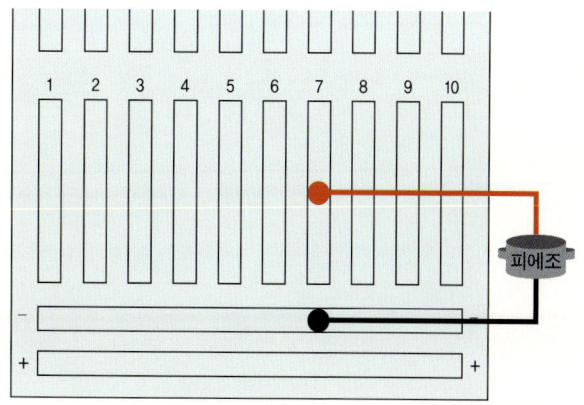

PROJECT 3 덜덜이 경주 로봇 만들기 133

❷ 자석선을 이용하여 확장 보드의 5번 포트와 자석 브레드 보드의 7번 라인을 연결합니다. 마지막으로 확장 보드의 D_GND 포트와 자석 브레드 보드의 '−' 라인을 연결합니다.

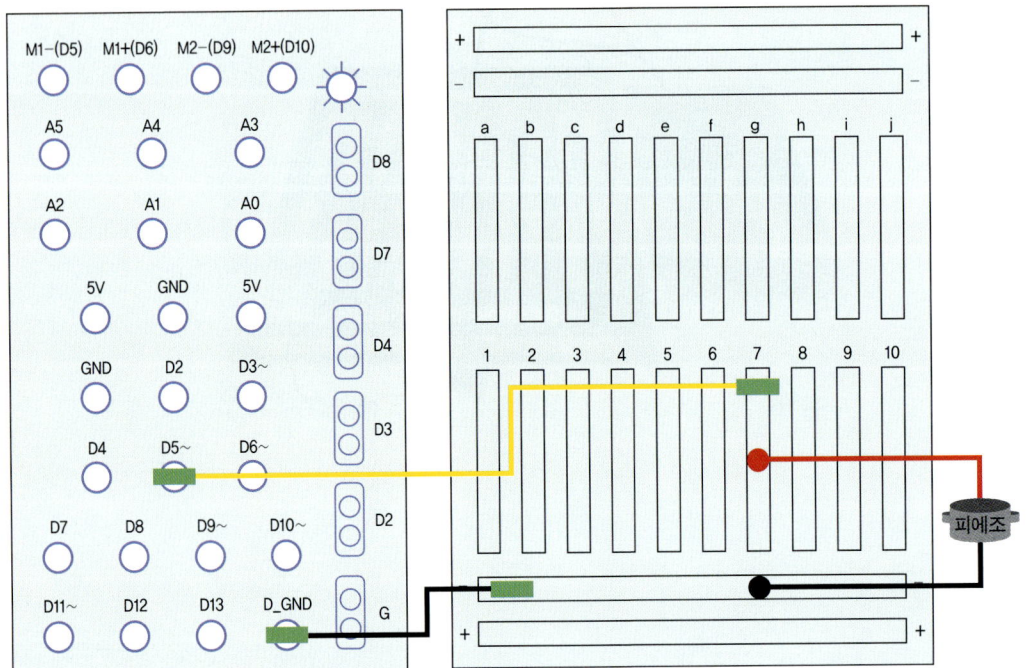

 Tips

- 피에조는 극이 없는 소자로 브레드 보드에 연결하는 두 선을 서로 바꾸어 연결해도 문제 없이 동작합니다.
- 확장 보드의 3, 5, 6, 9, 10, 11번 포트는 출력 값을 조절할 수 있는 포트입니다. 만약 확장 보드의 5번 이외의 포트에 연결하려면 출력 값을 조절할 수 있는 다른 포트에 연결해야 합니다.

스크래치 프로그래밍으로 피에조를 통해 음 연주하기

① [스크립트]-[이벤트]에서 ![클릭했을 때] 블록을 가져와서 배치합니다.

② [스크립트]-[제어]에서 ![무한 반복하기] 블록을 가져와서 ![클릭했을 때] 블록 밑에 배치합니다.

③ [스크립트]-[로봇]에서 ![play tone pin 9 on note C4 beat Half] 블록을 가져와서 ![무한 반복하기] 블록 사이에 배치하고 핀 값을 '5'로, note 값을 'C4'로, beat 값을 'Half'로 바꾸어 줍니다.

④ [스크립트]-[로봇]에서 ![1초 기다리기] 블록을 가져와서 ![무한 반복하기] 블록 사이의 ![play tone pin 5 on note C4 beat Half] 블록 밑에 배치하고 핀 값을 '0.5'로 바꾸어 줍니다. ![깃발]을 클릭하여 동작을 시키면 피에조에서 4번째 옥타브의 '도'를 Half(0.5초)의 길이로 소리를 내는 것을 들을 수 있습니다.

Tips

play tone 명령 블록의 beat 값에 따른 연주 시간

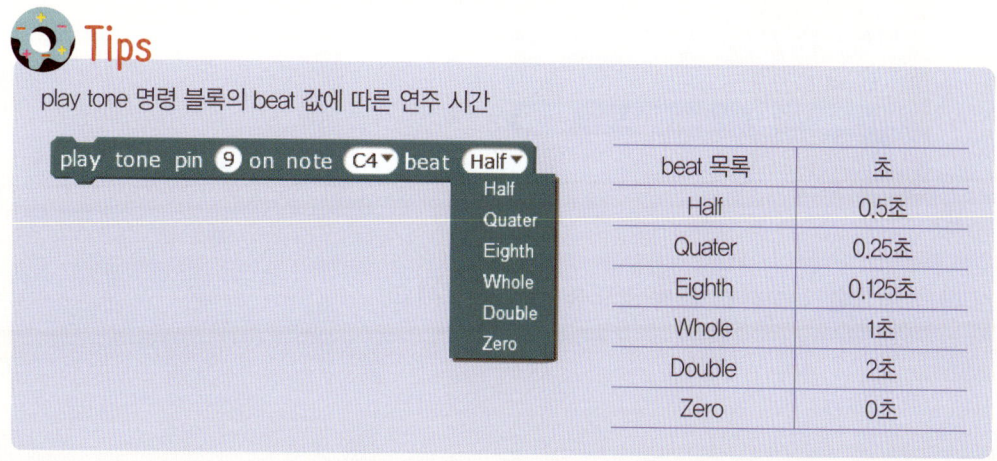

beat 목록	초
Half	0.5초
Quater	0.25초
Eighth	0.125초
Whole	1초
Double	2초
Zero	0초

피에조를 이용하여 악보 연주하기

( )학교 ( )학년 ( )반 이름 ( )

1. 피에조를 5번과 GND 포트에 연결한 후에 다음 스크래치 블록을 실행시키고 결과를 적어 보세요.

스크래치 블록	실행 결과
클릭했을 때 무한 반복하기 　play tone pin 5 on note C4 beat Half 　0.5 초 기다리기	
클릭했을 때 무한 반복하기 　play tone pin 5 on note F5 beat Half 　0.5 초 기다리기	
클릭했을 때 무한 반복하기 　play tone pin 5 on note C4 beat Half 　0.5 초 기다리기 　play tone pin 5 on note E4 beat Half 　0.5 초 기다리기 　play tone pin 5 on note G4 beat Half 　0.5 초 기다리기	

2. 다음 동요를 연주하는 블록 코드를 작성해 보세요.

똑같아요

순서	스프라이트 이름: 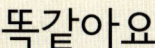 클릭했을 때		
1		11	
2		12	
3		13	
4		14	
5		15	
6		16	
7		17	
8		18	
9		19	
10		20	

❸ 다음 응급 자동차의 사이렌 소리 규칙을 보고 사이렌 소리를 내는 스크래치 블록 코드를 작성해 보세요.

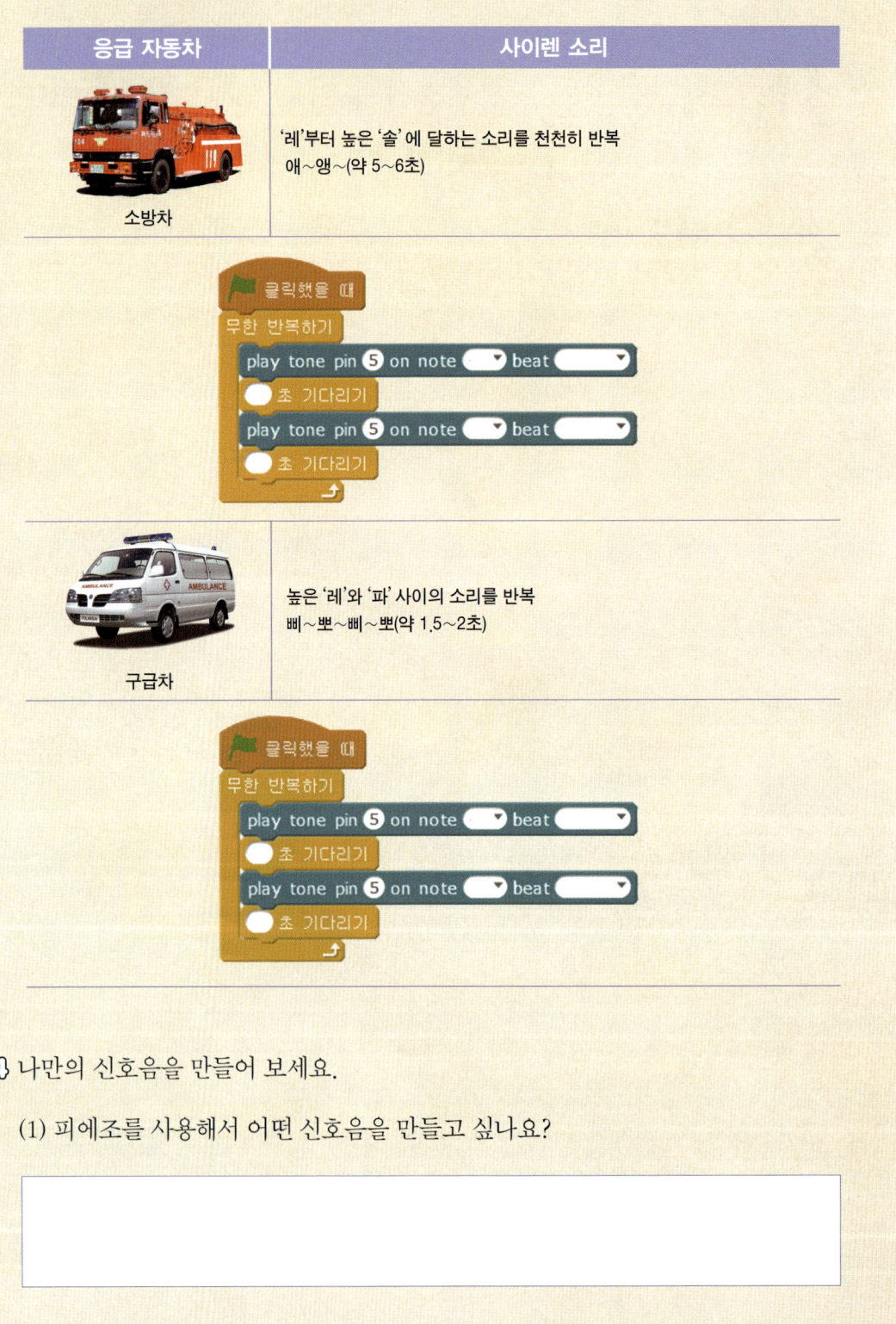

❹ 나만의 신호음을 만들어 보세요.

(1) 피에조를 사용해서 어떤 신호음을 만들고 싶나요?

(2) 신호음을 만들고 싶은 이유가 무엇인가요?

(3) 내가 만들려고 하는 신호음의 특징은 무엇인가요?

(4) 내가 만들 신호음의 음계를 그려 보세요.

신호음	음계
차임벨	

덜덜이 경주 로봇 만들기

학습 문제
클립과 실린더 DC 모터를 이용하여 경주 로봇을 만들고, 신호음을 울리면서 목적지까지 빨리 달려갈 수 있도록 스크래치 블록 코드를 이용하여 프로그래밍해 봅시다.

우리 주변의 물건들을 다양한 방법으로 이용하는 것은 메이커가 되기 위해 매우 중요합니다. 이번에는 클립을 이용하여 경주 로봇의 몸체를 만들고, 진동 모터를 클립으로 만든 몸체 위에 연결하는 덜덜이 경주 로봇을 만들어 봅니다.

무엇을 준비해야 하나요?

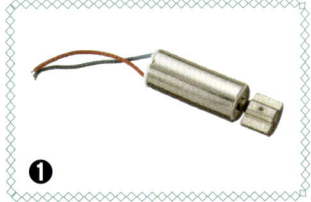

❶ 진동 모터 1개
❷ 클립 3개
❸ 양면테이프
❹ 피에조

어떻게 연결하나요?

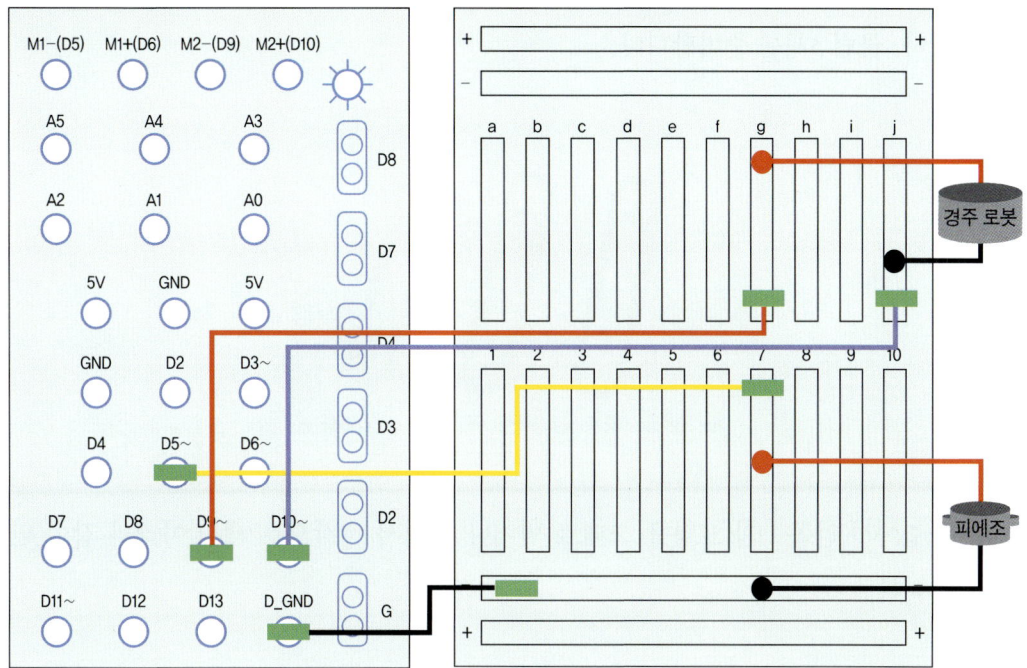

완성이 되면?

PROJECT 3 덜덜이 경주 로봇 만들기

덜덜이 경주 로봇의 몸체 만들기

❶ 덜덜이 경주 로봇은 3개의 다리를 가지고 있는데, 다리 역할을 하는 것이 클립입니다. 클립 3개를 준비합니다.

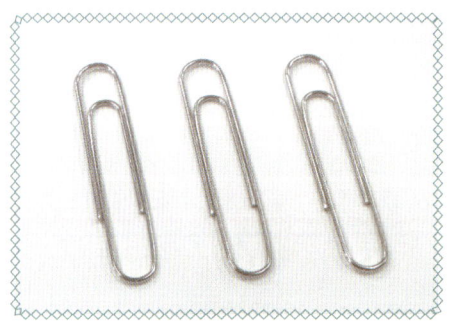

❷ 클립에서 안쪽 U자 모양을 그대로 밀거나 당겨서 직각으로 세워 아래와 같이 만듭니다.

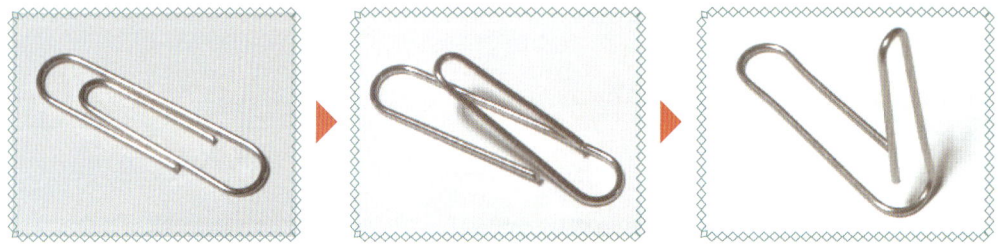

❸ 나머지 클립 2개도 ❷와 같은 방법으로 만듭니다.

❹ 만든 클립 2개를 안쪽 부분을 겹친 후 테이프로 겹쳐진 곳을 붙여 고정시킵니다.

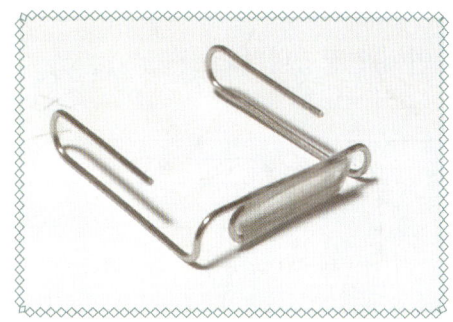

❺ 클립 2개가 겹쳐진 부분에 3번째 클립의 안쪽 부분을 십자가 모양이 되도록 겹쳐서 테이프로 붙여 고정시킵니다. 3번째 클립은 경주 로봇의 뒤쪽 다리 역할을 합니다.

 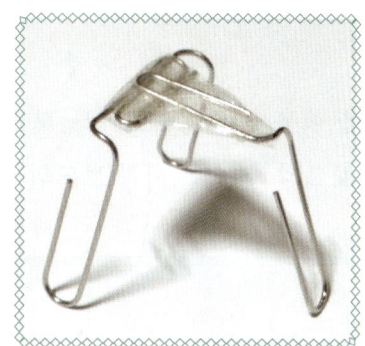

❻ 클립 3개가 겹쳐진 부분 위에 진동 모터를 부착합니다.

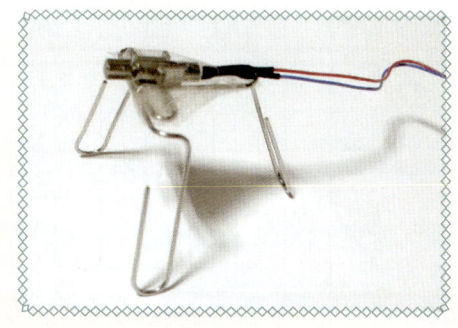

자석 브레드 보드에 연결하기

❶ 진동 모터의 빨간색 자석선은 자석 브레드 보드의 g 라인에, 검은색 자석선은 자석 브레드 보드의 j 라인에 연결합니다.

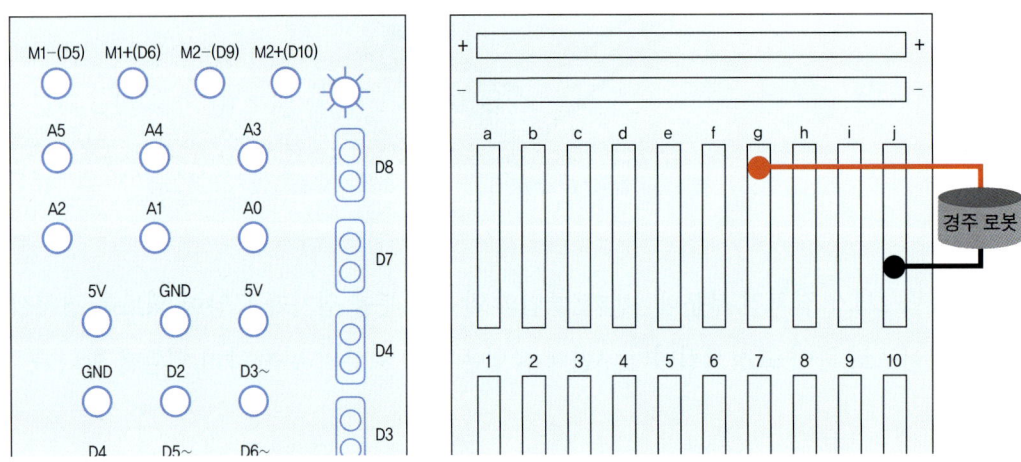

❷ 자석선을 이용하여 자석 브레드 보드의 g 라인은 확장 보드의 9번 포트에, 자석 브레드 보드의 j 라인은 확장 보드의 10번 포트에 연결합니다.

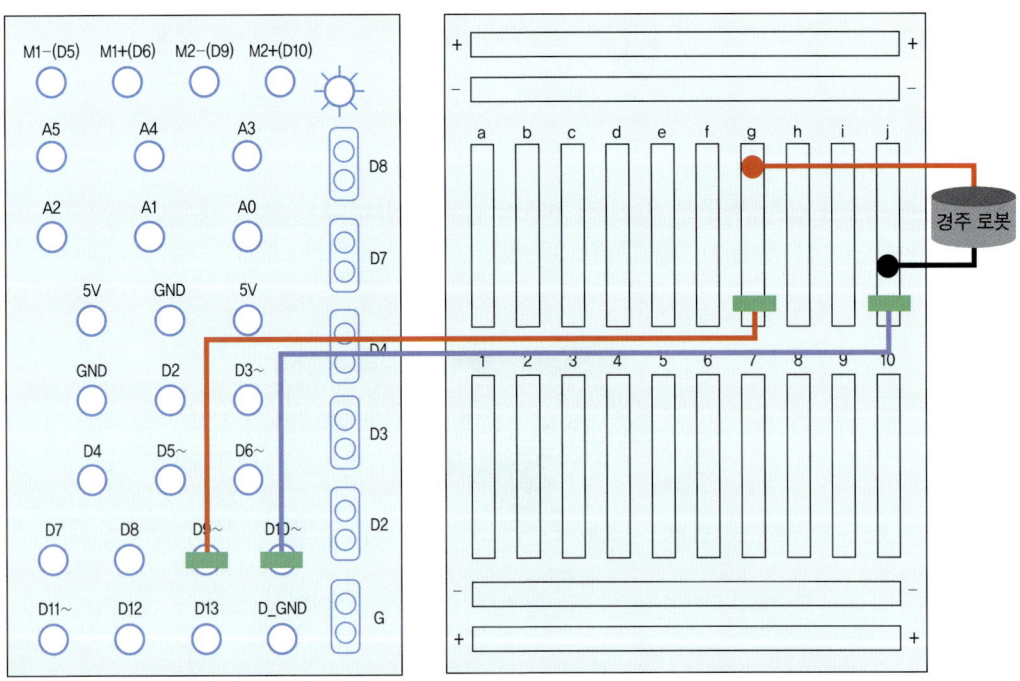

❸ 피에조 센서의 한쪽 선을 자석 브레드 보드의 7번 라인에 연결하고 다른 한쪽 선을 '−' 라인에 연결합니다.

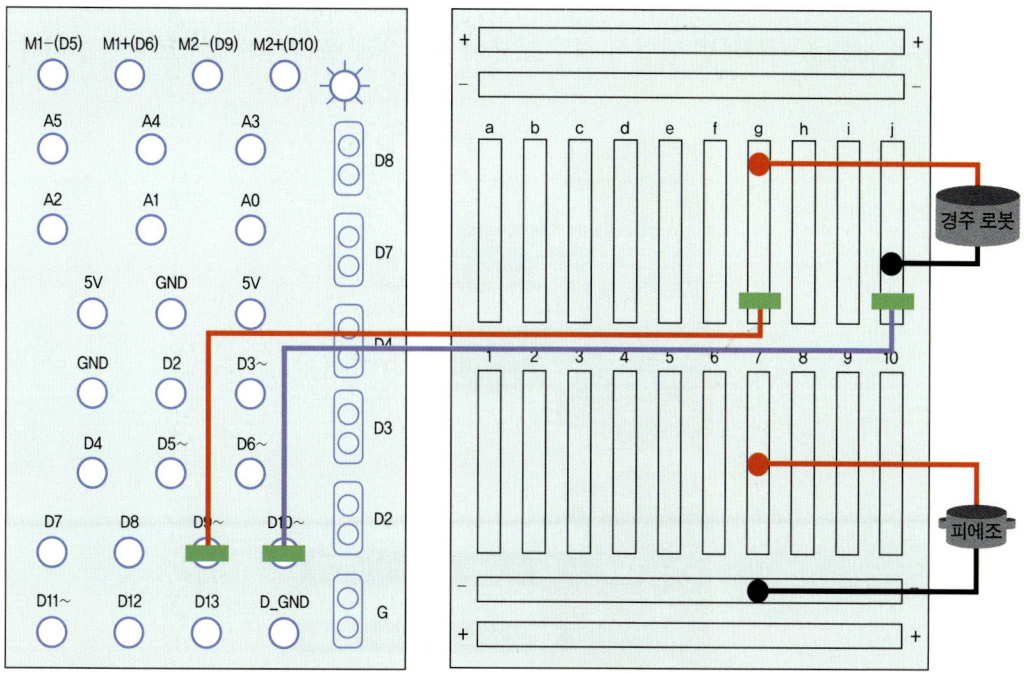

❹ 자석선을 이용하여 확장 보드의 5번 포트와 자석 브레드 보드의 7번 라인을 연결합니다. 마지막으로 확장 보드의 D_GND 포트와 자석 브레드 보드의 '−' 라인을 연결합니다.

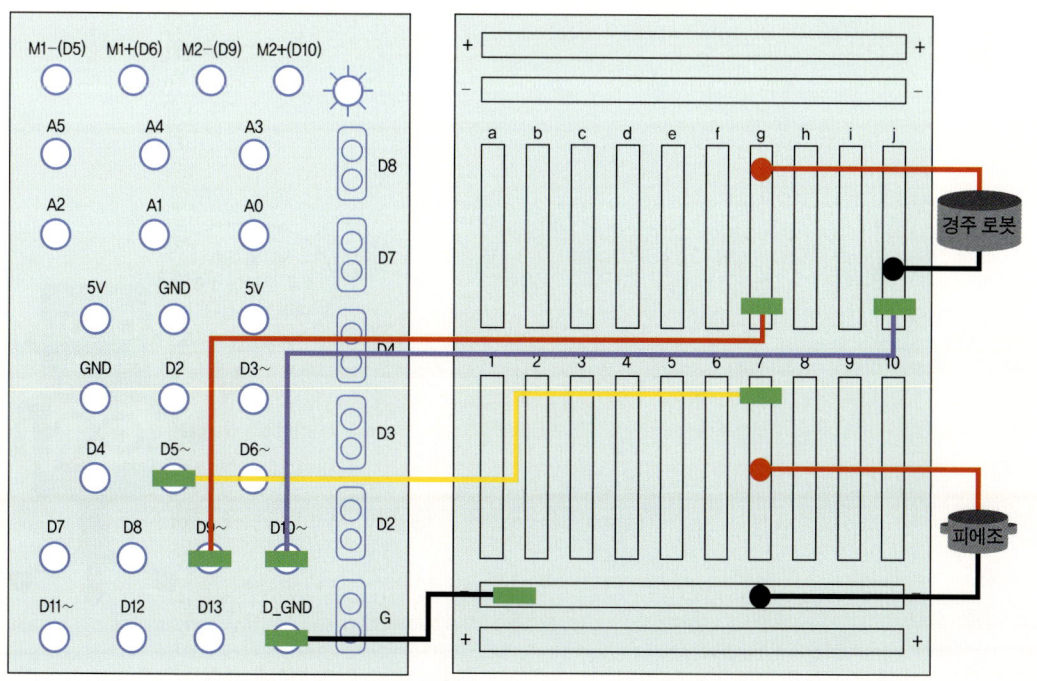

# 스크래치 프로그래밍을 이용하여 덜덜이 경주 로봇 동작시키기

다음 블록 코드를 실행하면 덜덜이 경주 로봇이 신호음을 울리면서 앞으로 이동합니다.

```
클릭했을 때
무한 반복하기
    set pwm pin 9 output as 0
    set pwm pin 10 output as 255
    1 초 기다리기
    set pwm pin 9 output as 255
    set pwm pin 10 output as 0
    1 초 기다리기

클릭했을 때
무한 반복하기
    play tone pin 5 on note F4 beat Half
    0.5 초 기다리기
    play tone pin 5 on note D4 beat Half
    0.5 초 기다리기
```

덜~덜~덜~
경주 로봇이 소리를
내며 달려갑니다.

덜덜이 경주 로봇 만들기

( )학교 ( )학년 ( )반 이름 ( )

1. 다음 덜덜이 경주 로봇과 피에조를 스크래치 블록 코드로 동작시키기 위해, 자석 브레드 보드를 이용하여 모터는 확장 보드의 9번, 10번 포트에, 피에조는 확장 보드의 5번, GND 포트에 연결하는 회로도를 그려 보세요.

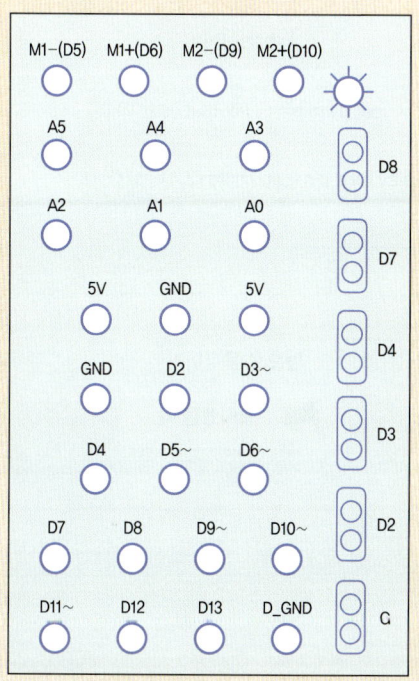
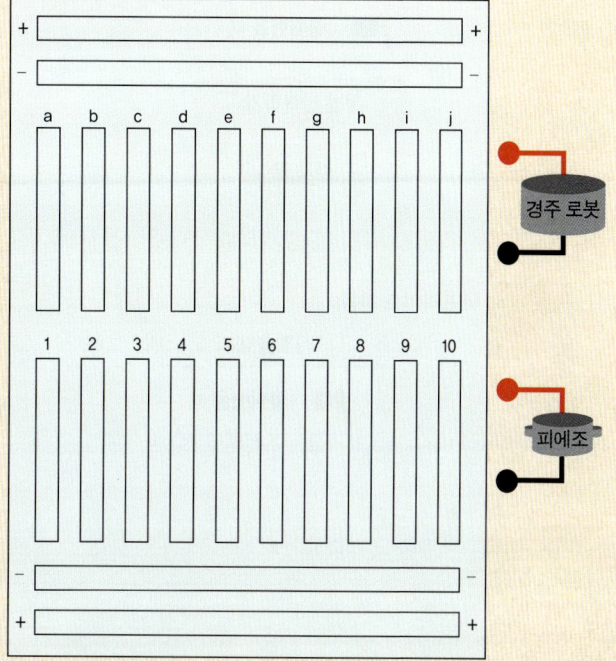

2. 다음 블록 코드는 어떤 결과를 나타내는지 적어 보세요.

실행 결과: _____
_____
_____
_____

❸ 덜덜이 경주 로봇이 신호음을 내면서 앞으로 진동하며 움직이는 알고리즘을 블록 코드로 작성해 보세요.

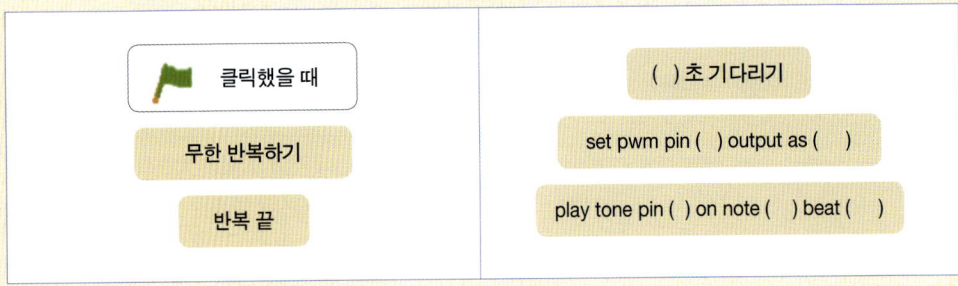

순서	스프라이트 이름:	
	신호음 내기 🚩 클릭했을 때	앞으로 움직이기 🚩 클릭했을 때
1		
2		
3		
4		
5		
6		
7		
8		
9		
10		

4 다음 블록 코드와 같이 모터의 회전 방향을 바꾸어 가며 동작시키는 이유를 적어 보세요.

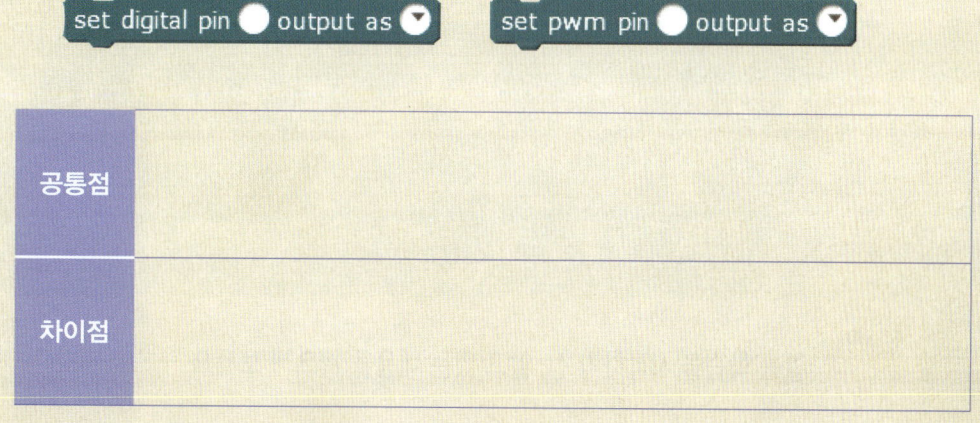

이유: _____
_____
_____
_____

5 다음 두 명령 블록의 공통점과 차이점을 적어 보세요.

공통점	
차이점	

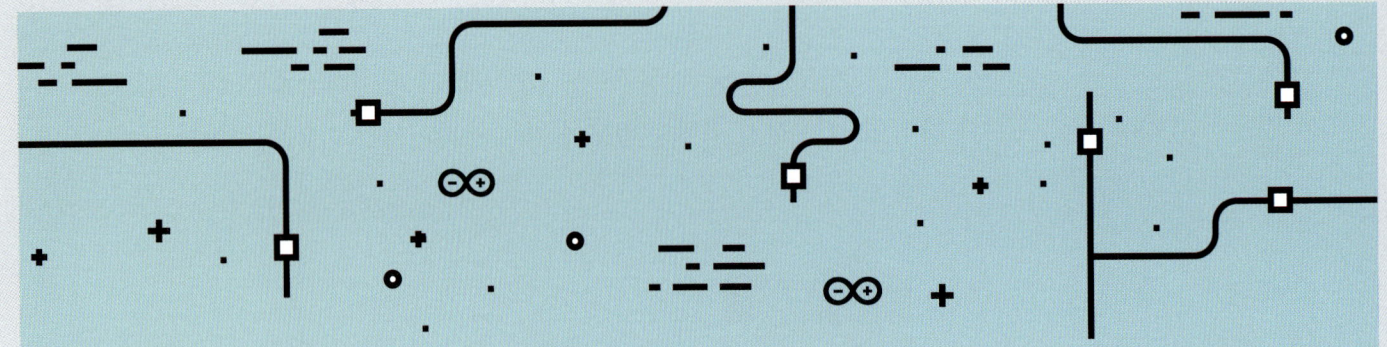

PROJECT

아두이노와 스크래치로 메이커 되기

빛나는 나무 만들기

⊕ 활동 목표

LED 스트링을 아두이노를 이용하여 제어하는 방법을 알고, LED 스트링과 공예용 철사를 이용하여 나무를 만들며 여러 가지 센서를 이용하여 빛이 나는 나무를 만들 수 있다.

⊖ 활동 내용

- LED 스트링을 아두이노에 연결하고 제어하기
- LED 스트링과 공예용 철사를 이용하여 빛이 나는 나무 만들기
- 동작을 감지하여 빛이 나고 음악이 나오는 나무 만들기

 활동 학습을 시작하기 전, 알고 있는 내용을 체크해 보세요

- 스크래치와 아두이노를 연결할 수 있다. ○
- 아두이노를 제어하는 스크래치의 기본 명령을 알고 있다. ○
- 아두이노 GPIO의 개념을 이해하고 있다. ○
- 센서의 기본 원리를 알고 있다. ○

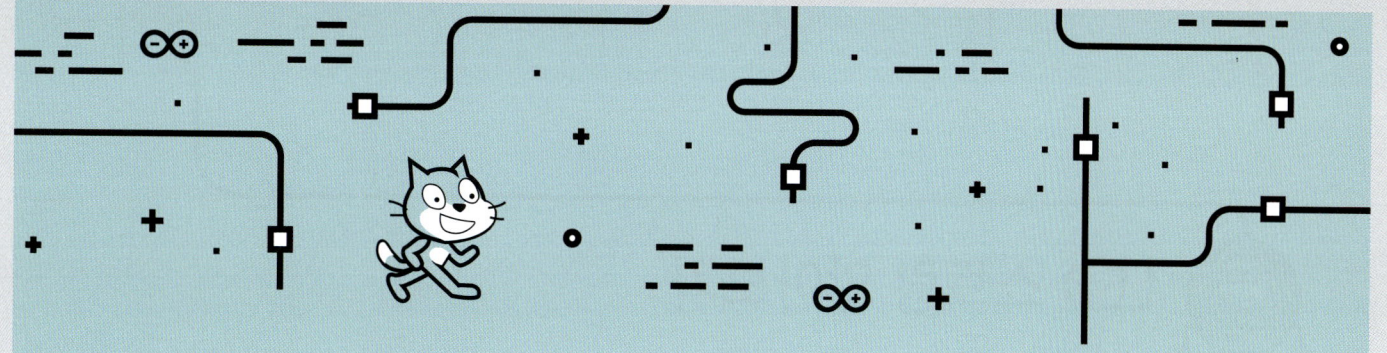

12월 24일과 12월 25일은 무슨 날이죠? 이 날은 교회를 다니지 않는 사람들도 즐겁답니다. 가정에서도 반짝거리는 크리스마스 트리를 만들고 가족과 함께 즐깁니다.

가로수가 반짝거리는 거리를 걸으면 어떨까요? 너무 즐거워 날아갈 것 같지 않을까요?

특정한 날에만 볼 수 있는 것이 아니라, 평상시에도 볼 수 있는 반짝이는 나무를 만들 수 있습니다. LED 하나로 반짝이게 하는 것보다 여러 개의 LED로 반짝이게 하면 더 화려할 것입니다. 그런데 여러 개의 LED를 밝히려면 어떻게 해야 할까요?

LED 스트링 알아보기

LED 스트링과 LED의 차이를 알아보고 다양한 방법으로 LED 스트링을 조정해 봅시다.

하나의 나무에 10여 개가 넘는 LED를 따로따로 연결하려면 굉장히 복잡할 것입니다. 긴 끈에 여러 개의 LED를 연결하여 나무에 걸 수는 없을까요? 또 쉽게 연결할 수 있는 LED는 없을까요?

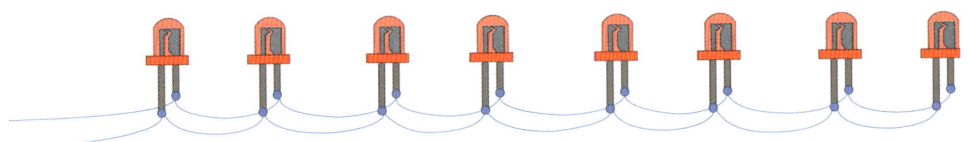

다리가 있는 LED의 연결

위 그림과 같은 다리가 있는 LED는 연결을 하더라도 사용하는 도중에 다리가 서로 붙어 회로에 오류가 생깁니다. 그렇다면 다리가 없는 LED는 어떨까요? LED 중에는 칩(chip) 형태의 LED가 있습니다. 이와 같은 LED는 사용하기 편리한 LED 끈을 만들 수 있습니다. 우리는 이것을 'LED 스트링'이라고 합니다.

이제부터 아두이노에 LED 스트링을 연결하고 조정하는 방법을 알아봅니다.

칩형 LED
(실제 크기 2mm×2mm)

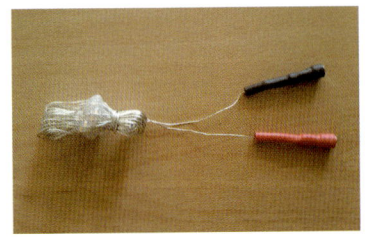

칩형 LED를 10cm 간격으로 2m를 감아 놓은 것

무엇을 준비해야 하나요?

단색 LED 스트링

RGB LED 스트링

어떻게 연결하나요?

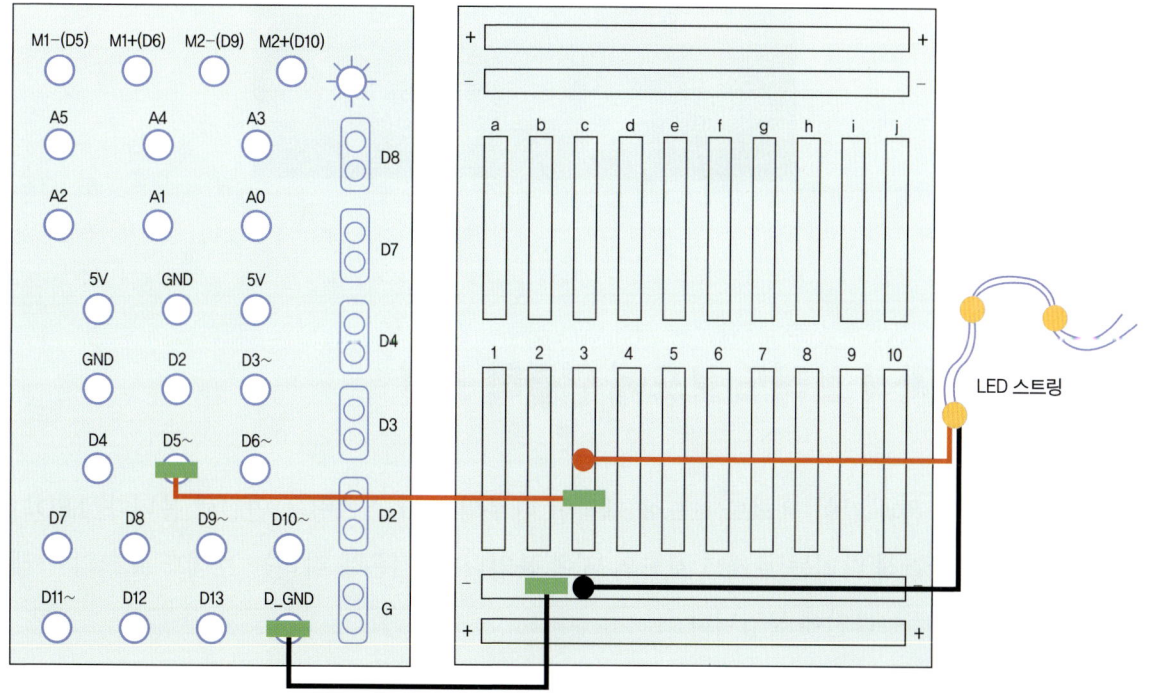

🔌 완성이 되면?

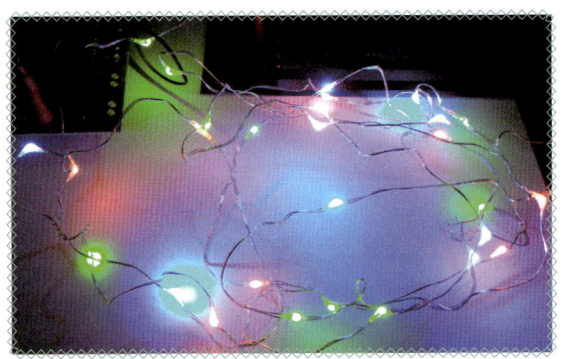

👉 자석 브레드 보드에 연결해 보기

❶ 다음과 같이 브레드 보드에 제작한 나무의 LED 스트링을 연결해 봅니다. LED의 빨간색 다리는 브레드 보드의 '3'에 붙입니다. 검은색 다리는 브레드 보드의 아래쪽 '-' 라인에 붙입니다.

🍩 **Tips**
- LED 스트링의 빨간색 전선은 브레드 보드 위의 'a~j', '1~10' 중의 하나를 선택합니다.
- LED 스트링의 검은색 전선은 빨간색 전선처럼 'a~j', '1~10' 중의 하나를 선택하여 붙여도 됩니다. 하지만 LED의 빨간색 선과 같은 곳에 연결하면 안 됩니다.

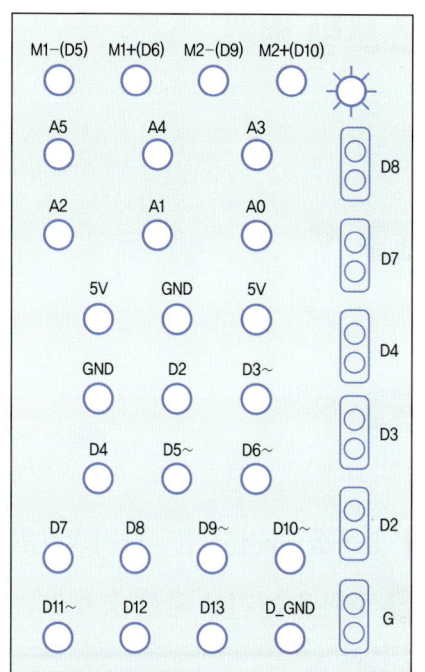
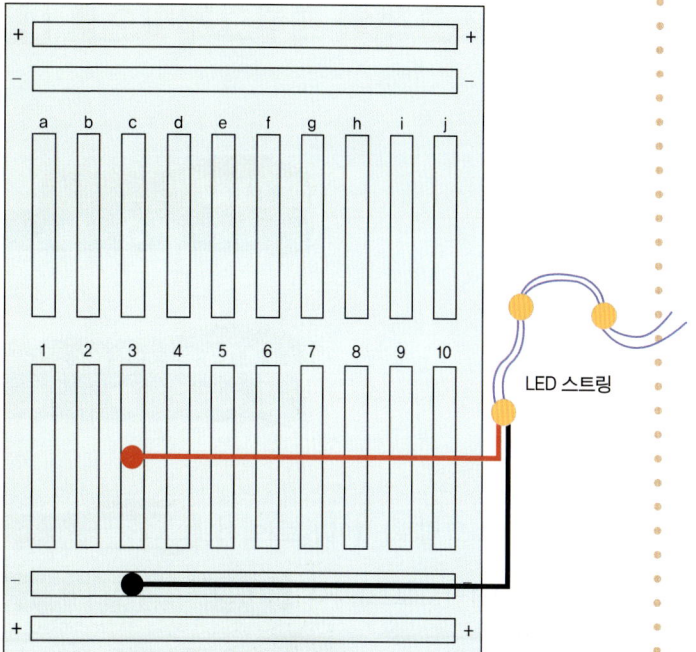

❷ 다음과 같이 확장 보드와 브레드 보드를 연결하여 완성합니다. 빨간색 전선은 확장 보드의 '5번' 포트와 브레드 보드의 '3'과 연결합니다. 검은색 전선은 확장 보드의 'D_GND' 포트와 브레드 보드의 '−'와 연결합니다.

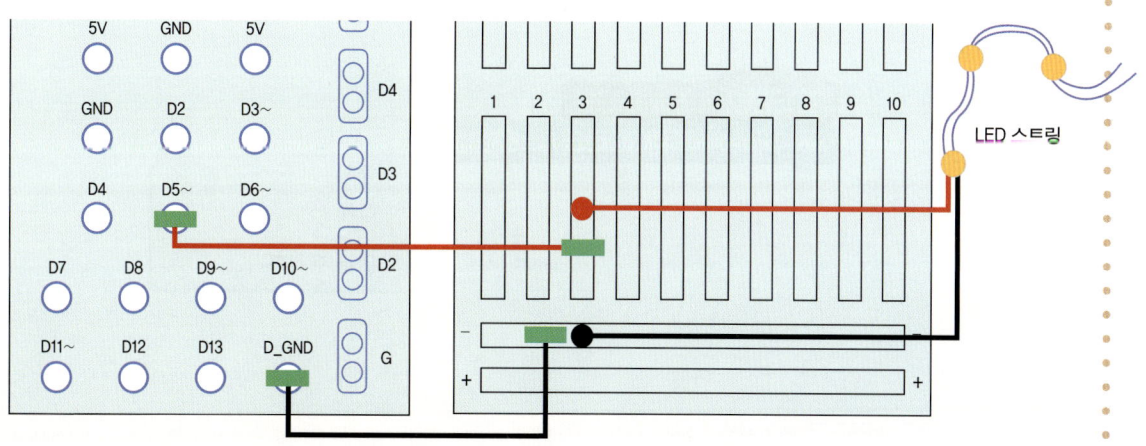

🍩 Tips
- LED 스트링의 빨간색 다리는 확장 보드의 D0~D13 포트 중에서 하나의 포트와 연결해야 합니다.
- LED 스트링의 검은색 다리는 확장 보드의 D_GND 포트와 연결해야 합니다.

PROJECT 4 빛나는 나무 만들기　155

 ## 스크래치 프로그래밍으로 LED 스트링 켜기

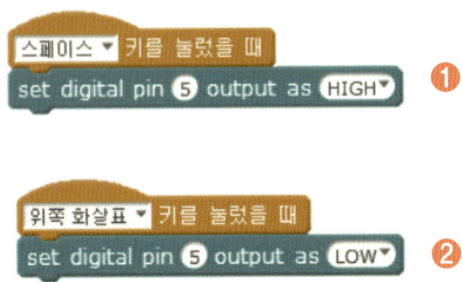

❶ [스크립트]-[이벤트]에서 `스페이스 키를 눌렀을 때` 블록을 가지고 옵니다. [스크립트]-[로보트]에서 `set digital pin 9 output as HIGH` 블록을 가지고 와서 숫자 '9'를 '5'로 바꾸고 `스페이스 키를 눌렀을 때` 블록과 합칩니다.

❷ ❶의 블록을 오른쪽 마우스를 눌러 복사합니다. 복사 후에 `스페이스 키를 눌렀을 때` 블록의 스페이스를 '위쪽 화살표'로 바꿉니다. `set digital pin 5 output as HIGH` 블록의 'HIGH'를 'LOW'로 바꿉니다.

LED 스트링 정복하기

( )학교 ( )학년 ( )반 이름( )

1 LED 스트링을 9번 포트에 연결하는 그림을 그려 보세요. 연결을 위해서 보기 와 같은 자석 전선을 이용합니다.

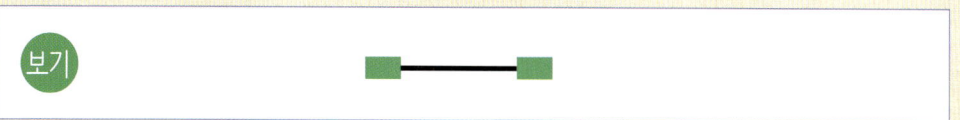

보기

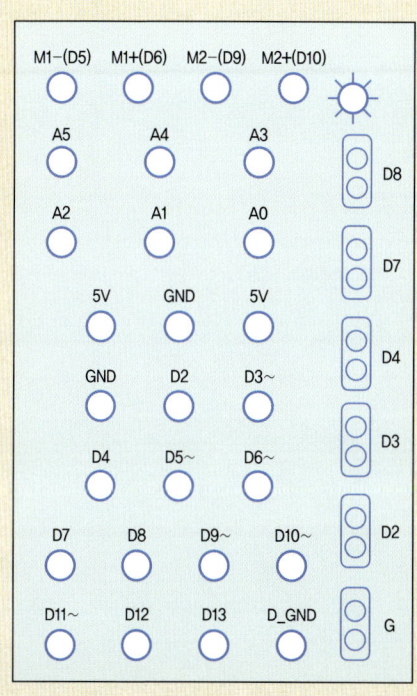
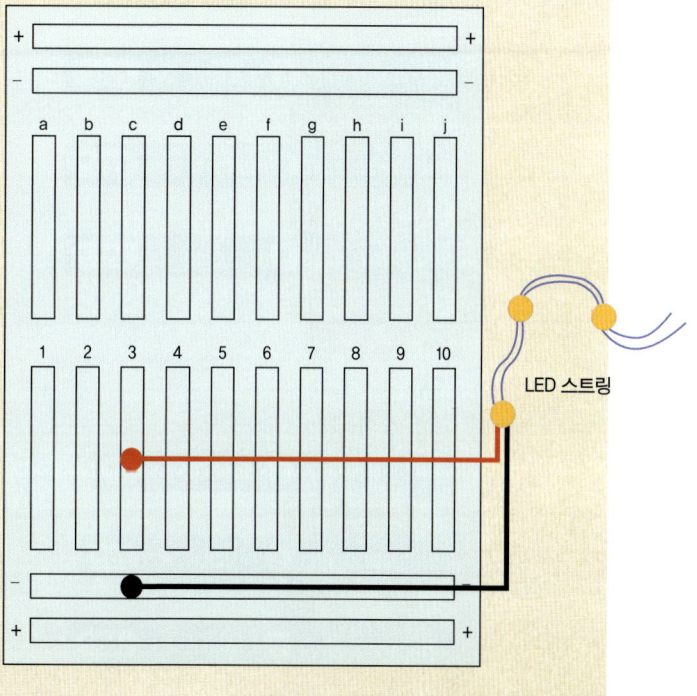

PROJECT **4** 빛나는 나무 만들기 157

2 9번 포트에 연결한 후에 다음 블록을 실행시키고 실행 결과를 적어 보세요.

스크래치 블록	실행 결과

❸ LED 스트링을 켜는 것과 LED 한 개를 켜는 것은 어떤 차이가 있는지 말해 보세요.

❹ LED 스트링 두 개를 5번 포트와 9번 포트에 연결하는 그림을 그려 보세요. 그림을 그릴 때에는 보기 와 같은 기호를 사용합니다.

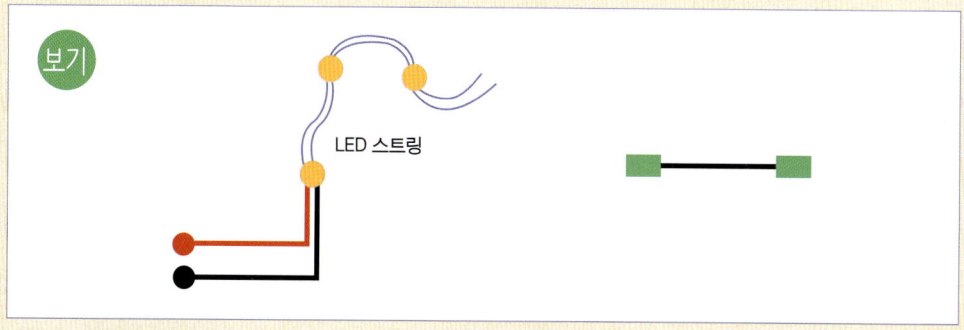

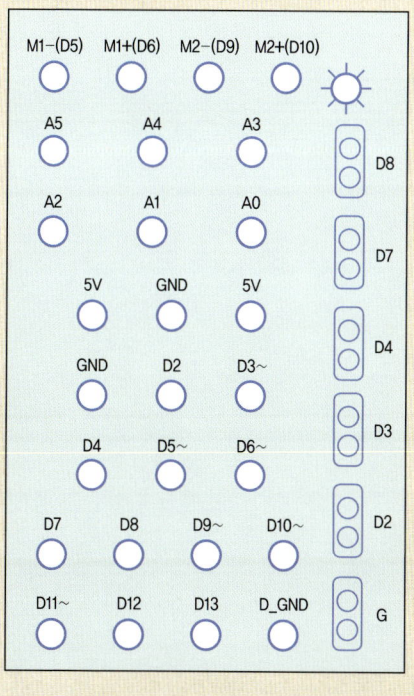

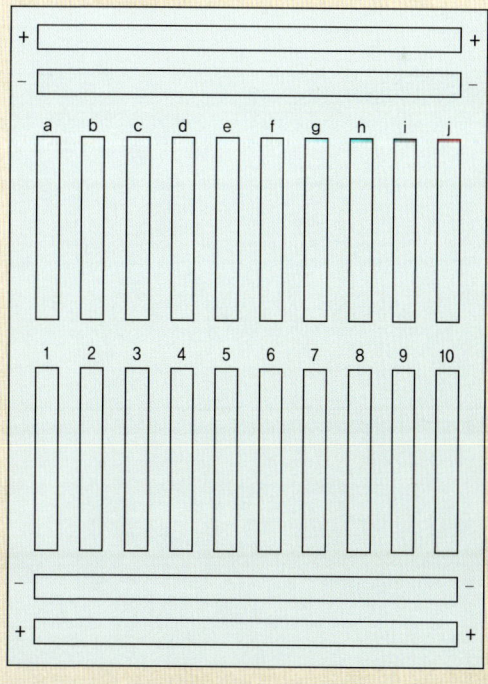

PROJECT **4** 빛나는 나무 만들기   159

5 LED 스트링 두 개를 켜고 끄는 계획을 세워 보세요. 계획 후에는 그 방법대로 켜는 알고리즘을 만들어 보세요.

내용	방법
켜고 끄는 시간 간격	
켜고 끄는 횟수	
밝기	

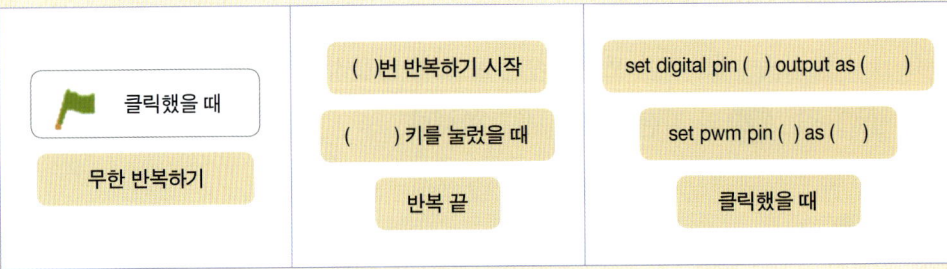

순서	스프라이트 이름:
1	
2	
3	
4	
5	
6	
7	

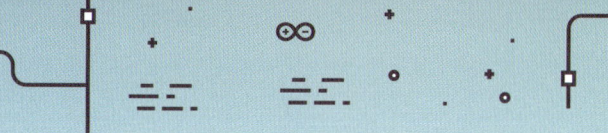

빛나는 나무 만들기

LED 스트링과 공예용 철사를 이용하여 빛나는 나무를 만들어 봅시다.

우리는 LED 스트링을 조정하는 방법을 배웠습니다. LED 스트링은 무엇을 만드는 데 사용할 수 있을까요? 여러분은 혹 캠핑장에서 어두울 때 텐트를 고정시키는 팩이나 줄에 걸려 넘어질 뻔하지는 않았나요? 넘어지는 것을 방지하기 위해 텐트에 깜박이는 LED 스트링을 걸어 두면 좋습니다.

이번 시간에는 LED 스트링과 공예 철사를 이용하여 빛나는 나무를 만들어 봅니다.

무엇을 준비해야 하나요?

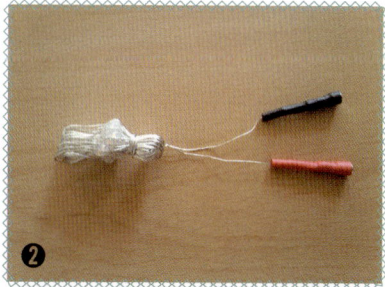
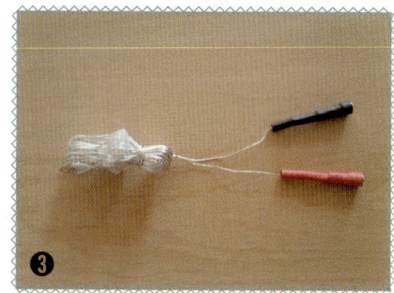

❶ 3.2mm 메탈릭 철사
❷ 단색 LED 스트링 ❸ RGB LED 스트링

어떻게 연결하나요?

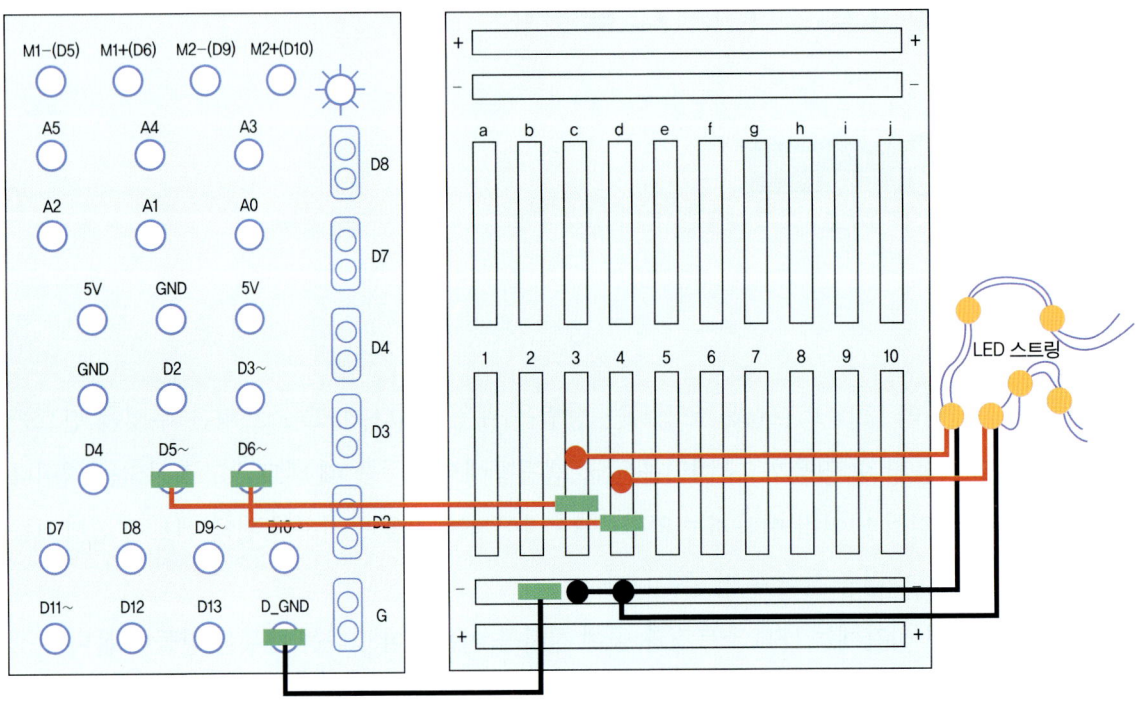

완성이 되면?

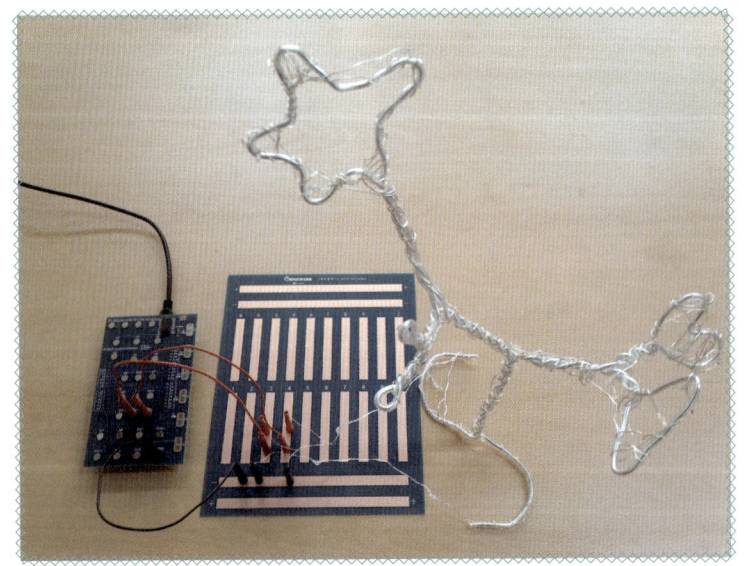

나무 만들어 보기

준비물 중 'LED 스트링을 이용한 트리 만들기 세트'에 LED 2개가 있습니다. 작업을 하기 전 LED가 정상으로 작동하는지 점검해 주세요. 다음 회로도와 같이 LED를 연결하고, 스크래치를 구성하여 LED를 각각 테스트해 봅니다.

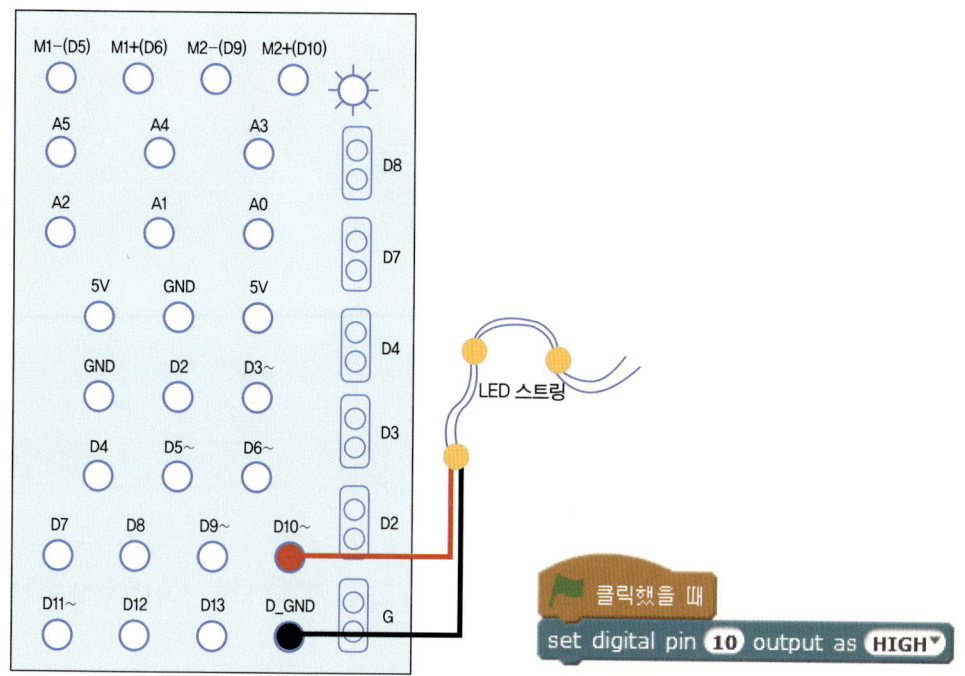

이 책에서는 3.2mm 굵기의 메탈릭 철사만 사용합니다. 개인에 따라 2mm 굵기의 메탈릭 철사를 사용해도 됩니다.

❶ 3.2mm 굵기의 메탈릭 철사를 사용하기 편하게 곧게 펴 줍니다.

❷ 곧게 편 메탈릭 철사를 1/2가량 접습니다.

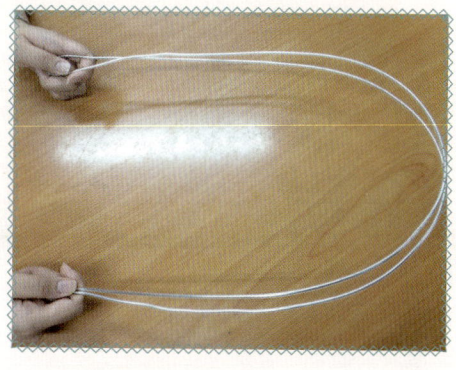

PROJECT 4 빛나는 나무 만들기

❸ 메탈릭 철사 양쪽 끝 부분을 모아진 쪽으로 10cm가량 남기고 철사를 꽈배기처럼 꼬아 줍니다.

❹ 나무의 큰 줄기를 만들기 위하여 10cm가량 꼬아 줍니다.

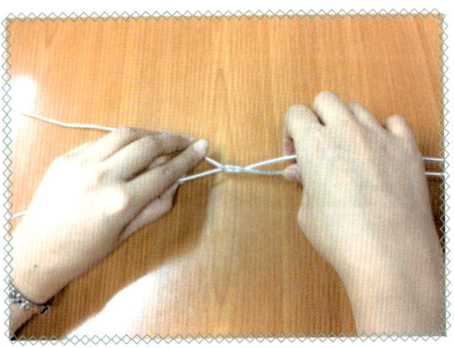 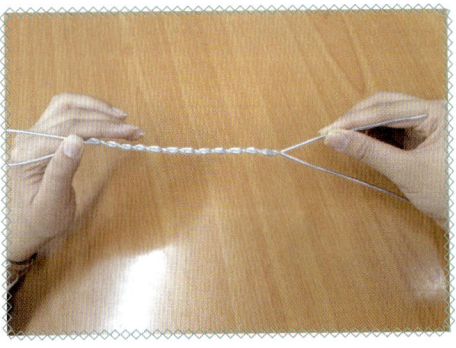

Tips

메탈릭 철사의 양쪽 끝 부분을 10cm가량 남겨 놓은 이유는 완성된 나무를 세워 놓기 위한 받침대 부분을 만들기 위해서입니다.

❺ 메탈릭 철사가 접혀 있는 부분을 ❻의 그림과 같이 서로 다른 크기로 모양을 설정합니다.

❻ 나무의 중간 가지를 만들기 위하여 3cm가량 꼬아 줍니다.

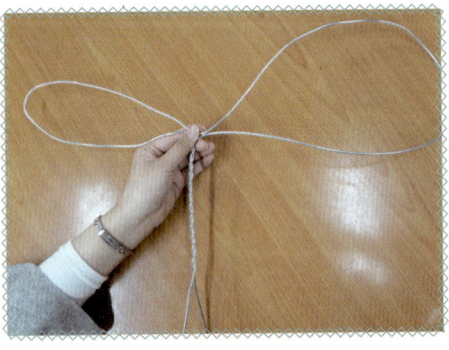 

❼ 다음 그림과 같이 나무의 가지 모양을 만듭니다. 모양은 개인에 따라 다르게 표현할 수 있습니다.

❽ 다른 쪽도 그림과 같이 중간 가지를 만들고 모양을 만듭니다.

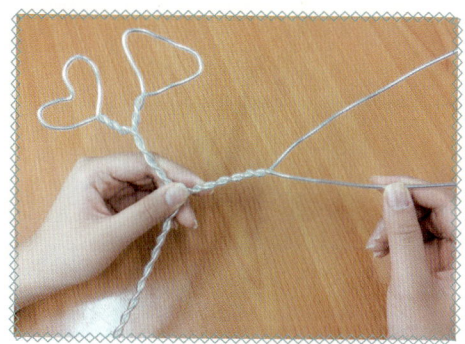 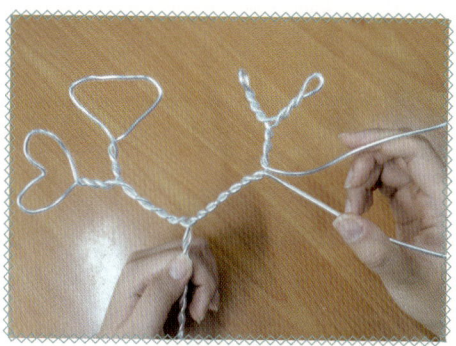

**Tips**

전체적인 나무의 모양을 머릿속에 그리고, 그것을 생각하며 균형감 있게 만듭니다.

❾ 마지막 가지로 ❿의 그림과 같이 별 모양을 만듭니다.

❿ 받침대 부분으로 남겨 놓은 부분은 만든 나무가 잘 세워질 수 있도록 모양을 만듭니다.

 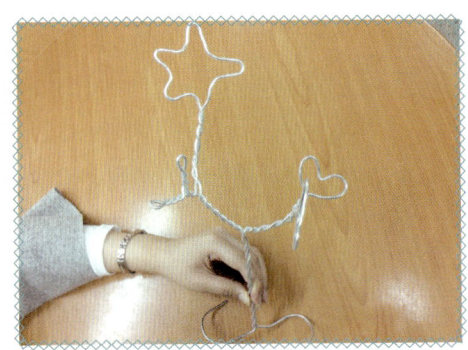

⑪ 만들어진 나무에 LED 스트링을 감아 줍니다.

⑫ 어디부터 감는 것은 중요하지 않습니다. 그림에서는 나무의 아래쪽 받침 부분부터 감고 있습니다.

Tips

나무의 받침부터 감을 때에는 LED 스트링의 자석이 있는 부분에서 10~15cm가량 남겨 둡니다. 완성된 작품과 브레드 보드에 연결할 수 있는 길이를 남겨 놓아야 하기 때문입니다.

⑬ LED 스트링의 남은 길이를 고려하여 메탈릭 철사로 만든 나무에 골고루 감습니다.

 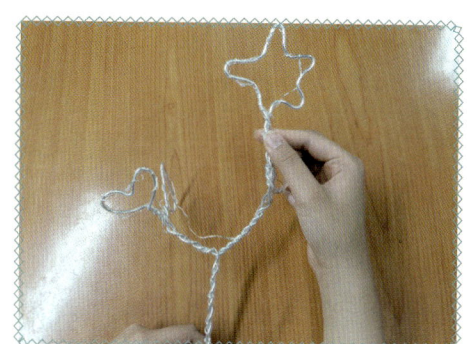

브레드 보드에 연결해 보기

① 다음과 같이 브레드 보드에 제작한 나무의 LED 스트링을 연결해 봅니다. LED의 붉은 다리는 브레드 보드의 '3'에 붙입니다. 검은 다리는 브레드 보드의 아래쪽 '-' 라인에 붙입니다.

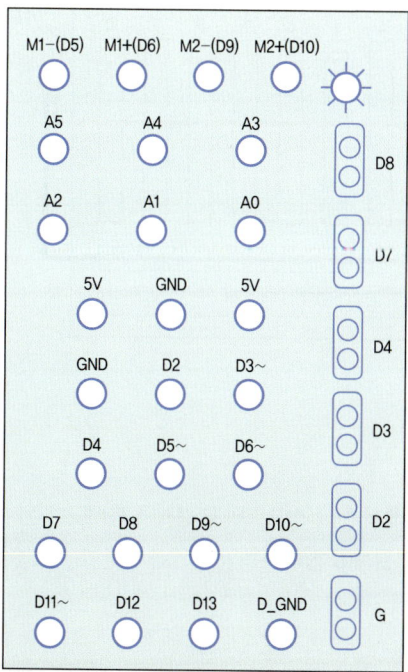 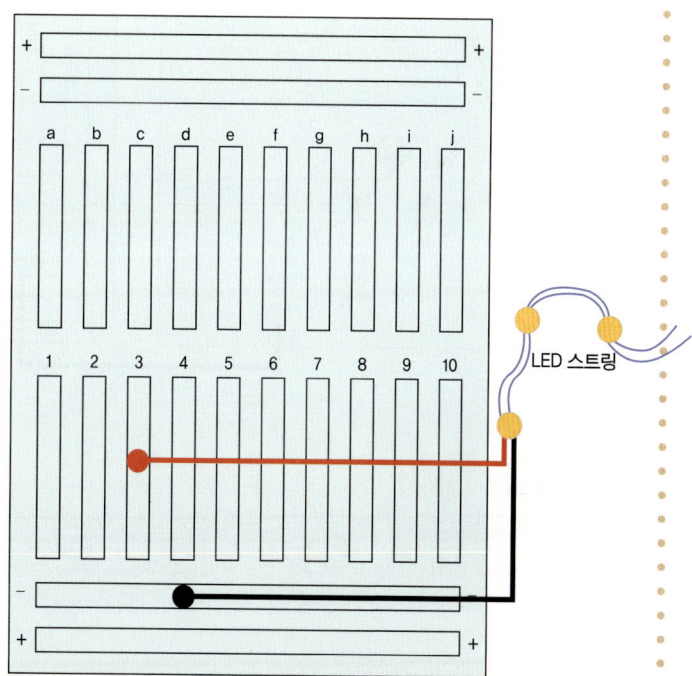

PROJECT 4 빛나는 나무 만들기

- LED 스트링의 빨간색 전선은 브레드 보드 위의 'a~j', '1~10' 중의 하나를 선택합니다.
- LED 스트링의 검은색 전선은 빨간색 전선처럼 'a~j', '1~10' 중의 하나를 선택하여 붙여도 됩니다. 하지만 LED의 빨간색 선과 같은 곳에 연결하면 안 됩니다.

❷ 다음과 같이 확장 보드와 브레드 보드를 연결하여 완성합니다. 빨간색 전선은 확장 보드의 '5번' 포트와 브레드 보드의 '3'과 연결합니다. 검은색 전선은 확장 보드의 'D_GND' 포트와 브레드 보드의 '−' 라인에 연결합니다.

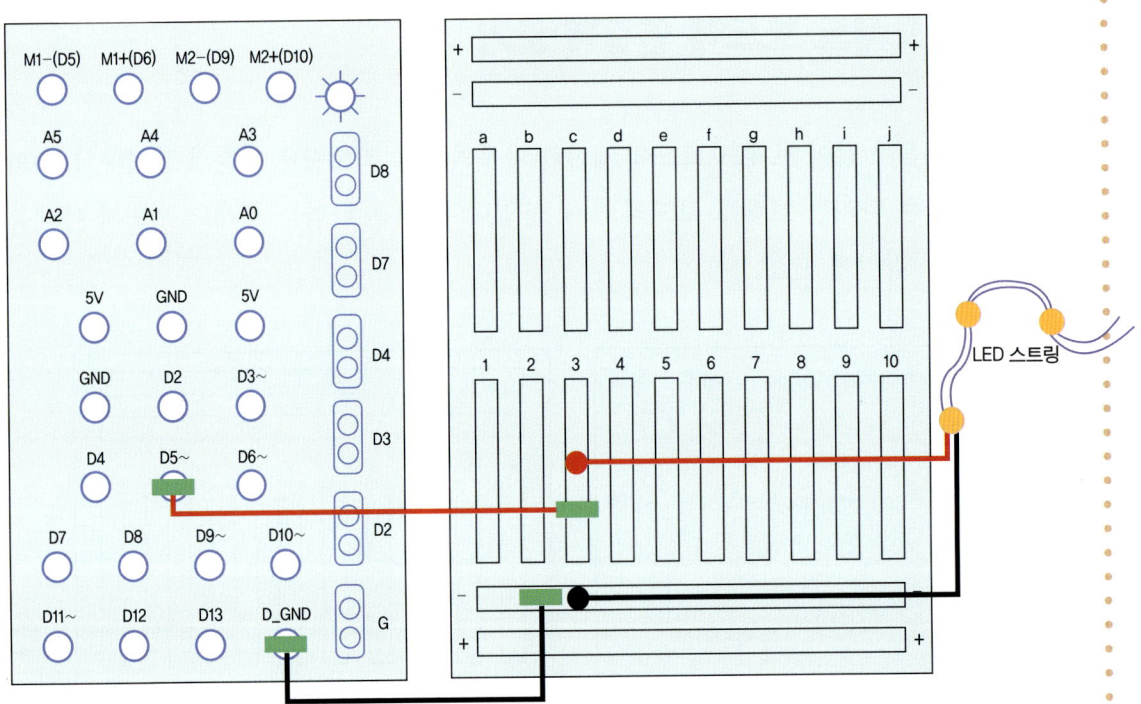

- LED 스트링의 빨간색 다리는 확장 보드의 D0~D13 포트 중에서 하나의 포트와 연결해야 합니다.
- LED 스트링의 검은색 다리는 확장 보드의 D_GND 포트와 연결해야 합니다.

스크래치로 나무에 빛 밝혀 보기

❶ [이벤트]에서 ![클릭했을 때] 블록을 찾아 스크립트 창으로 옮깁니다.

❷ [로보트]에서 `set digital pin 9 output as HIGH` 블록을 찾아 `set digital pin 5 output as HIGH` 블록으로 변경하고, 스크립트 창에 있는 ![클릭했을 때] 블록 아래에 붙입니다.

💡 Tips
'LOW' 값을 선택하는 이유는 LED를 처음에는 꺼져 있는 상태로 두기 위해서입니다.

❸ [제어]에서  블록을 찾아 스크립트 창의 set digital pin 5 output as LOW 블록 아래에 붙입니다.

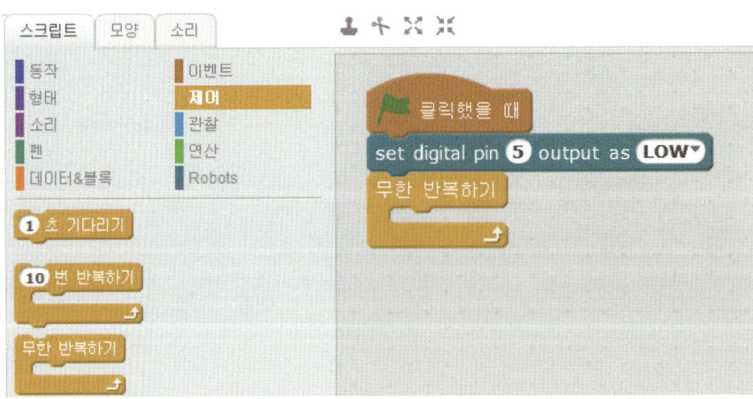

💡 Tips
LED를 계속해서 켜짐과 꺼짐을 반복적으로 수행하기 위하여 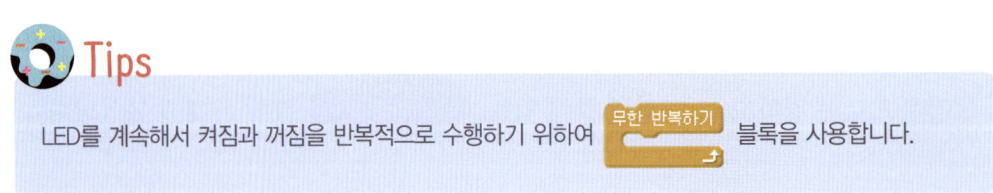 블록을 사용합니다.

170 아두이노와 스크래치로 메이커 되기 ❶

❹ [로보트]에서 `set digital pin 9 output as HIGH` 블록을 찾아 `set digital pin 5 output as HIGH` 블록으로 변경하여 `무한 반복하기` 블록 안에 붙여 넣습니다.

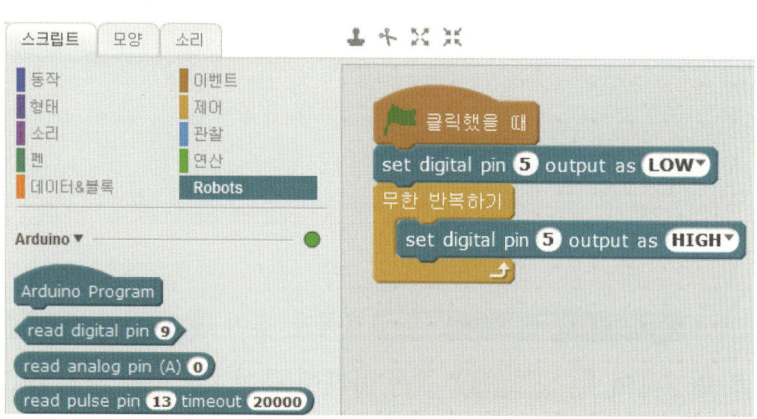

을 클릭하여 나무에 불이 켜지는 것을 확인해 봅니다.

Tips

나무에 불이 안 켜져요?
- LED의 다리 색과 전선과의 연결 상태를 확인해 보세요.
- LED의 빨간색 선은 반드시 확장 보드 D0~D13 포트 중(여기서는 D5 포트입니다) 하나와 연결해야 합니다.

❺ 계속해서 나무에 1초 동안 켜짐을 유지하기 위하여 [제어]에서 `1초 기다리기` 블록을 찾아 `set digital pin 5 output as HIGH` 블록의 아래에 붙여 넣습니다.

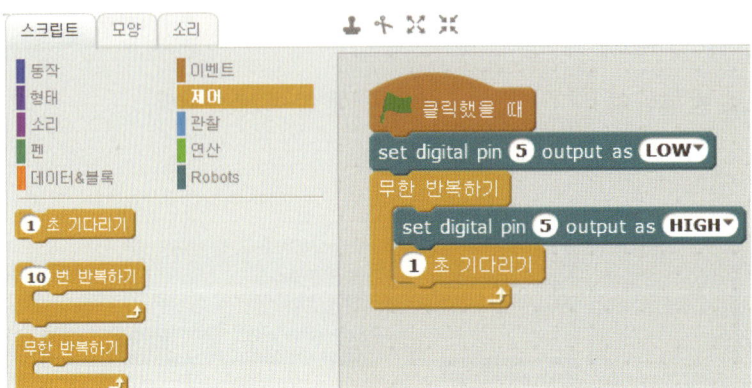

❻ [로보트]에서 `set digital pin 9 output as HIGH` 블록을 찾아 `set digital pin 5 output as HIGH` 블록으로 변경하여 `1초 기다리기` 블록 아래에 붙여 1초 동안 켜진 LED 스트링을 꺼지게 합니다.

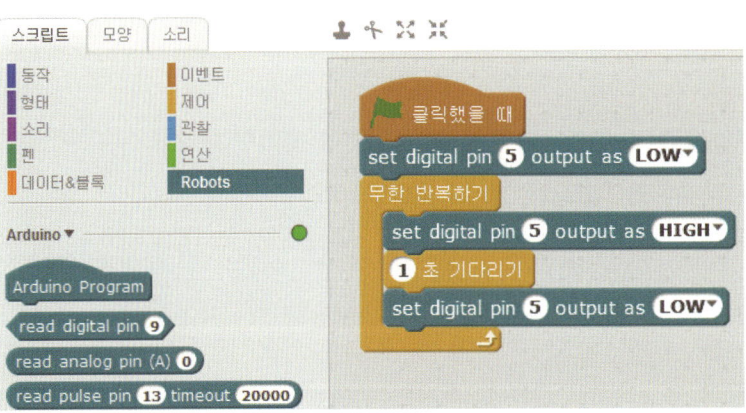

❼ [제어]에서 `1초 기다리기` 블록을 `set digital pin 5 output as LOW` 블록 아래에 넣어 LED의 꺼짐을 1초간 유지하여 스크립트를 완성합니다.

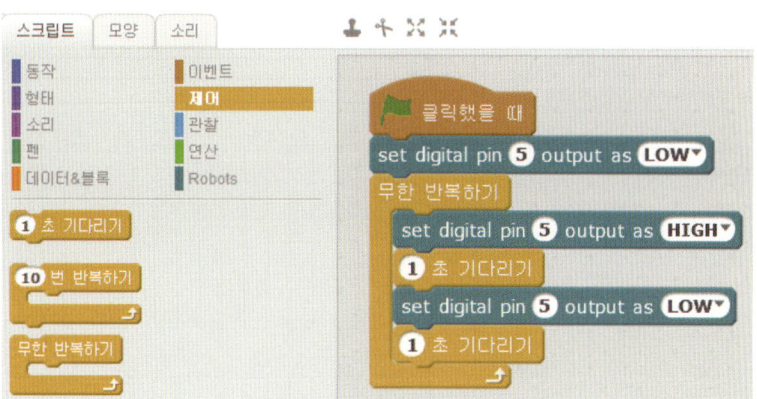

❽ 결과를 확인해 볼까요? 🚩을 클릭하여 완성된 것을 확인하세요.

❾ 준비물에 LED 스트링이 하나 더 있습니다. 그것을 나무에 한 번 더 감은 후 브레드 보드에 붙이고 확장 보드와 연결해 보세요.

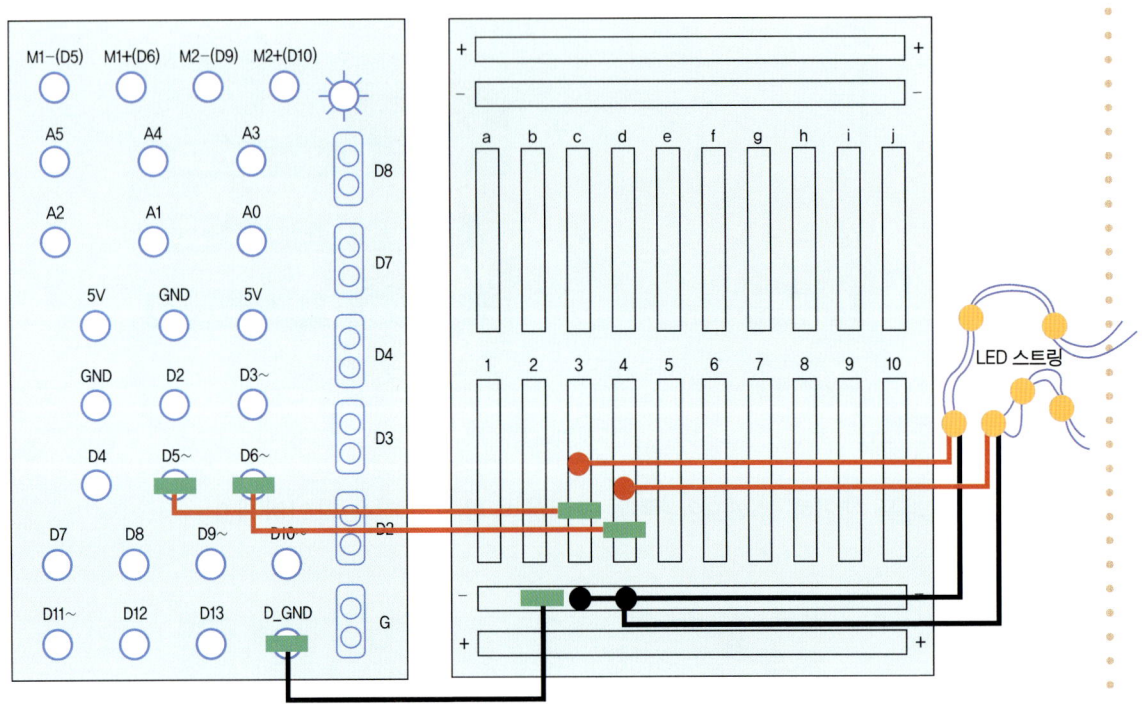

⑩ 다음은 완성된 모습입니다.

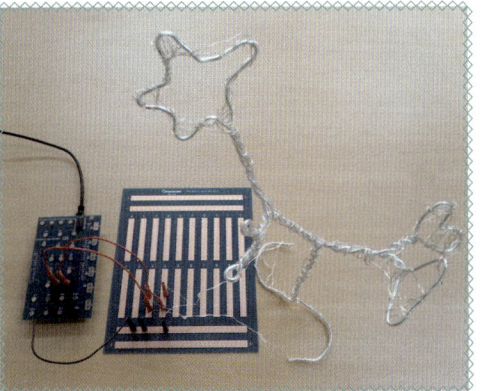

스크래치로 LED 스트링 2개를 서로 깜빡이게 해 보기

```
▶ 클릭했을 때
set digital pin 5 output as LOW
set digital pin 6 output as LOW    ①
무한 반복하기
    set digital pin 5 output as HIGH
    1 초 기다리기
    set digital pin 5 output as LOW
    set digital pin 6 output as HIGH    ②
    1 초 기다리기
    set digital pin 6 output as LOW    ③
```

① [로보트]에서 `set digital pin 9 output as HIGH` 블록을 찾아 `set digital pin 6 output as LOW` 블록으로 변경하고, 스크립트 창에 있는 `set digital pin 5 output as LOW` 블록 아래에 붙여 넣습니다.

❷ [로봇]에서 `set digital pin 9 output as HIGH` 블록을 찾아 `set digital pin 6 output as HIGH` 블록으로 변경하고, 스크립트 창에 있는 `무한 반복하기` 블록 안의 `set digital pin 5 output as LOW` 블록 아래에 붙여 넣습니다.

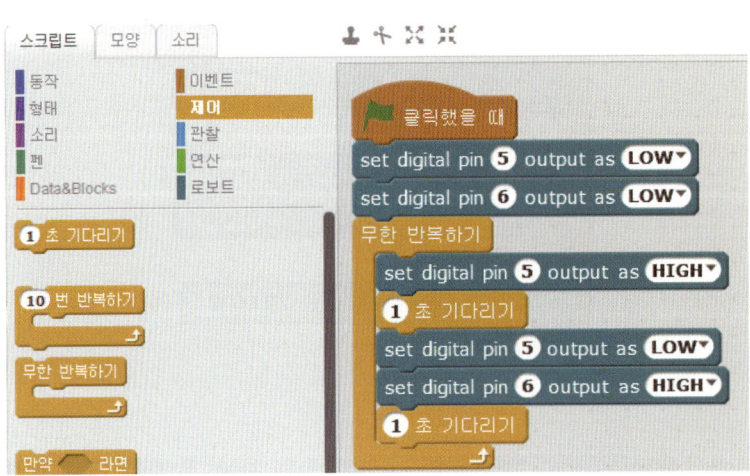

❸ [로봇]에서 `set digital pin 9 output as HIGH` 블록을 찾아 `set digital pin 6 output as LOW` 블록으로 변경하여, 스크립트 창에 있는 `무한 반복하기` 블록 안의 마지막 `1 초 기다리기` 블록 아래에 붙여 넣습니다.

❹ [제어]에서 `1초 기다리기` 블록을 `set digital pin 6 output as LOW` 블록 아래에 넣어 LED의 꺼짐을 1초간 유지하여 스크립트를 완성합니다.

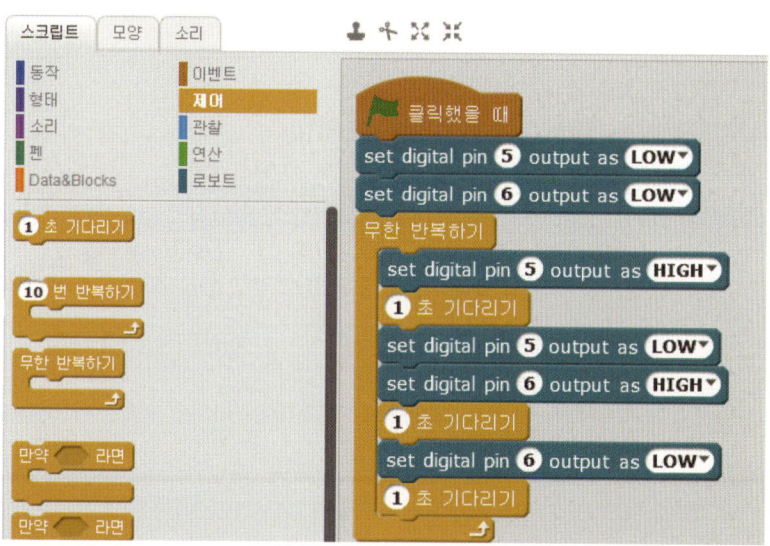

Tips

확장 보드의 빛 센서 활용하기

[연결하기] 확장 보드에는 기본적으로 빛 센서가 포함되어 있습니다. 연결하는 방법은 아래 그림처럼 자석 전선을 이용하면 됩니다.

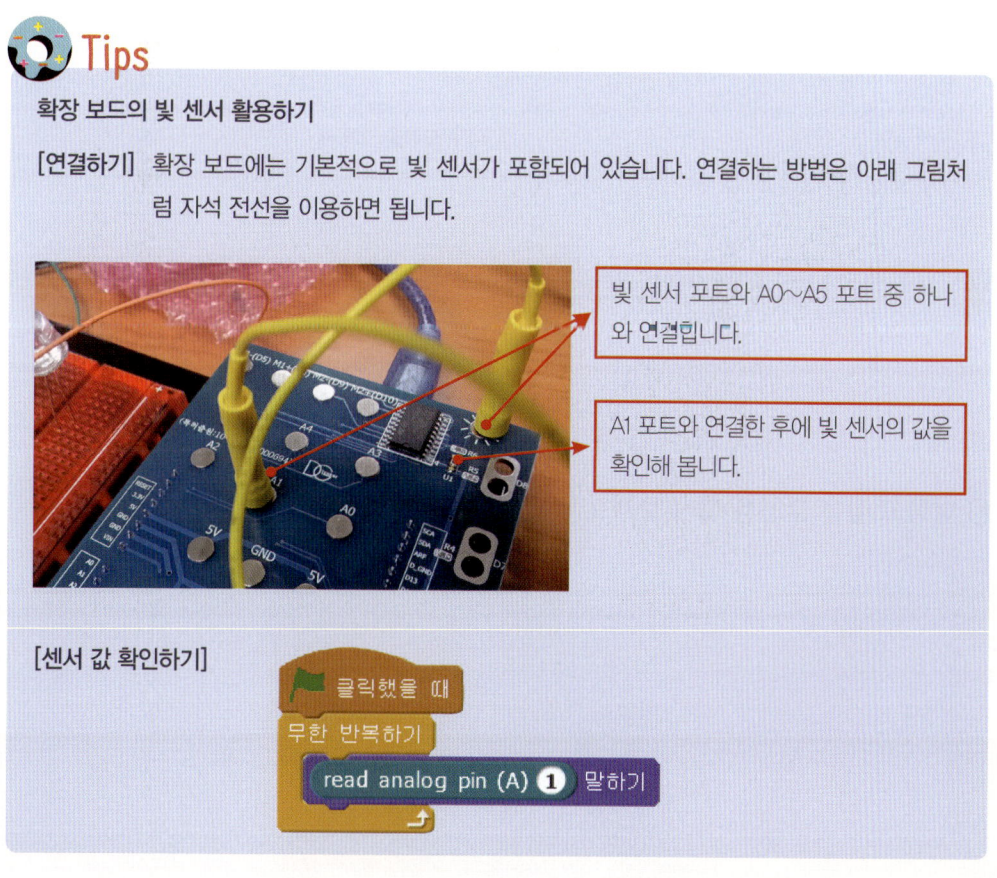

빛 센서 포트와 A0~A5 포트 중 하나와 연결합니다.

A1 포트와 연결한 후에 빛 센서의 값을 확인해 봅니다.

[센서 값 확인하기]

PROJECT **4** 빛나는 나무 만들기   177

빛나는 나무 만들기

( )학교 ( )학년 ( )반 이름( )

1 빛나는 나무 만들기를 위한 준비물을 알아보세요.

준비물	사용하는 곳
공예 철사	나무 모양을 만들 때

2 빛나는 나무를 만들기 위한 순서를 정리해 보세요.

순서	내용
1	나무 모양을 만들 때
2	
3	
4	
5	
6	
7	스크래치로 프로그래밍을 실행해 LED 스트링을 켠다.

3 만들고 싶은 모양을 그려 보세요.

❹ 친구가 만든 빛나는 나무를 감상하고 느낌을 말해 보세요.

이름	느낌

❺ 빛 센서를 연결하고 실험해 보세요.

구분	빛 센서의 값
빛 센서를 처음 연결했을 때	
휴대폰으로 빛을 비추었을 때	
손으로 빛 센서를 가렸을 때	

❻ 어두워졌을 때 저절로 켜지는 빛나는 나무를 만들기 위한 알고리즘을 만들어 보세요.

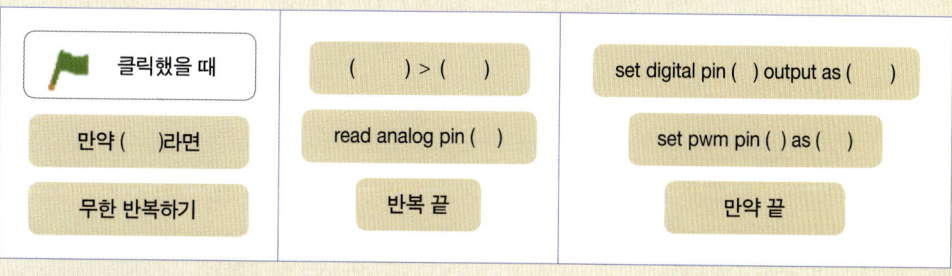

순서	스프라이트 이름:
1	
2	
3	
4	
5	
6	
7	

7 스크래치로 프로그래밍을 한 후 결과를 확인하고 느낌을 말해 보세요.

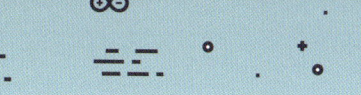

동작 감지 센서로 빛나는 솜사탕 나무 만들기

> 🔍 **학습 문제**
>
> 동작 감지 센서를 아두이노에 연결하고 프로그램으로 조정하면서 솜을 활용하여 솜사탕처럼 빛나는 나무를 만들어 봅시다.

메이커가 되기 위해서는 우리 주변의 물건들을 다양한 방법으로 활용할 수 있어야 합니다. 앞의 활동에서는 어두워졌을 때 저절로 켜지는 빛나는 나무를 만들었습니다. 이번에는 솜을 활용해 빛나는 나무를 꾸며 봅니다. 자, 지금부터 사람이 다가오면 저절로 켜지는 빛나는 솜사탕 나무를 만들어 봅시다.

🔌 무엇을 준비해야 하나요?

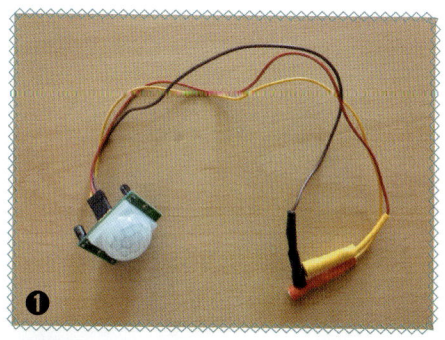

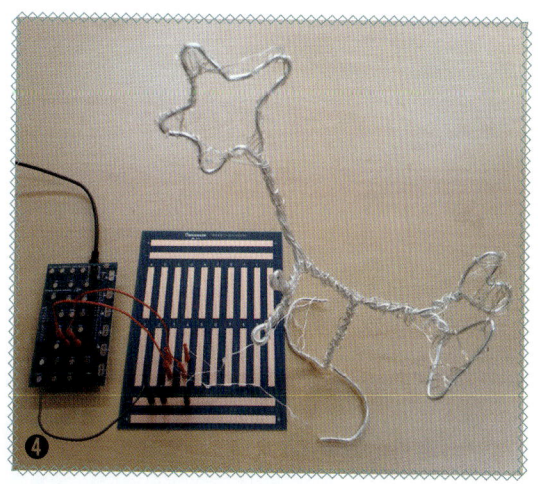

❶ 동작 감지 센서 ❷ 솜 ❸ 무독 본드
❹ 따라하기 완성 작품

PROJECT **4** 빛나는 나무 만들기   181

🔌 어떻게 연결하나요?

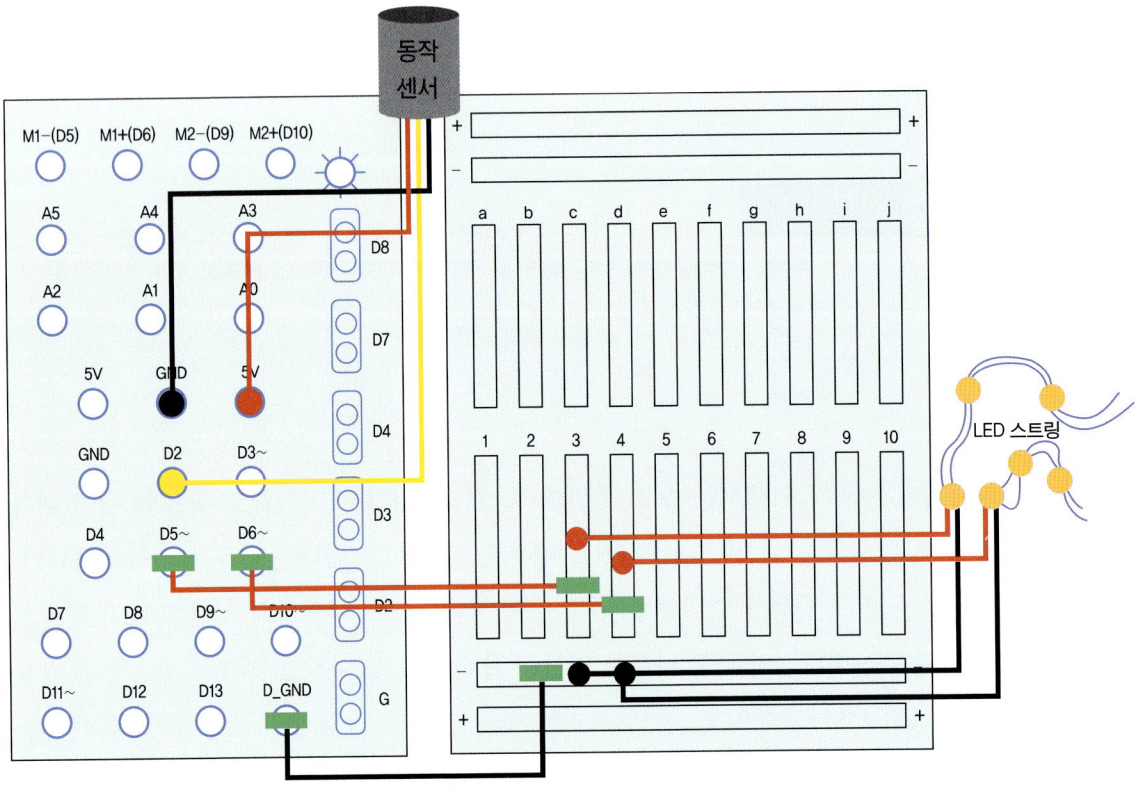

🔌 완성이 되면?

빛나는 솜사탕 나무 만들어 보기

① 솜에 무독 접착제를 골고루 바릅니다. 솜을 너무 뭉치지 말고 골고루 펼쳐 놓습니다.

② 접착제를 바른 솜을 나무에 감습니다. 솜이 나무에 잘 붙지 않으면 접착제를 조금씩 바르면서 붙입니다.

③ 솜을 최대한 얇게 펴 바르면서 완성합니다.

브레드 보드에 연결해 보기

1 '따라하기'에서 완성된 브레드 보드에 동작 감지 센서를 붙입니다.

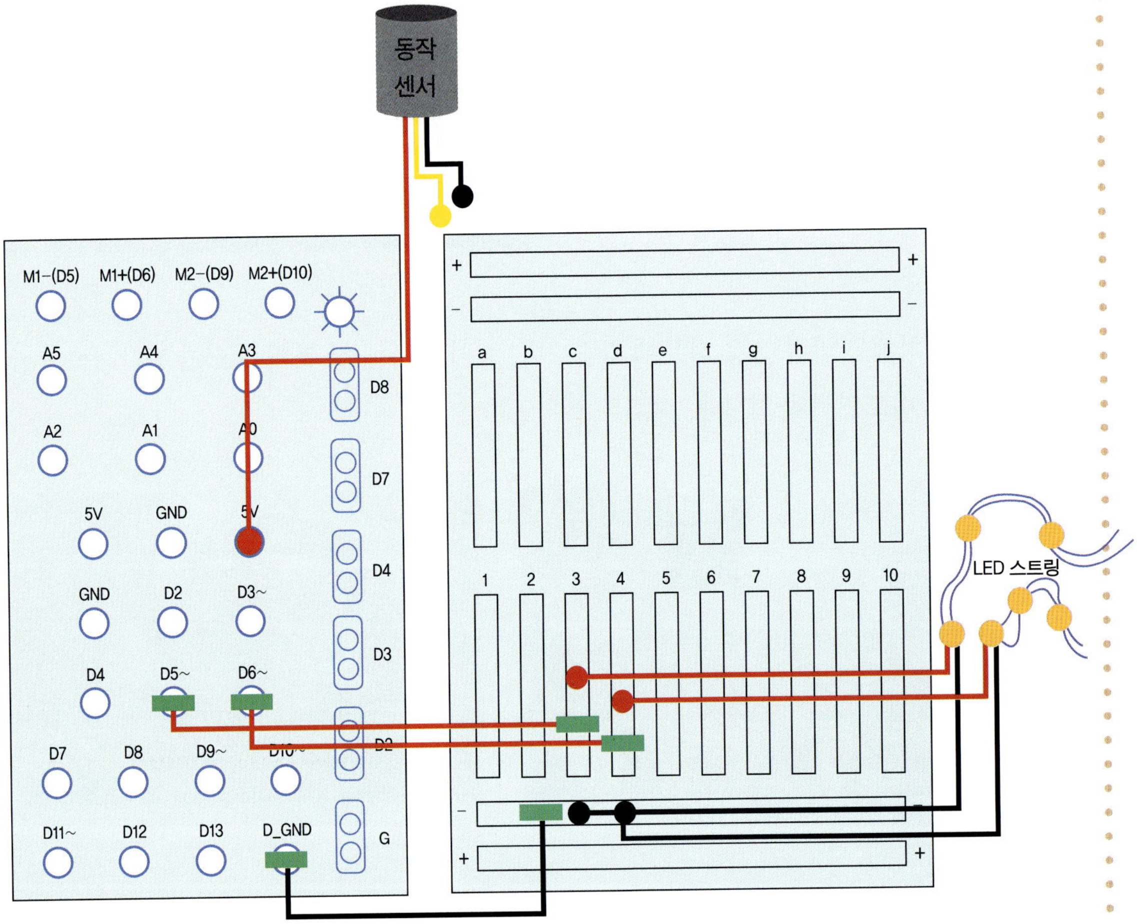

 Tips

동작 감지 센서를 연결할 때 자석 전선의 길이가 여유 있도록 확장 보드에 직접 붙입니다.

❷ 동작 감지 센서의 검은색 전선은 'GND' 포트에 붙입니다. 확장 보드에는 'GND' 포트가 2개 있는데, 어느 곳에 연결해도 상관없습니다.

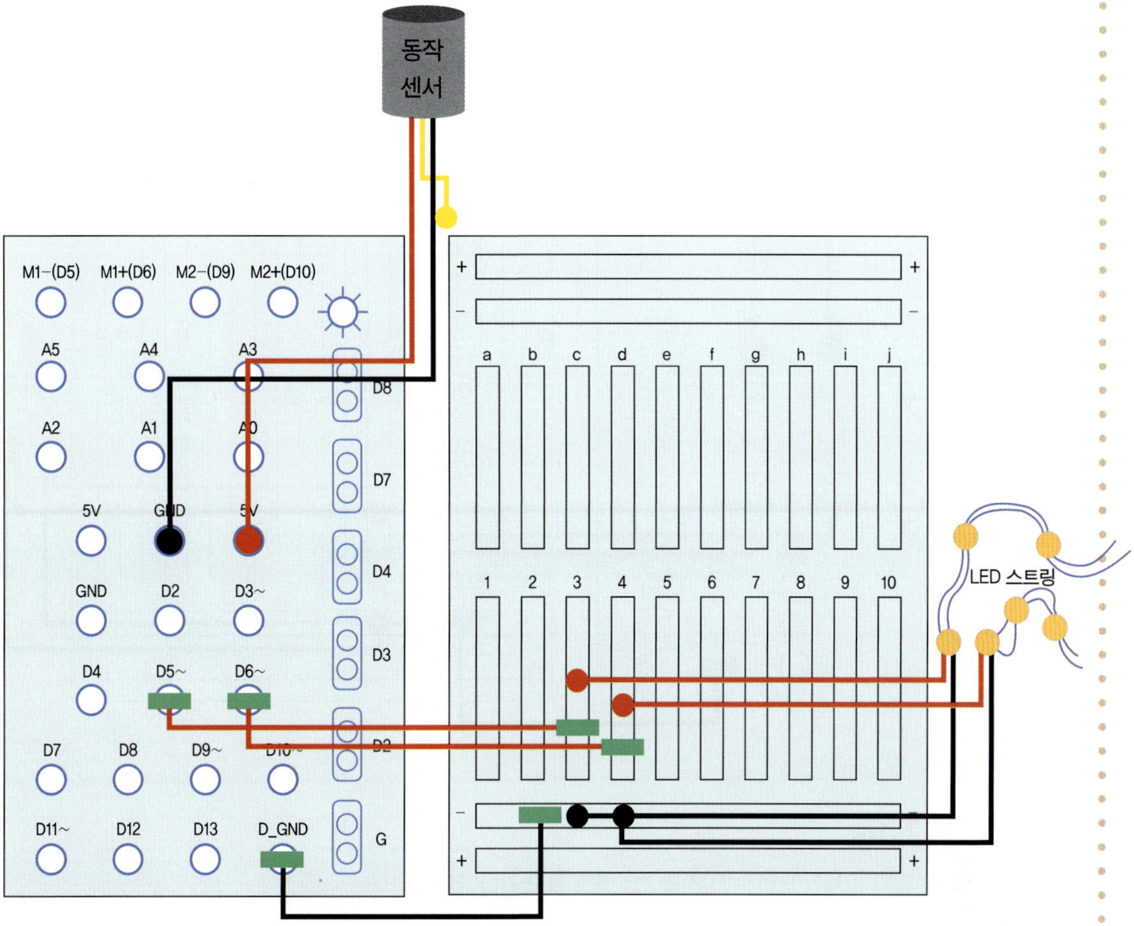

Tips

'D_GND'와 'GND'의 차이점은 무엇인가요?

기본적으로 두 개의 포트는 차이가 없습니다. 단지 디지털 단자 근처에 있는 것을 D_GND로, 아날로그 단자 옆에 있는 것을 GND로 부릅니다. 실제 같은 포트로 사용해도 별 차이는 없습니다.

❸ 동작 감지 센서의 노란 전선은 확장 보드의 'D2' 포트와 연결합니다.

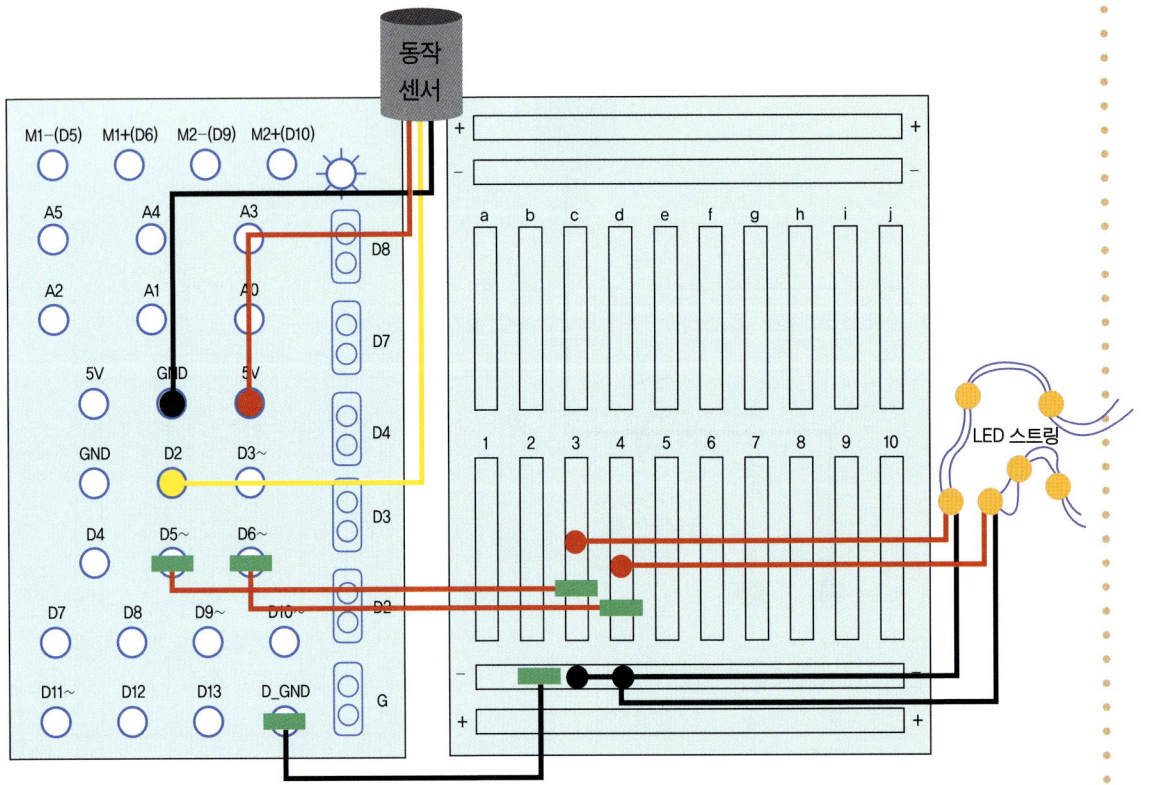

🍩 Tips

동작 감지 센서의 노란색 선은 왜 'D2' 포트에 연결하나요?
보통 센서의 값을 읽기 위해 연결되는 포트는 'A0~A5'입니다. 그러나 동작 감지 센서로부터 측정되는 값은 'HIGH', 'LOW'에 해당하는 '0', '1' 값입니다. 그래서 'D0~D13' 포트에 연결합니다.

스크래치로 동작 감지 센서와 함께 동작하는 프로그램 만들기

❶ [이벤트]에서 `message1 ▼ 을(를) 받았을 때` 블록을 스크립트 창으로 옮기고, `message1 ▼ 을(를) 받았을 때` 블록의 ▼을 마우스로 클릭하여 새 메시지를 선택합니다. '켜기'와 '끄기'라는 메시지를 만들고, `켜기 ▼ 을(를) 받았을 때` 에 대해 스크립트를 작성합니다.

PROJECT 4 빛나는 나무 만들기 187

Tips

-  블록은 하나의 프로그램 덩어리(묶음)라고 생각하면 됩니다.
- 동작 감지 센서에 따라 LED 스트링을 켜는 동작과 끄는 동작이 구분되어 스크립트 코드를 분리하여 작성할 수 있습니다.
- '메시지' 이벤트를 이용하면 스크립트의 오류와 스크립트를 이해하는 데 도움을 줍니다.

❷ 동작 감지 센서의 값에 따라 빛나는 나무의 LED를 '켜기/끄기' 하고자 하는 것이므로 [제어]에서 블록을 이용하여 빛나는 나무의 LED 스트링이 10회 깜박이는 스크립트를 완성합니다.

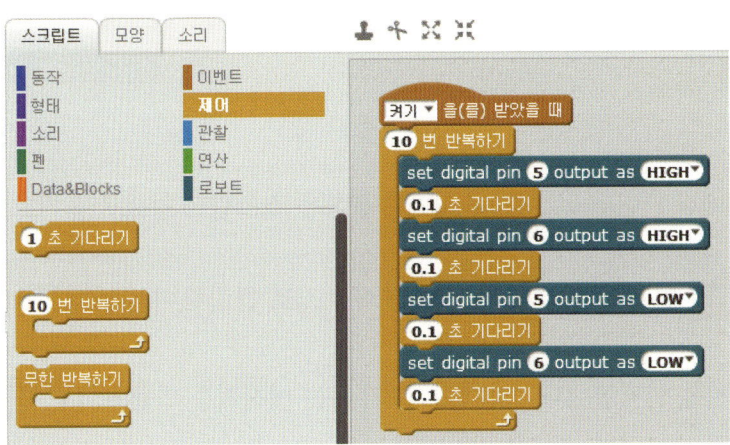

❸ '켜기' 이벤트 스크립트를 스크립트 창의 비어 있는 부분으로 옮기고, [이벤트]에서 블록을 이용하여 블록을 생성합니다.

④ '끄기' 이벤트는 빛을 내는 나무 2개의 LED 스트링을 끄는 것으로 다음과 같이 스크립트를 작성합니다. [로보트]에서 `set digital pin 9 output as HIGH` 블록을 이용하여 `set digital pin 5 output as LOW`, `set digital pin 6 output as LOW` 블록으로 변경한 후 `끄기 을(를) 받았을 때` 블록 아래에 놓습니다.

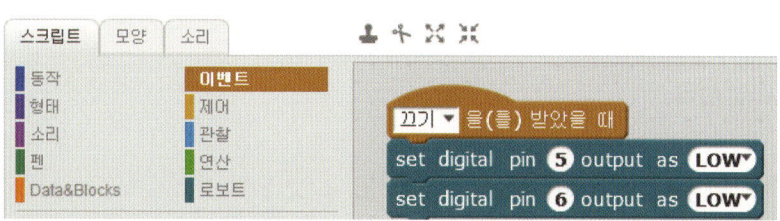

⑤ '켜기'와 '끄기' 이벤트 스크립트들을 스크립트 창 여백으로 옮기고, [이벤트]에서 `클릭했을 때` 블록을 스크립트 창에 옮겨 놓은 후 '변형하기' 단계의 주된 프로그램을 작성합니다.

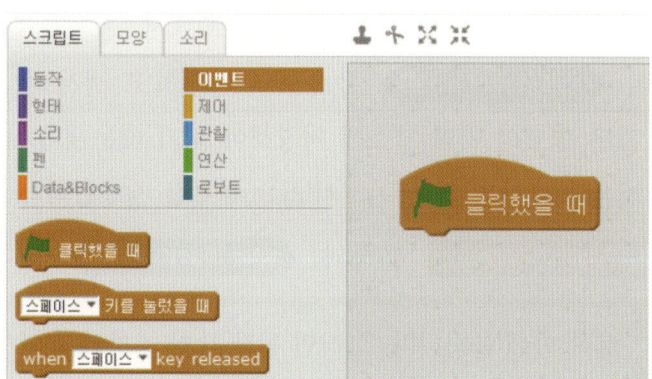

⑥ [로보트]에서 `set digital pin 9 output as HIGH` 블록을 이용하여 `set digital pin 5 output as LOW`, `set digital pin 6 output as LOW` 블록을 차례로 만들어 그림과 같이 `클릭했을 때` 블록 아래에 놓습니다.

❼ [제어]에서 블록을 다음과 같이 놓고 동작 감지를 계속 측정할 수 있게 준비합니다.

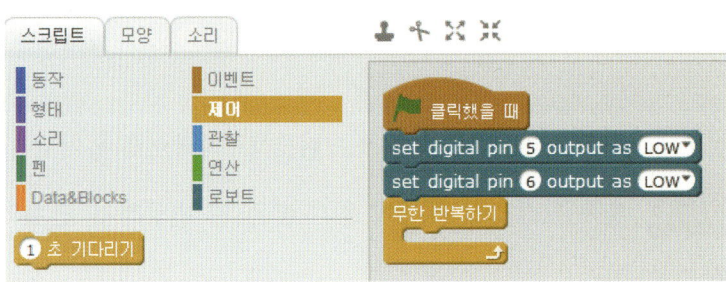

❽ 동작 감지 센서의 값을 측정하기 위해 [로보트]에서 `read digital pin 9` 블록을 이용하여 `read digital pin 2` 블록으로 변경하고 센서의 값을 측정합니다. 측정한 값은 별도의 기억 장소에 저장해야 되기 때문에 [Data&Blocks]에서 `변수 만들기` 버튼을 클릭한 후 '동작센서'라는 변수를 생성합니다. [Data&Blocks]의 `동작센서 을(를) 0 로 정하기` 블록과 `read digital pin 2` 블록을 결합시켜 `무한 반복하기` 블록 안에 붙입니다. 그러면 동작 감지 센서의 값이 '동작센서' 변수에 저장됩니다.

Tips

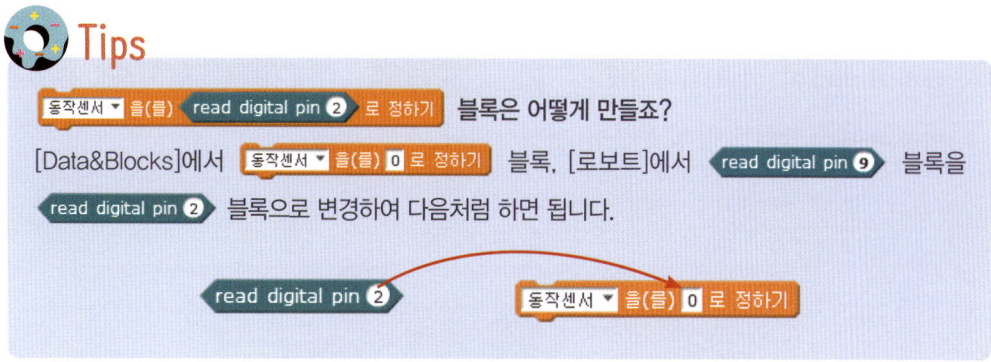

❾ 동작 감지 센서의 값을 측정한 후에는 변수 '동작센서'의 값에 따라 LED 스트링을 켜는 동작과 끄는 동작이 구분되므로, [제어]에서 [만약 ~라면 아니면] 블록을 이용합니다. 변수 '동작센서'에 저장된 값이 '1'이 되었을 경우에는 '켜기' 이벤트를 실행하고 그렇지 않을 경우에는 '끄기' 이벤트를 실행해야 하므로, [연산]에서 [=] 블록과 [Data&Blocks]의 [동작센서] 블록을 이용하여 [동작센서 = 1] 블록을 만들어 다음과 같이 스크립트를 작성합니다.

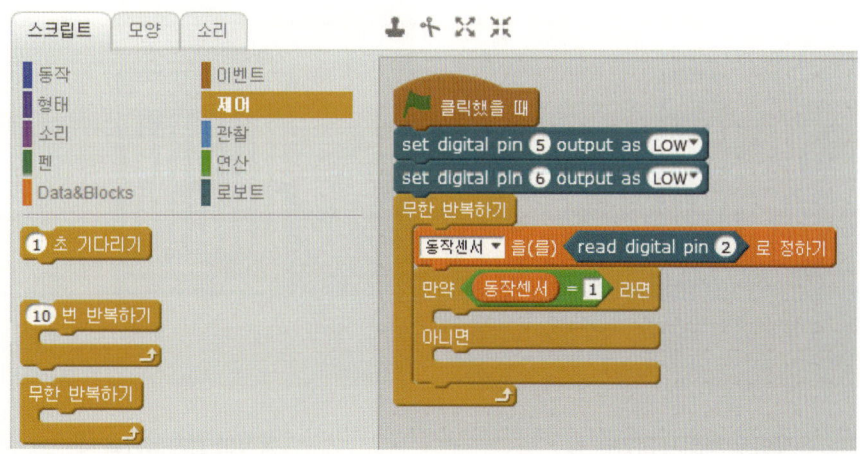

PROJECT **4** 빛나는 나무 만들기 191

⑩ 감지가 되었을 경우 '켜기' 이벤트를 실행하고 그렇지 않다면 '끄기' 이벤트를 실행하기 위하여 [이벤트]에서 켜기▼ 방송하고 기다리기 , 끄기▼ 방송하고 기다리기 블록을 이용하여 스크립트 작성 부분을 완성합니다.

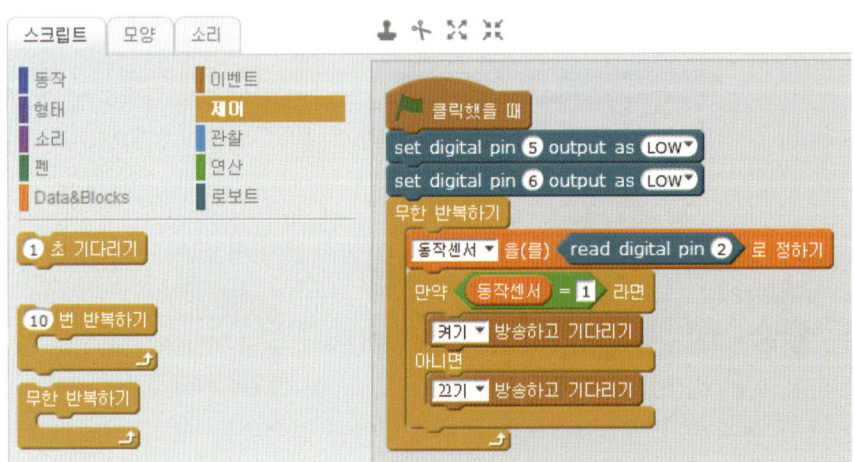

⑪ 자, 그럼 결과를 확인해 볼까요? 🏁을 클릭하여 완성된 작품을 감상하세요.

동작이 감지되지 않았을 때   동작이 감지되었을 때

빛나는 솜사탕 나무 만들기

( )학교 ( )학년 ( )반 이름( )

1. 근접 센서를 아두이노 D3 포트에 연결하는 회로를 그려 보세요.

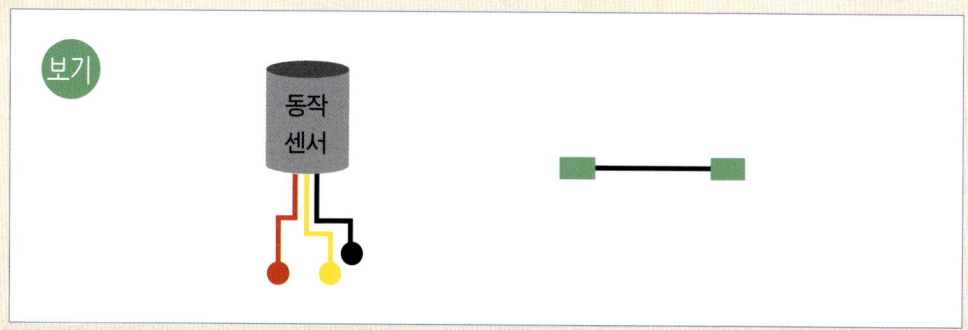

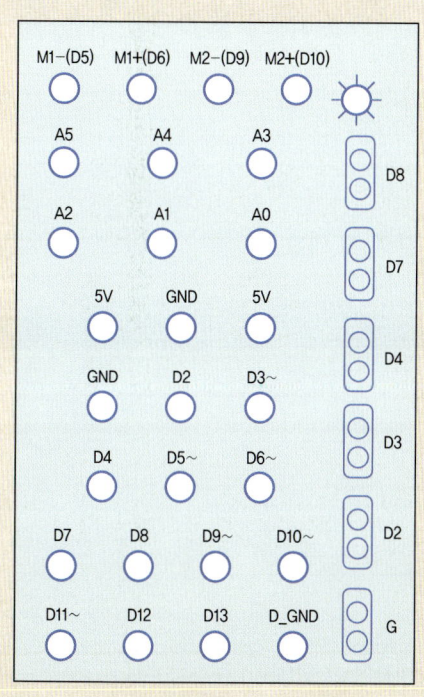

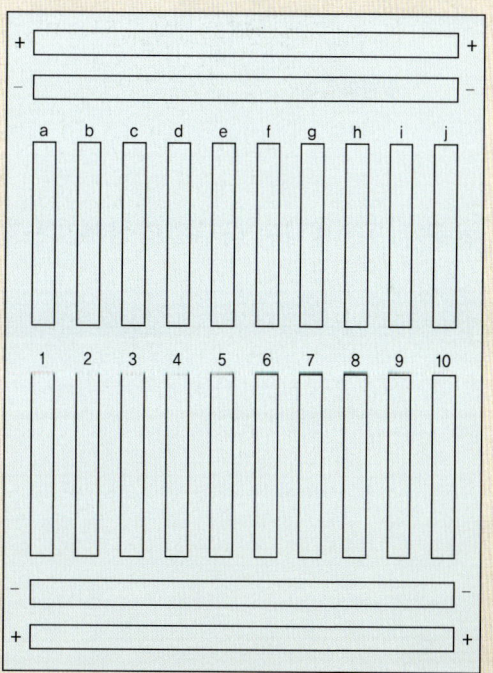

❷ 동작 감지 센서를 실험해 보세요. 동작 감지 센서가 작동되는 넓이를 삼각형으로 구해 보세요. 동작 감지 센서는 물체가 나타나면 값이 '1'이 됩니다. 값이 1이 되는 삼각형의 높이, 밑변의 길이, 각도를 구해 보세요.

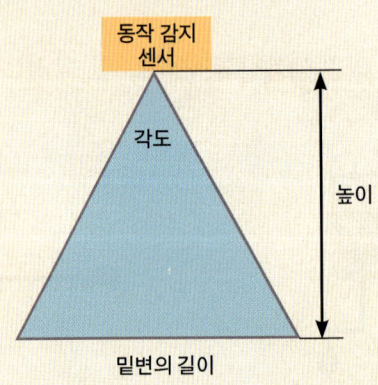

구분	값
높이	
밑변의 길이	
각도	

❸ 친구가 만든 빛나는 나무를 감상하고 느낌을 말해 보세요.

이름	느낌

동작 감지에 따라 빛과 음악이 나오는 나무 만들기

> **학습 문제**
> 동작 감지 센서를 아두이노에 연결하고 프로그램으로 조정하면서 솜을 활용하여 솜사탕처럼 빛나고 음악이 나오는 나무를 만들어 봅시다.

무엇을 준비해야 하나요?

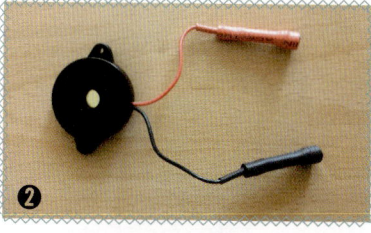
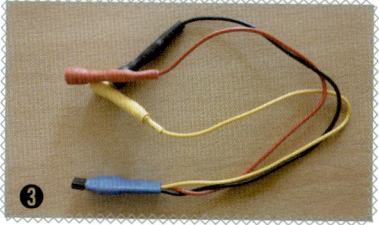

❶ 변형하기 완성 작품
❷ 부저
❸ 멜로디 IC
❹ 솜사탕 나무

PROJECT 4 빛나는 나무 만들기   195

🔌 어떻게 연결하나요?

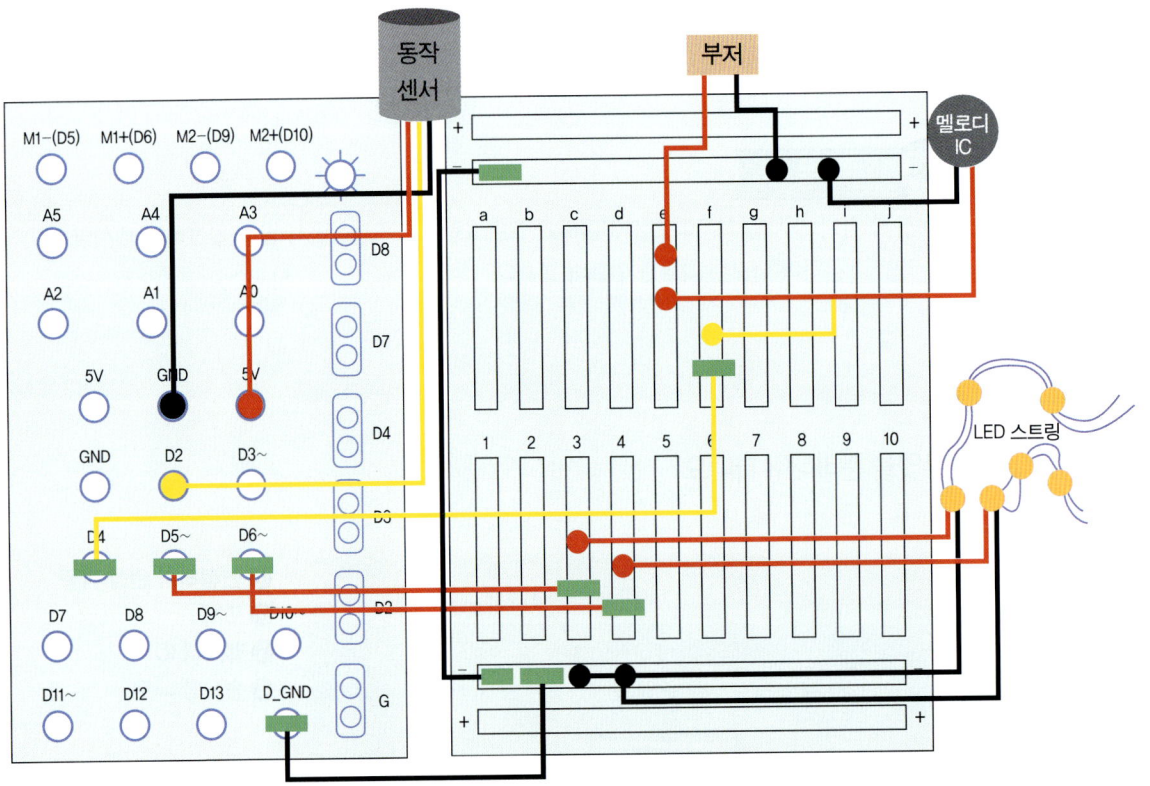

🔌 완성이 되면?

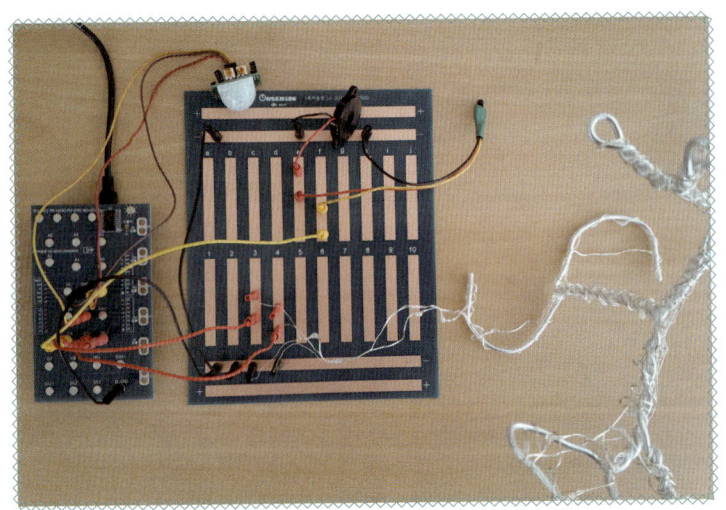

브레드 보드에 연결해 보기

❶ '변형하기'에서 완성된 브레드 보드에 부저를 붙입니다.

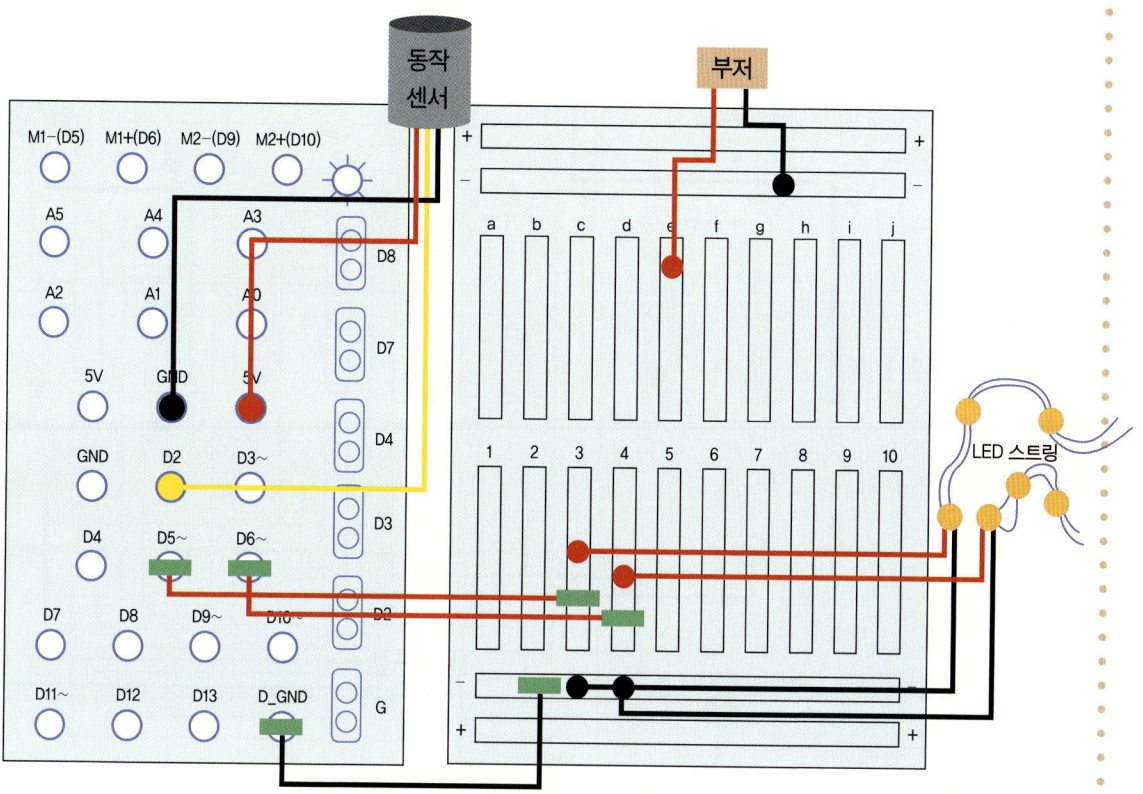

Tips
회로를 연결할 때는 한꺼번에 하는 것보다 하나씩 하는 것이 좋습니다. 한 번에 연결하다 보면 어디에서 잘못되었는지 확인하기 어렵습니다. LED 스트링을 연결하고 테스트해 보고, 동작 센서를 연결하고 테스트해 보는 것과 같이 하나씩 연결하고 테스트해 보는 것이 좋습니다.

❷ '멜로디 IC'를 브레드 보드에 붙입니다. 멜로디 IC의 빨간색 선, 검은색 선은 부저의 빨간색 선, 검은색 선과 같은 곳에 붙입니다. 멜로디 IC의 노란색 선은 브레드 보드의 'f'에 붙입니다.

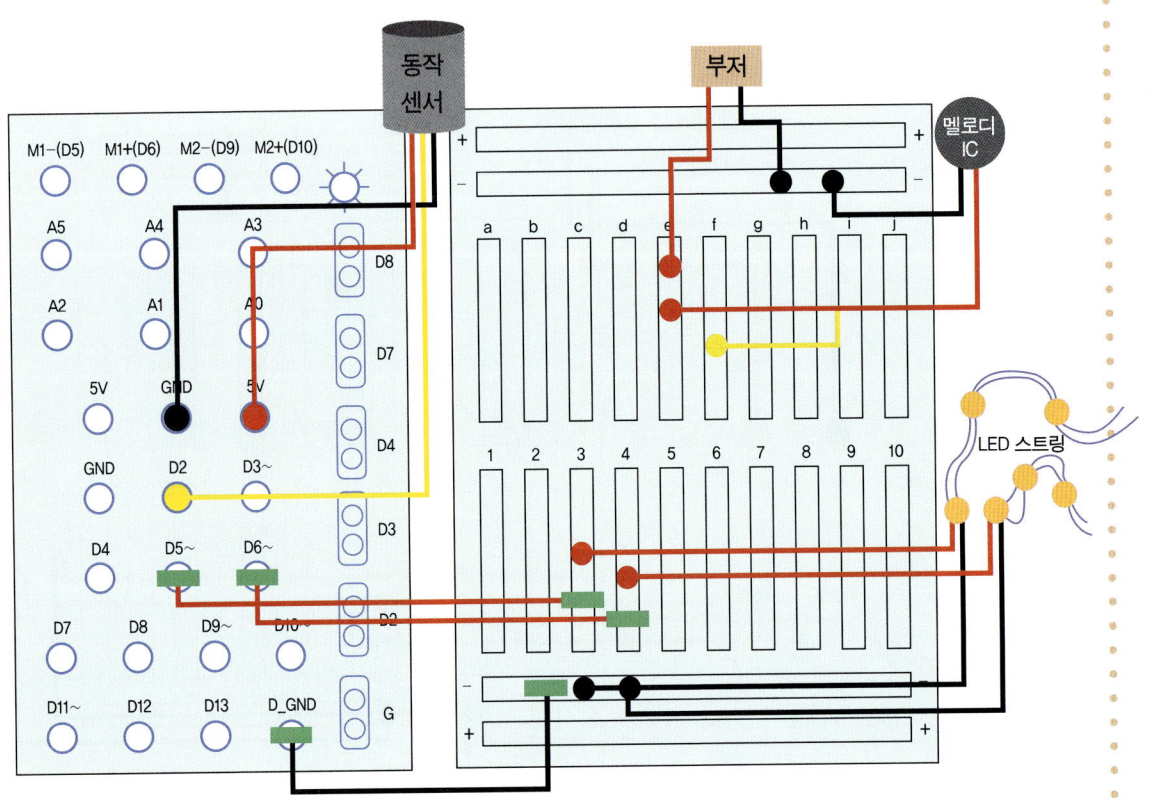

Tips

부저와 멜로디 IC를 연결할 때는 미리 연습해 보는 것이 좋습니다. 멜로디 IC는 음악을 저장하고 있고 부저는 멜로디 IC의 스피커 역할을 합니다. 이러한 부저와 멜로디 IC의 연결은 헷갈리기 쉬워 실수를 많이 합니다. 같은 색깔끼리 연결하고 노란색 선은 음악을 제어하는 선이라는 것을 잊지 마십시오. 'HIGH'로 하면 음악이 나오고, 'LOW'로 하면 음악이 나오지 않습니다.

❸ '멜로디 IC'의 노란색 선은 확장 보드의 'D4'에 연결합니다. 그리고 브레드 보드의 '−'와 '−'끼리 검은색 선으로 서로 연결합니다.

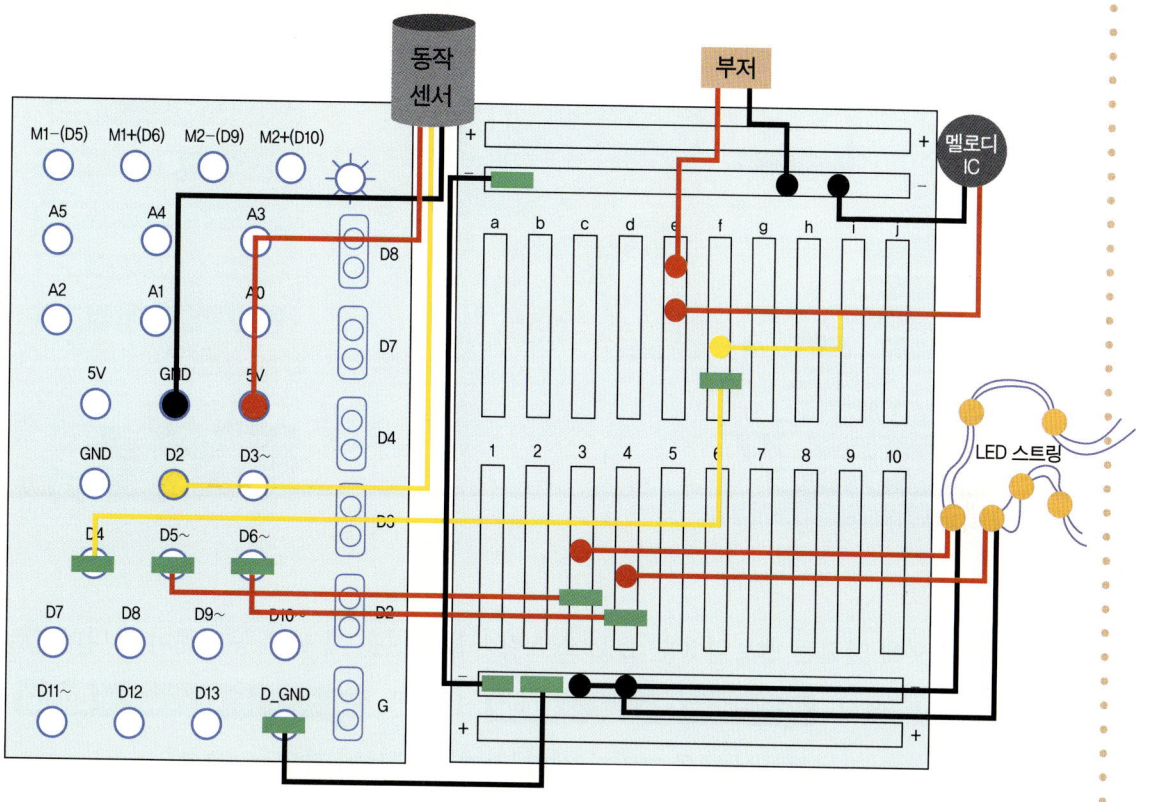

PROJECT 4 빛나는 나무 만들기

스크래치로 멜로디와 빛이 나오는 나무 표현해 보기

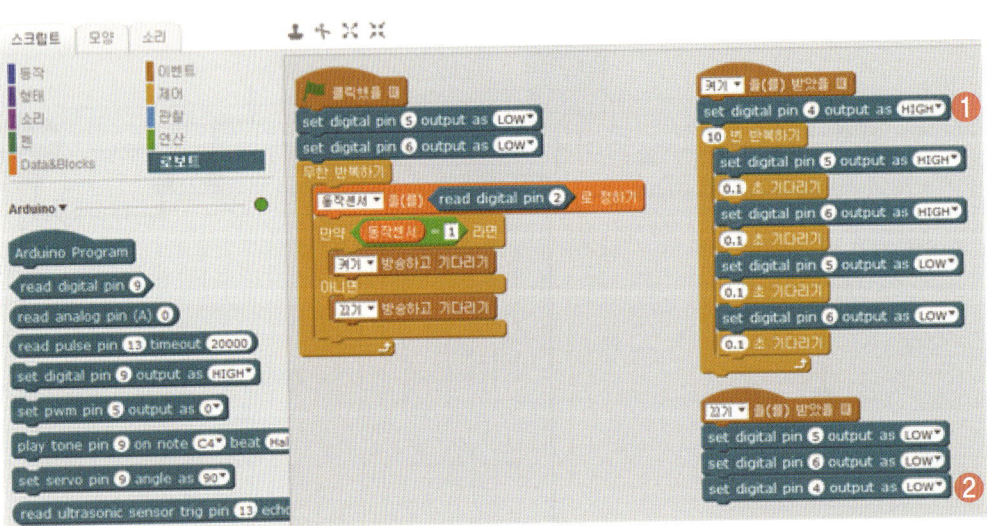

❶ 'D9'에 연결된 멜로디 IC는 LED 스트링이 밝혀졌을 때 함께 동작해야 합니다. [로봇]에서 `set digital pin 9 output as HIGH` 블록을 `set digital pin 4 output as HIGH` 블록으로 변형하여 다음 그림과 같이 '켜기' 이벤트에 끼워 놓습니다.

❷ 'D9'에 연결된 멜로디 IC는 LED 스트링이 꺼졌을 때 함께 동작을 멈춰야 합니다. [로보트]에서 `set digital pin 9 output as HIGH` 블록을 `set digital pin 4 output as LOW` 블록으로 변형하여 다음 그림과 같이 '끄기' 이벤트에 붙여 놓습니다.

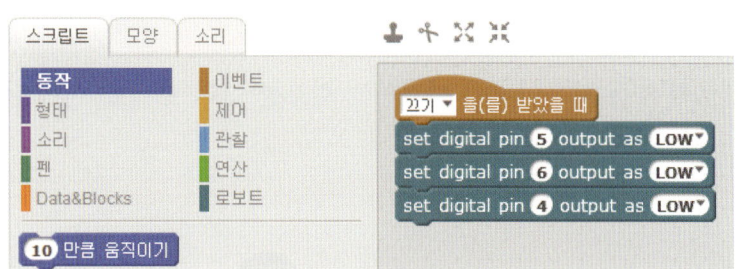

❸ 자, 그럼 결과를 확인해 볼까요? 🚩을 클릭하여 완성된 작품을 감상하세요.

동작이 감지되지 않았을 때

동작이 감지되었을 때

동작 감지에 따라 빛과 음악이 나오는 나무 만들기

(　　　)학교 (　)학년 (　)반 이름(　　　　)

1 부저와 멜로디 IC를 아두이노에 연결하는 회로를 그려 보세요. 멜로디 IC의 노란색 선은 D4에 연결합니다.

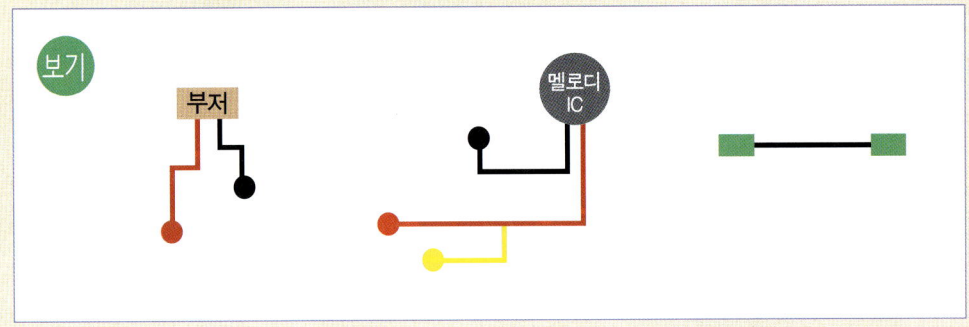

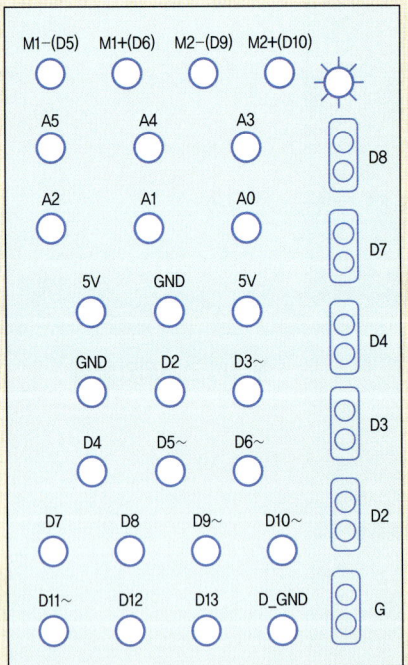

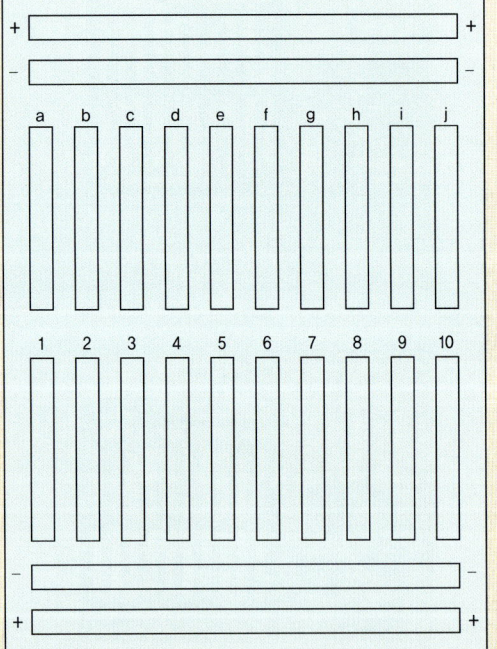

❷ 부저와 멜로디 IC의 역할을 알아보세요.

구분	역할
부저	
멜로디 IC	

❸ 다음 블록을 실행해 보고 어떤 일이 일어나는지 알아보세요.

구분	일어나는 일
스페이스 키를 눌렀을 때 / set digital pin 4 output as HIGH	
위쪽 화살표 키를 눌렀을 때 / set digital pin 4 output as LOW	

❹ 동작을 감지했을 때 빛과 음악이 나오는 솜사탕 나무를 만들어 본 모둠원들의 느낌을 적어 보세요.

이름	느낌

❺ 내가 만든 빛나는 솜사탕 나무를 이용할 수 있는 곳을 찾아보세요.

PROJECT 4 빛나는 나무 만들기

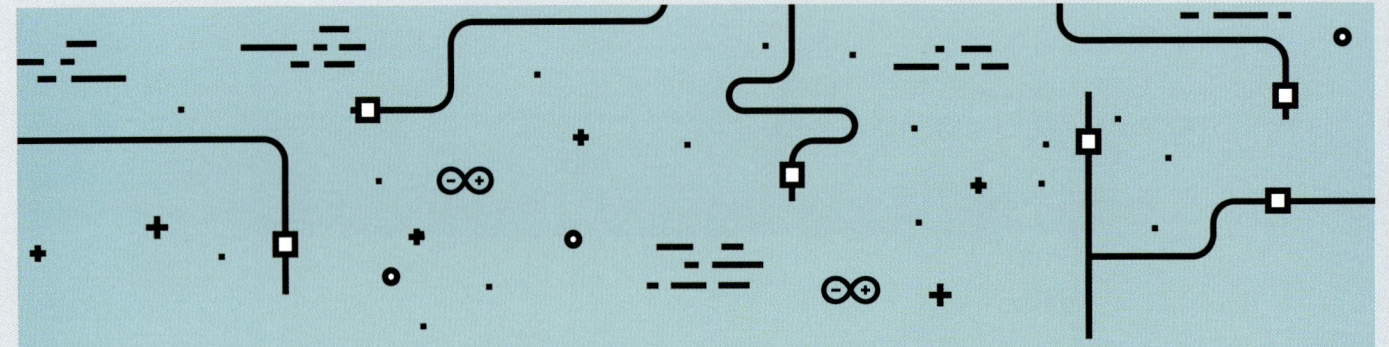

PROJECT 5

아두이노와 스크래치로 메이커 되기

메이키메이키를 활용한 악기 만들기

⊕ 활동 목표

전기의 전도 현상을 응용한 메이키메이키를 활용하여 다양한 악기를 만들 수 있다.

⊖ 활동 내용

- 자석 보드의 메이키메이키를 활용하여 5가지 소리를 내는 전자드럼 만들기
- 전자드럼을 응용하여 빛을 내며 소리를 내는 악기 만들기
- 전기 전도 현상을 응용하여 종이 위에 나만의 피아노를 그려 연주해 보기

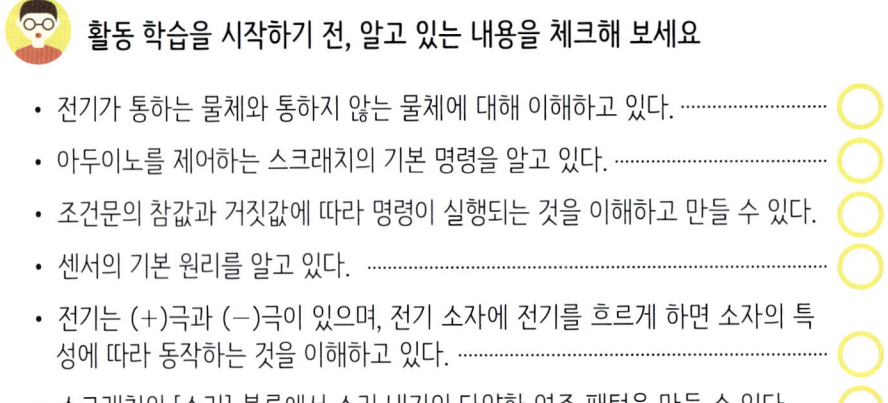

활동 학습을 시작하기 전, 알고 있는 내용을 체크해 보세요

- 전기가 통하는 물체와 통하지 않는 물체에 대해 이해하고 있다. ○
- 아두이노를 제어하는 스크래치의 기본 명령을 알고 있다. ○
- 조건문의 참값과 거짓값에 따라 명령이 실행되는 것을 이해하고 만들 수 있다. ○
- 센서의 기본 원리를 알고 있다. ○
- 전기는 (+)극과 (−)극이 있으며, 전기 소자에 전기를 흐르게 하면 소자의 특성에 따라 동작하는 것을 이해하고 있다. ○
- 스크래치의 [소리] 블록에서 소리 내기의 다양한 연주 패턴을 만들 수 있다. ○

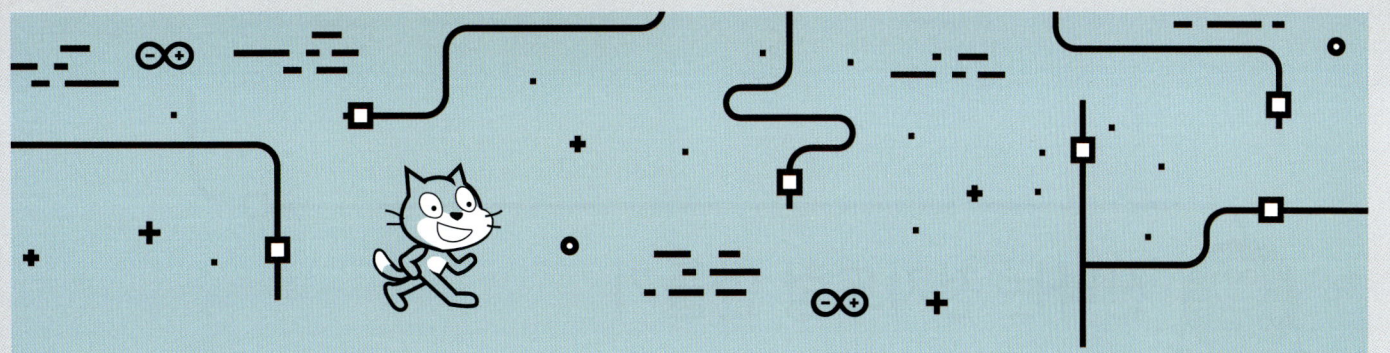

　그룹사운드, 밴드, ○○○와 밴드, 모두 들어 보았지요? 여기에는 노래 잘하는 보컬은 물론이고 기타, 베이스, 키보드(전자피아노), 박자의 중심인 드럼을 치는 구성원들이 모여 있습니다. 드럼은 보컬을 비롯하여 음악을 연주하는 연주자들의 기본 박자의 중심을 잡아주는 중요한 역할을 합니다. 드럼이 없는 밴드는 배터리 없는 스마트폰과 같습니다.

　아두이노와 아두이노 확장 보드를 이용하면 전자드럼을 쉽게 만들 수 있습니다. 스크래치에서는 18가지 타악기의 소리를 내는 명령 블록을 제공합니다. 아두이노와 확장 보드를 연결하고, 확장 보드의 메이키메이키를 이용하여 멋진 전자드럼을 만들어 봅시다.

　메이키메이키를 활용하면 나만의 피아노 건반도 만들 수 있습니다. 종이 위에 그려진 피아노 건반이 소리를 낸다고 하는데, 정말 신기한 일이지요? 하지만 이곳에서는 현실이 됩니다.

신나는 전자드럼 만들기

자석 보드의 메이키메이키를 활용하여 5가지 소리를 내는 전자드럼을 만들어 봅시다.

전기 전도성에 대해 알고 있나요? 전기 전도성이라는 말은 좀 더 정확하게는 '전기 전도율이 높은', 즉 전기가 잘 통하는 성질을 가리키는 말입니다. 전선에는 플라스틱류의 껍질이 있습니다. 플라스틱은 전기가 통하지 않아 사람이 감전되지 않습니다.

금속들 사이에서도 전도율은 은 > 구리 >> 금 > 알루미늄 >>> 텅스텐 > 아연 > 니켈 > 철 > 백금 > 주석 등의 순서로 차이를 보입니다. 같은 금속이라도 온도가 높을 때보다 낮을 때가 더 전도율이 높습니다.

사람이 구리선을 손으로 잡는다면 감전이 되겠지요? 하지만 구리선은 피복으로 둘러싸여 있어 감전되지 않습니다.

무엇을 준비해야 하나요?

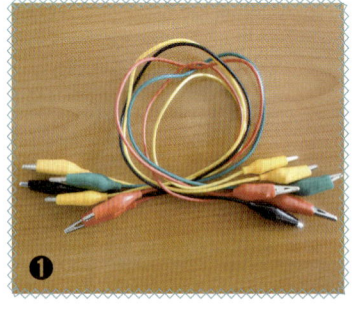
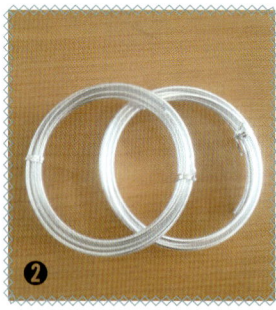

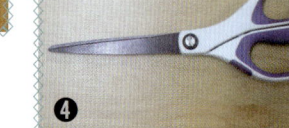

❶ 집게 전선 6개 ❷ 3.2mm 메탈릭 철사 2개 ❸ 알루미늄 포일
❹ 가위

어떻게 연결하나요?

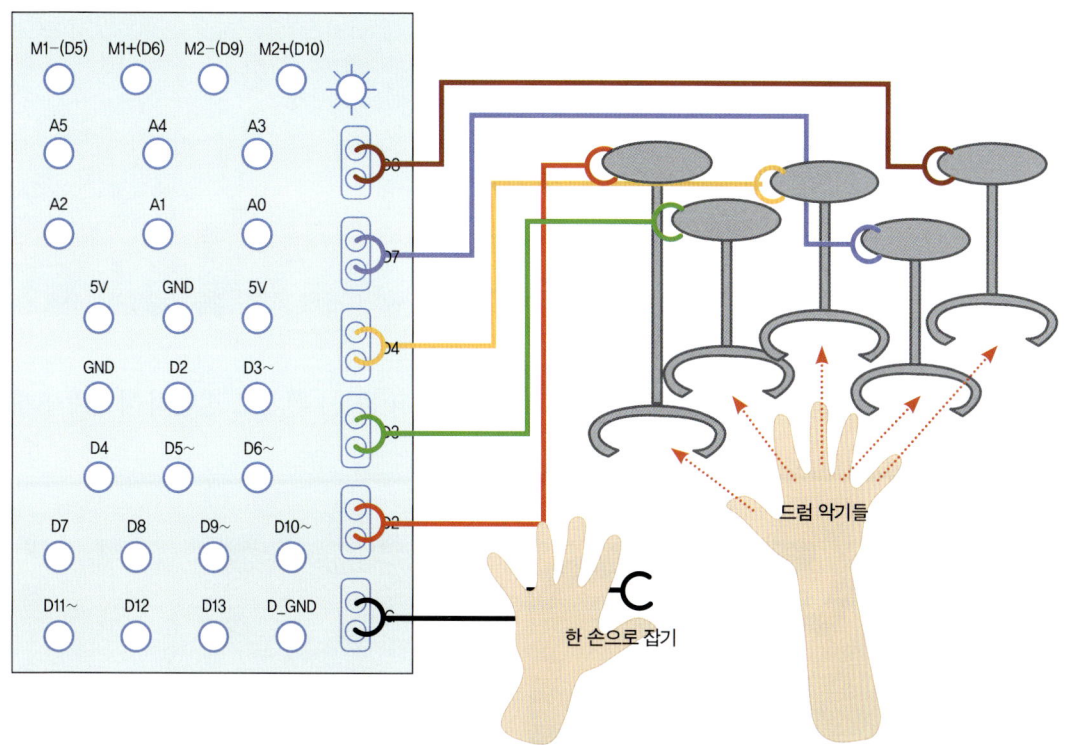

완성이 되면?

PROJECT 5 메이키메이키를 활용한 악기 만들기

전자드럼 만들어 보기

① 3.2mm 굵기의 메탈릭 철사를 사용하기 편하게 곧게 펴 줍니다.

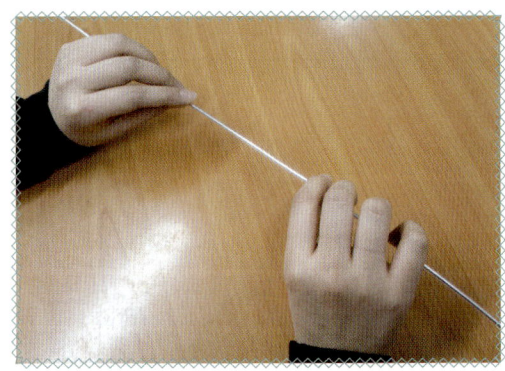

② 곧게 편 메탈릭 철사를 50cm가량(3.2m 1개를 1/4 등분) 펜치로 절단하여 모두 8개를 만듭니다.

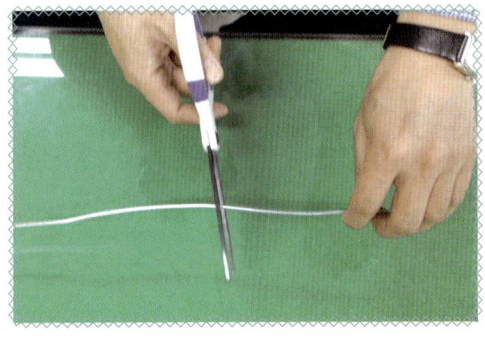
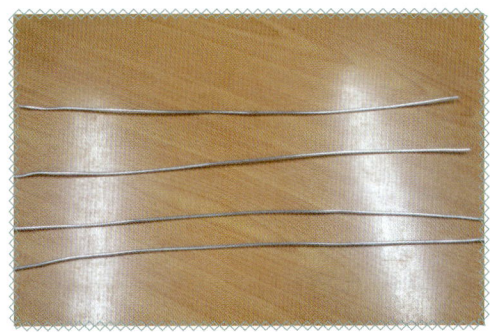

주의하기

절삭 도구(펜치)를 사용하므로 안전에 유의해야 합니다. 특히, 손가락 부상에 조심하세요.

③ 절단한 메탈릭 철사 한 개를 1/2로 구부려 드럼의 윗부분(○모형)을 만듭니다.

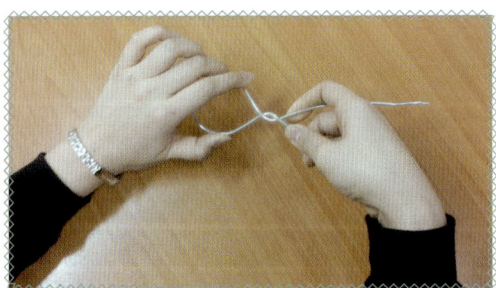

❹ 윗부분의 크기에 따라 다르지만, 나머지 부분을 꼬아 드럼의 받침 역할을 할 부분만 남겨 놓습니다.

❺ 철사를 꼬고 남은 부분은 드럼이 잘 세워지도록 다리를 만들어 줍니다.

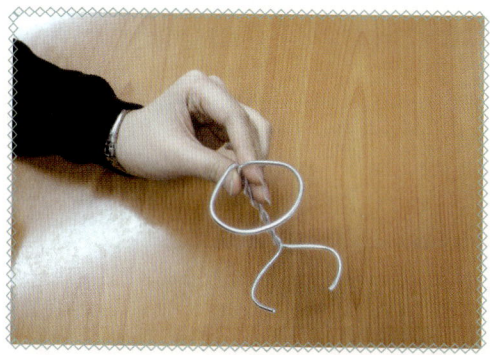 

❻ 드럼의 윗부분은 알루미늄 포일을 이용하여 ○→● 와 같이 감싸 줍니다.

 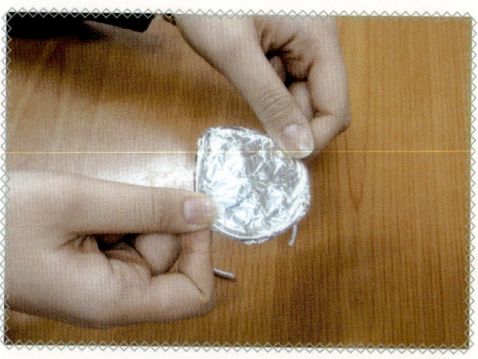

PROJECT 5 메이키메이키를 활용한 악기 만들기

❼ ❶~❻의 과정을 반복하여 드럼을 4개 더 만들어 5개가 되도록 합니다.

 Tips
악기의 크기와 다리의 높이를 다르게 해 보세요. 나중에 연주를 할 때 재미가 더하답니다.

확장 보드에 연결해 보기

❶ 확장 보드 옆에 드럼 1개를 놓습니다.

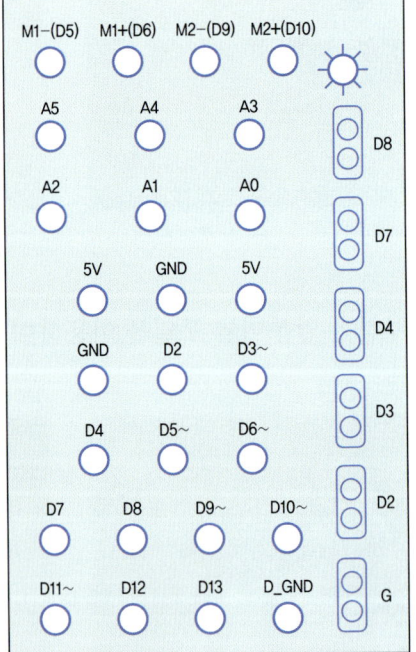
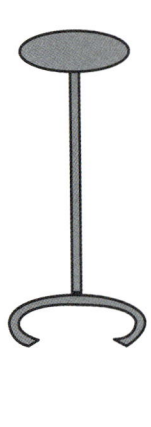

 Tips
브레드 보드를 사용하지 않고 확장 보드에 직접 연결하여 사용합니다.

❷ 집게 전선을 이용하여 드럼의 윗부분과 확장 보드의 메이키메이키 D2 포트를 연결합니다.

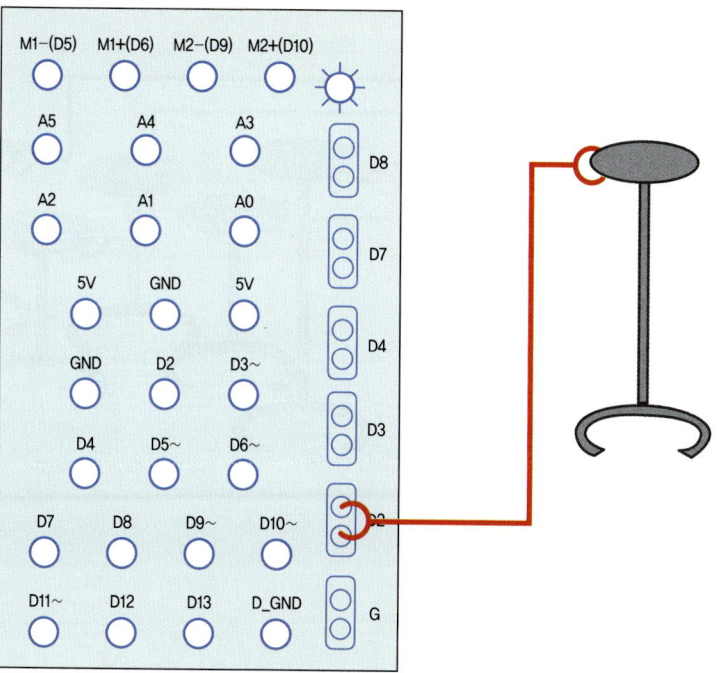

Tips
- 드럼 윗부분의 메탈릭 철사가 있는 옆면의 알루미늄 포일로 감싼 부분을 집게 전선으로 연결합니다.
- 메이키메이키로 드럼을 만들 때 사용하는 아두이노 포트는 D2, D3, D4, D7, D8 포트입니다. 이 포트들은 LED를 켜는 등의 다른 용도로 사용하면 안 됩니다. 드럼이 오동작을 일으킬 수 있습니다.

❸ 나머지 4개의 드럼을 메이키메이키 D3, D4, D7, D8 포트와 집게 전선으로 각각 연결합니다.

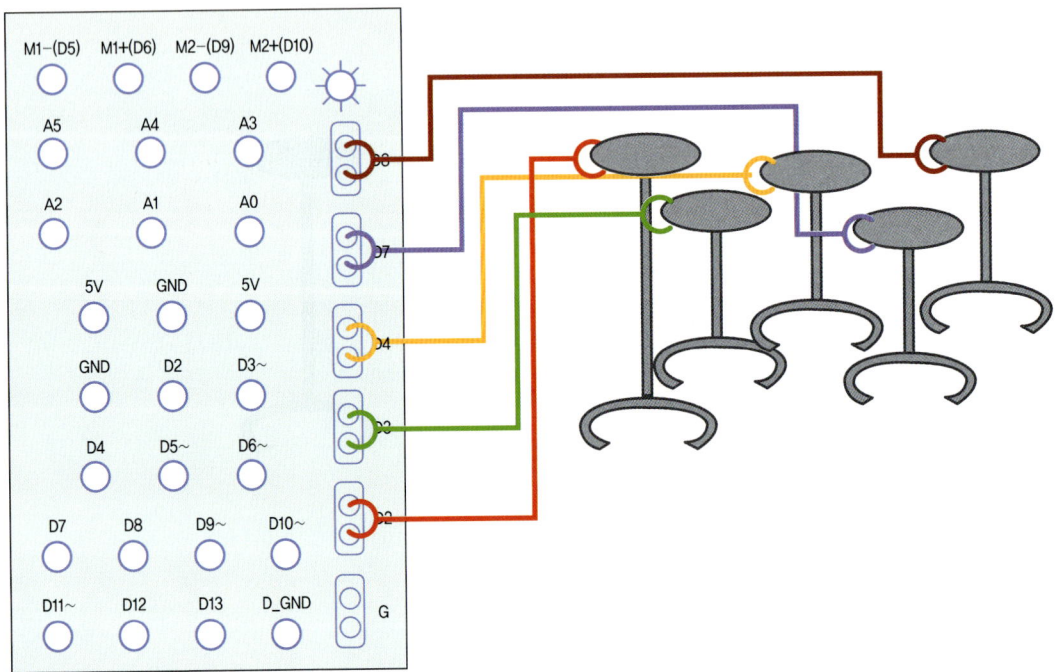

 Tips

드럼의 윗부분이 서로 붙게 되면 회로 구성의 오류가 발생하므로 윗부분이 닿지 않도록 배치합니다.

❹ 메이키메이키의 G(GND) 포트는 한 손으로 직접 잡아 회로 구성을 완성합니다.

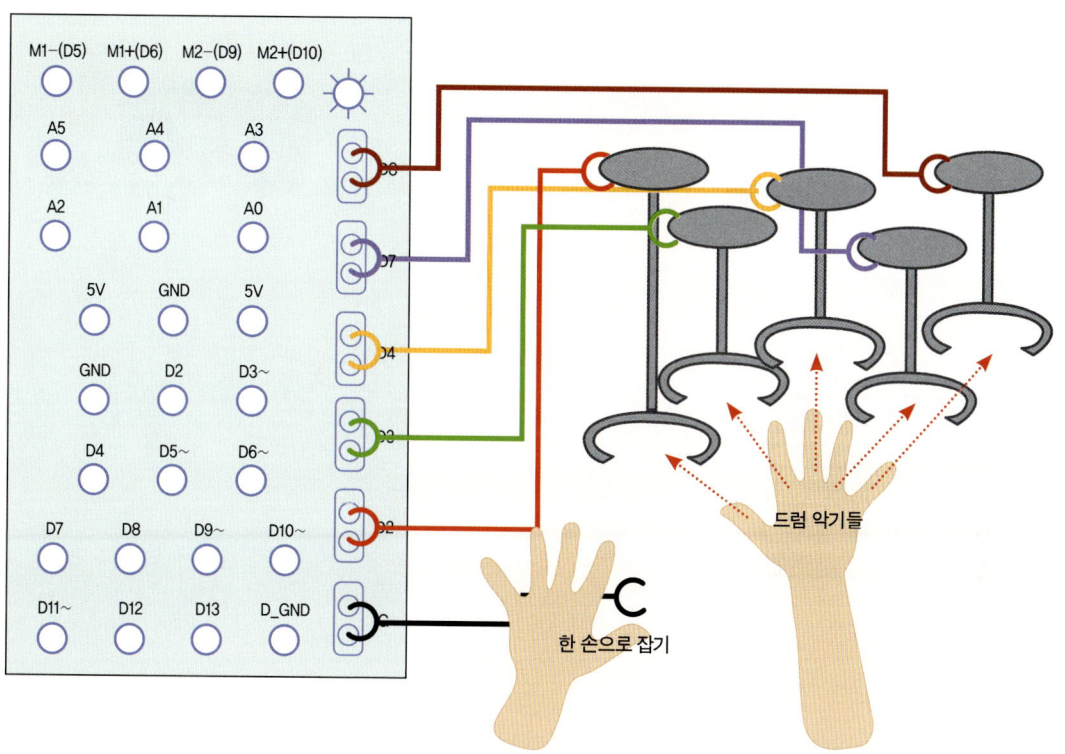

Tips
한 손으로는 확장 보드의 'G' 포트에 연결된 검은 집게 전선을 잡고, 다른 한 손으로는 드럼들을 터치합니다.

드럼을 연주할 준비가 다 되었습니다. 자, 지금부터 스크래치로 드럼을 연주하는 블록 코드를 만들어 보아요.

PROJECT 5 메이키메이키를 활용한 악기 만들기

스크래치로 드럼 연주하기

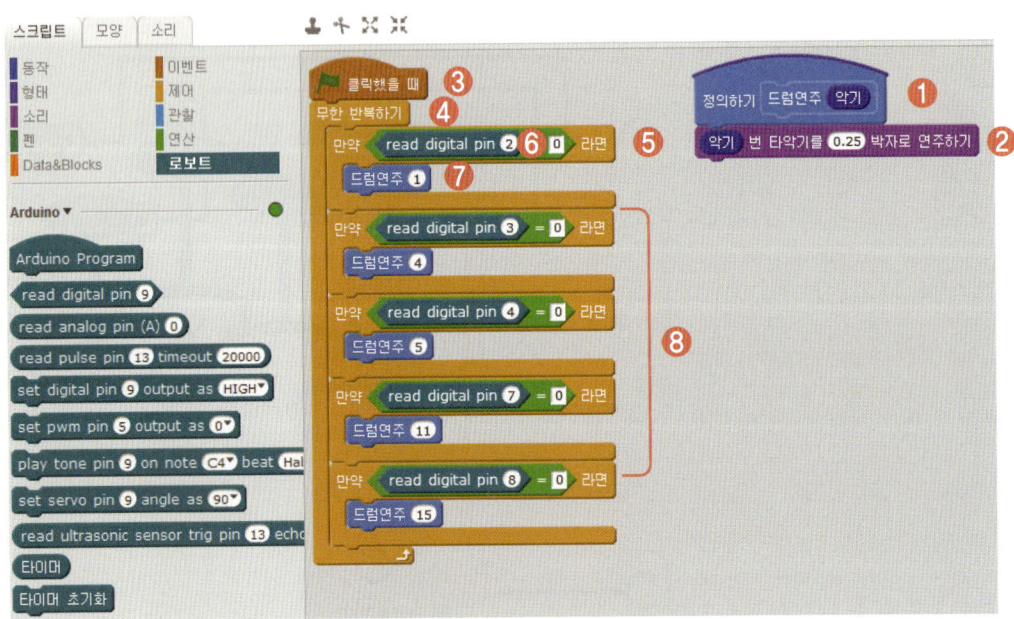

① [Data&Blocks]에서 블록 만들기 를 클릭하면 'New Block' 창이 열리게 되는데, '드럼 연주'라고 함수 이름을 입력합니다.

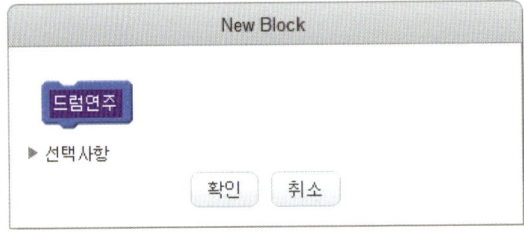

'New Block' 창에서 선택 사항을 클릭하여 '숫자 매개변수 추가하기' 버튼인 ⬤ 을 클릭합니다. 'number1'을 '악기'로 변경합니다.

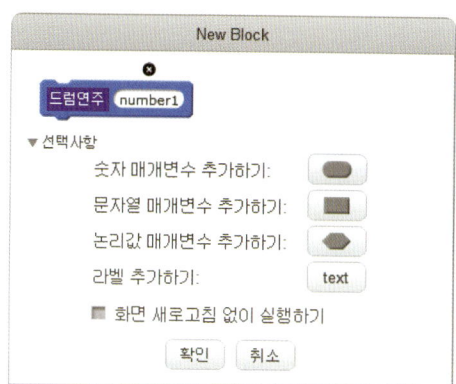 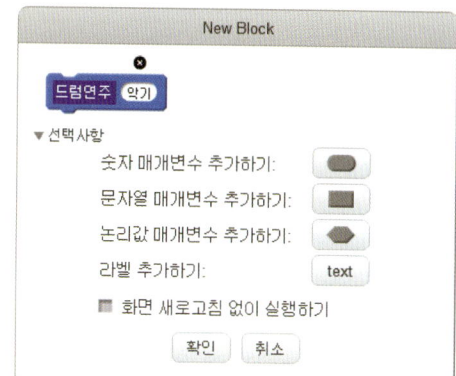

'확인' 버튼을 클릭하면, 스크립트 창에 블록이 생깁니다. 아울러, [Data&Block]에도 블록이 생깁니다.

❷ [소리]에서 블록을 스크립트 창의 블록 아래에 붙이고, 에서 악기 를 블록의 악기 번호 부분에 놓습니다.

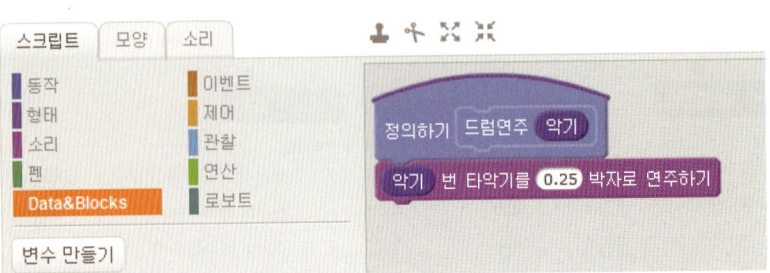

Tips

드럼연주 1 블록은 어떤 동작을 하는 블록인가요?

- **드럼연주 1** 블록은 새로 만든 블록입니다. 새로운 블록인 만큼 새로운 동작을 합니다.
- **정의하기 드럼연주 악기** 부분에서 **드럼연주 1** 블록이 동작되는 것을 정의합니다. 즉, 바로 **1 번 타악기를 0.25 박자로 연주하기** 블록을 동작시킵니다. 타악기의 번호는 동작할 때마다 바꿀 수 있습니다.
- **드럼연주 1** 블록의 숫자를 변경하면 해당하는 악기를 연주합니다.

❸ 스크립트 창의 **정의하기 드럼연주 악기** 블록 모두를 오른쪽으로 옮기고, [이벤트]에서  블록을 찾아 스크립트 창으로 옮깁니다.

❹ [제어]에서 **무한 반복하기** 블록을 스크립트 창의 **클릭했을 때** 블록 아래에 붙입니다.

🍩 Tips

'무한 반복하기' 블록은 드럼과 드럼 스틱이 어느 순간에 닿을지 모르기 때문에 프로그램 실행 중 계속 상태(드럼과 스틱이 만났을 때)를 체크하기 위하여 사용합니다.

❺ [제어]에서  블록을 스크립트 창의  블록 안에 붙입니다.

❻ [연산]에서 `⬢=⬢` 블록, [로봇]에서 `read digital pin 9` 블록을 `read digital pin 2` 블록으로 변경하여 `⬢=⬢` 블록 왼쪽 □에 넣고 `read digital pin 2 =` 블록과 같이 만듭니다. 그리고 `read digital pin 2 =` 블록 오른쪽 □에는 '0' 값을 넣습니다. 완성된 연산식은 스크립트 창의 `만약 ⬢ 라면` 블록의 조건 부분에 넣습니다.

Tips

 블록은 어떤 의미일까요?

메이키메이키 D2 포트는 다른 장치가 연결되어 있지 않은 기본 상태에서는 전류가 계속 흘러 '1'의 값을 가집니다. 이때 메이키메이키 G(GND) 포트와 연결된 드럼 팔찌를 찬 손으로 드럼 스틱을 잡고 D2 포트와 연결된 드럼을 치게 되면, D2 포트에 흐르던 전류가 G 포트로 흐르게 되어 '0'의 값을 가지게 됩니다.

❼ [Data&Block]의 [소리]에서 드럼연주 블록을 스크립트 창의 만약 라면 블록 안에 붙여 넣어 확장 보드 메이키메이키 D2 포트에 연결된 악기 연주 스크립트를 완성합니다.

❽ 스크립트 창의  블록 전체를 복사하기와 붙이기를 반복 수행하여 다음과 같이 수정하여 스크립트를 완성합니다.

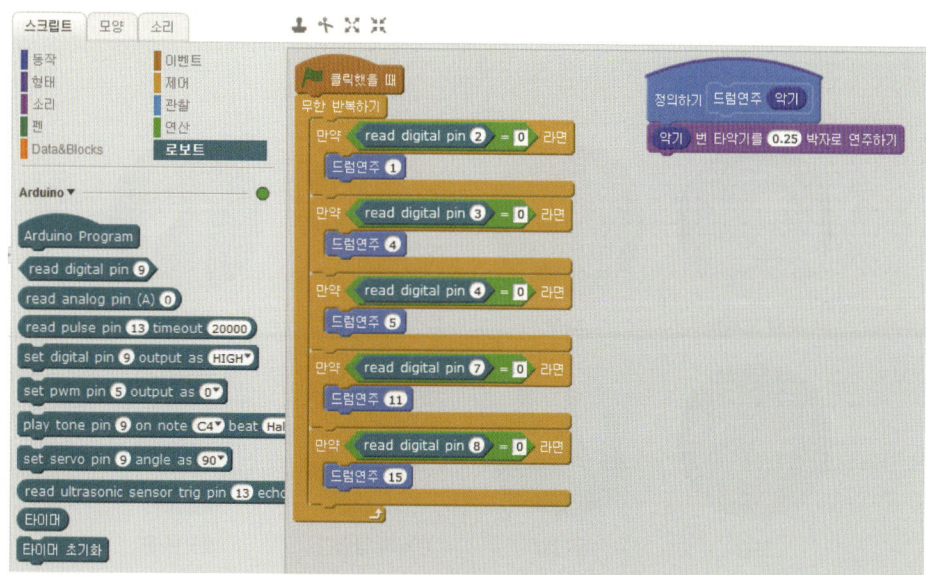

❾ 을 클릭하고 드럼 연주를 해 봅니다.

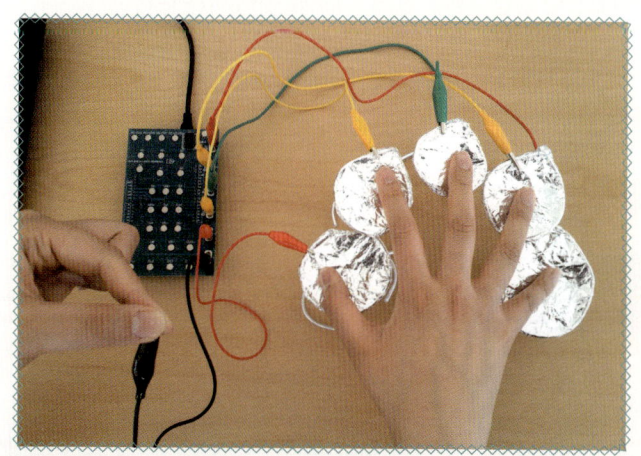

Tips
천천히 드럼을 연주하세요. 전류의 속도와 스크래치 명령 블록의 실행 시간의 차이로 인하여 빠르게 반응하지 않을 수 있습니다.

신나는 전자드럼 만들기

( )학교 ( )학년 ( )반 이름( )

1. 전기가 전도되는 물체를 찾아 표시하세요.

2. 다음 왼쪽의 스크래치 프로그램으로 소리를 나게 하기 위해 자석 확장 보드에 선을 연결해 보세요. 연결은 자석 전선 기호를 사용합니다.

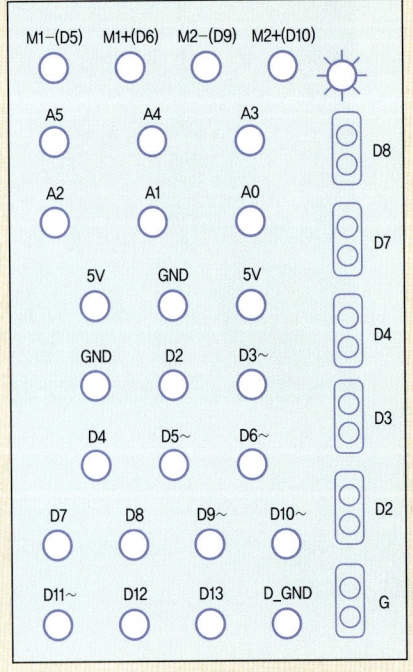

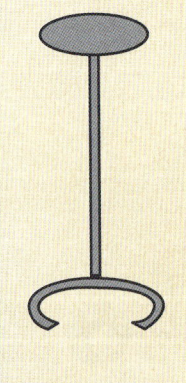

❸ 전자드럼이 완성되도록 자석 전선을 이용하여 연결해 보세요.

전선

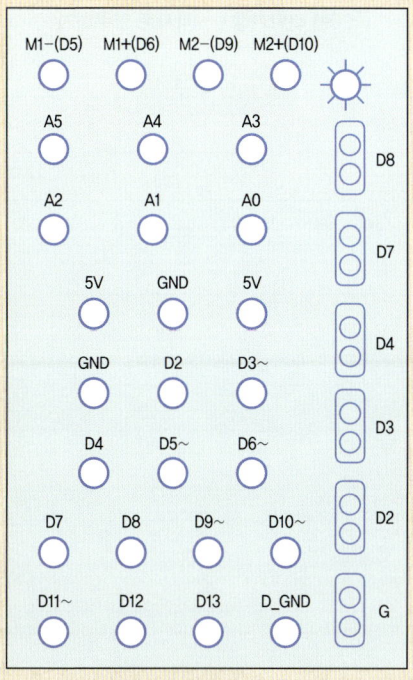

❹ `read digital pin 2 = 0` 블록에서 2번 포트의 값이 '0'이 되면 '참'값이 되도록 하였습니다. 왜 '0'이 되면 '참'값이 되게 하였는지 적어 보세요.

5 신나는 전자드럼을 만들기 위한 알고리즘을 만들어 보세요.

클릭했을 때	( ) = ( )	set digital pin ( ) output as ( )
만약 ( )라면	read digital pin ( )	( )번 타악기를 ( )박자로 연주하기
무한 반복 시작	반복 끝	만약 끝

순서	스프라이트 이름:
1	
2	
3	
4	
5	
6	
7	

6 한 손에 집게 전선을 잡고 GND에 연결하는 이유를 적어 보세요.

이유: _____

LED 불빛과 함께 하는 신나는 드럼 만들기

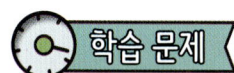
신나는 드럼에 LED를 함께 사용하여 빛과 음악 소리가 나는 드럼을 만들어 봅시다.

드럼을 신나게 연주하였나요? 드럼은 리듬을 책임지면서 뒤에서 묵묵히 밴드를 받쳐 주는 역할을 합니다. 그래서 보컬은 물론이고, 기타나 건반 연주자에 비해서 주목을 덜 받습니다. 하지만 드럼은 밴드에서 음악을 연주하는 연주자들의 기본 박자의 중심을 잡는 중요한 역할을 합니다. 화려하지는 않지만 꼭 있어야 할 존재이지요.

자, 이제부터 드럼에 LED를 연결하여 화려한 빛과 함께 박자를 내어 봅시다.

무엇을 준비해야 하나요?

❶ 전자드럼 완성 작품
❷ LED

PROJECT 5 메이키메이키를 활용한 악기 만들기   **223**

어떻게 연결하나요?

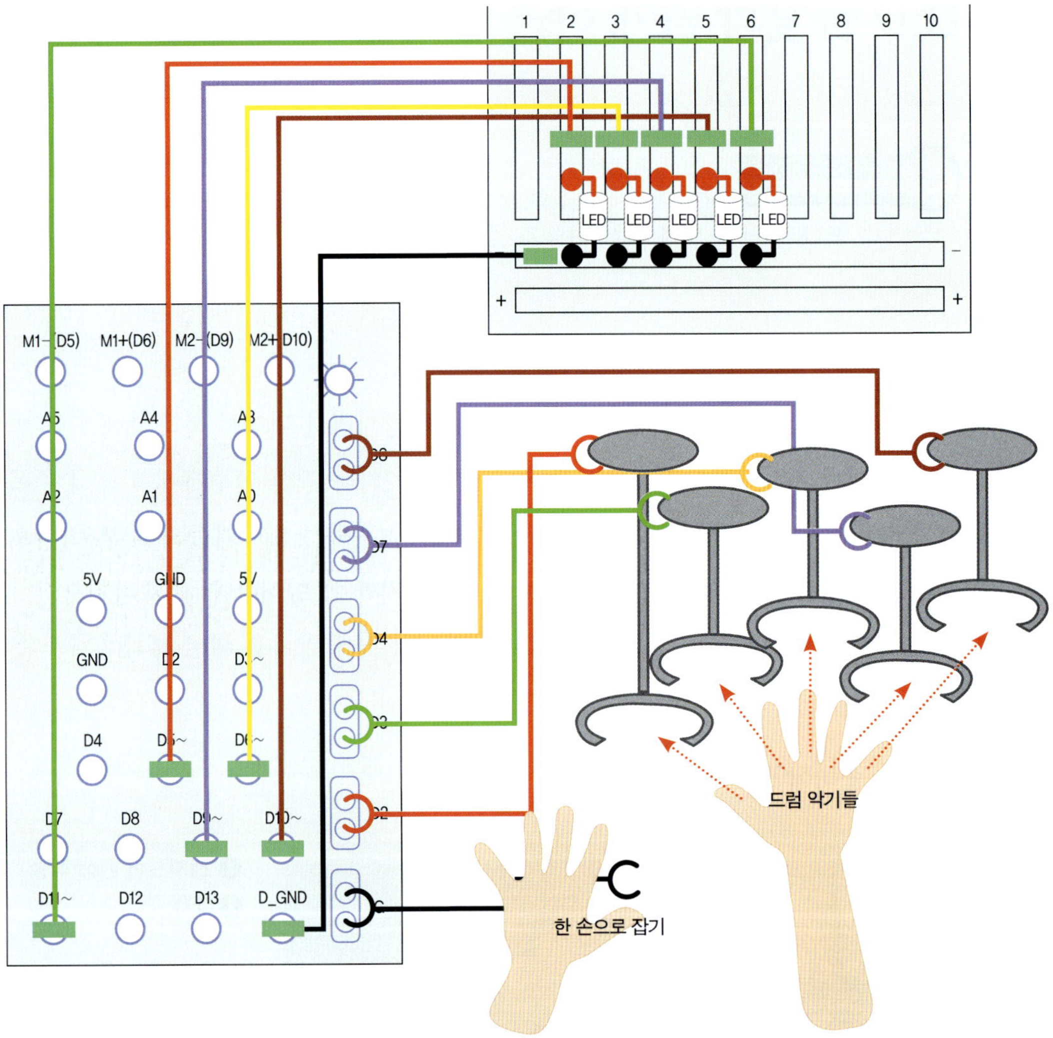

완성이 되면?

 ## 브레드 보드에 연결해 보기

❶ 브레드 보드에 LED 1개의 붉은 다리(+)를 '2'에, 검은 다리(-)를 '-'에 붙입니다.

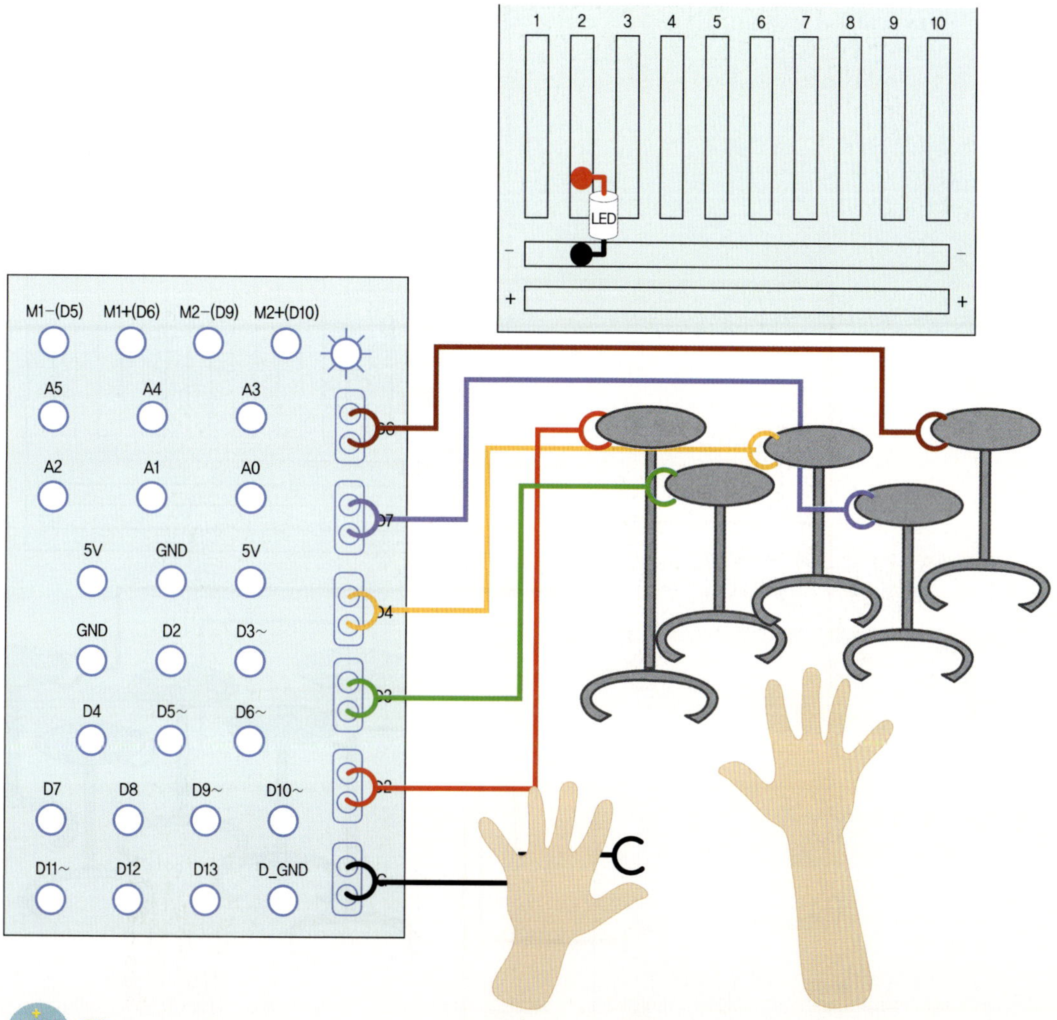

Tips

자석 LED의 (+), (-)는?

- 자석 LED는 (-)는 검은색으로, (+)는 빨간색으로 되어 있습니다.
- 안쪽을 살펴보면 '빨강', '노랑', '파랑', '초록', '하양'의 선을 볼 수 있는데, LED 빛의 색상에 따라 다르게 표현되어 있습니다.

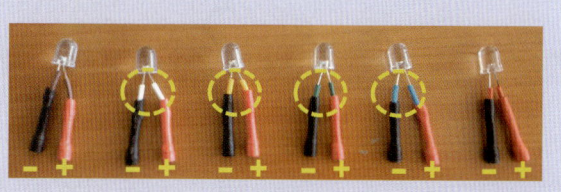

❷ 브레드 보드의 '2'와 확장 보드의 D5 포트를 자석 전선으로 연결합니다.

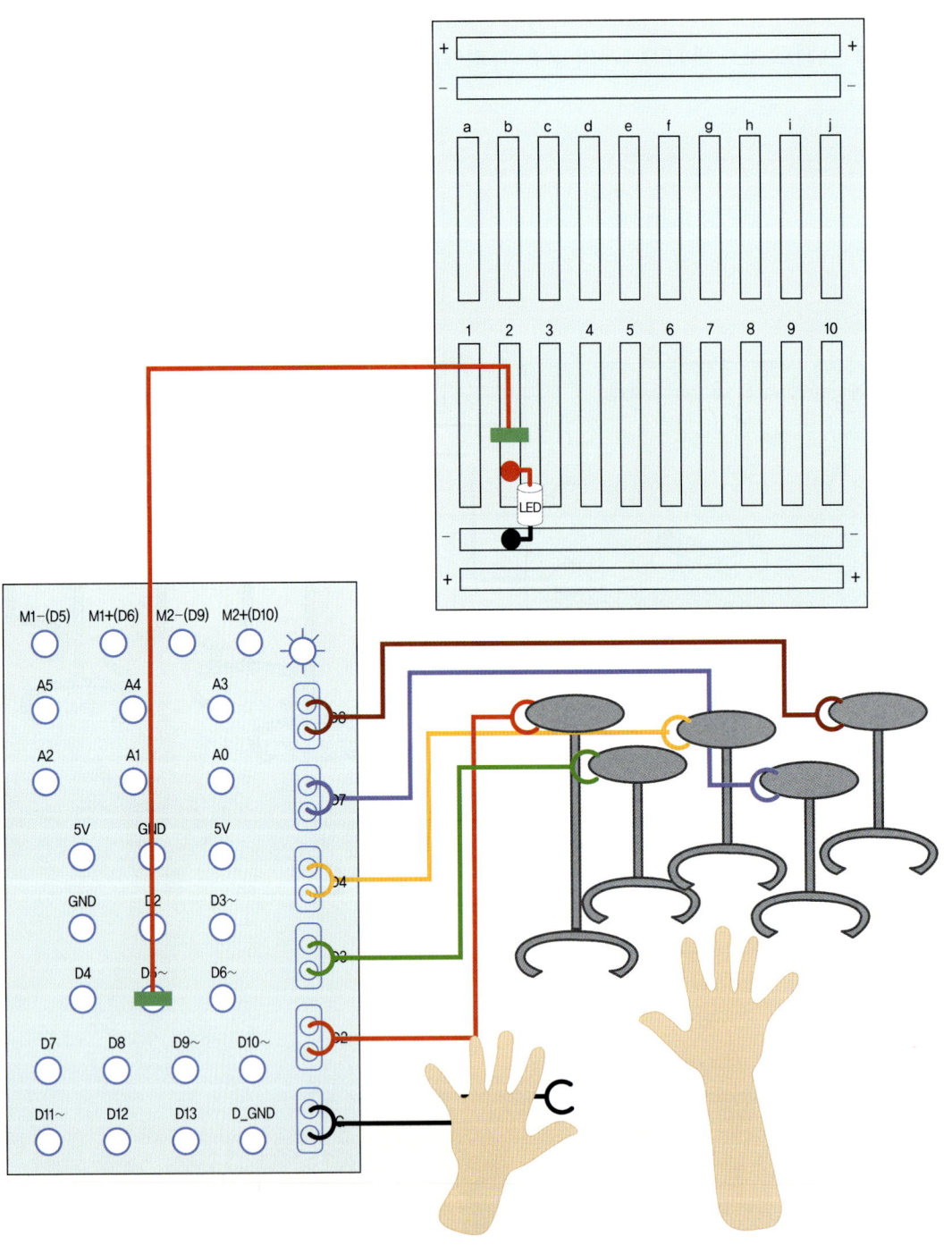

❸ 다음 그림처럼 LED 4개를 차례대로 브레드 보드에 붙입니다.

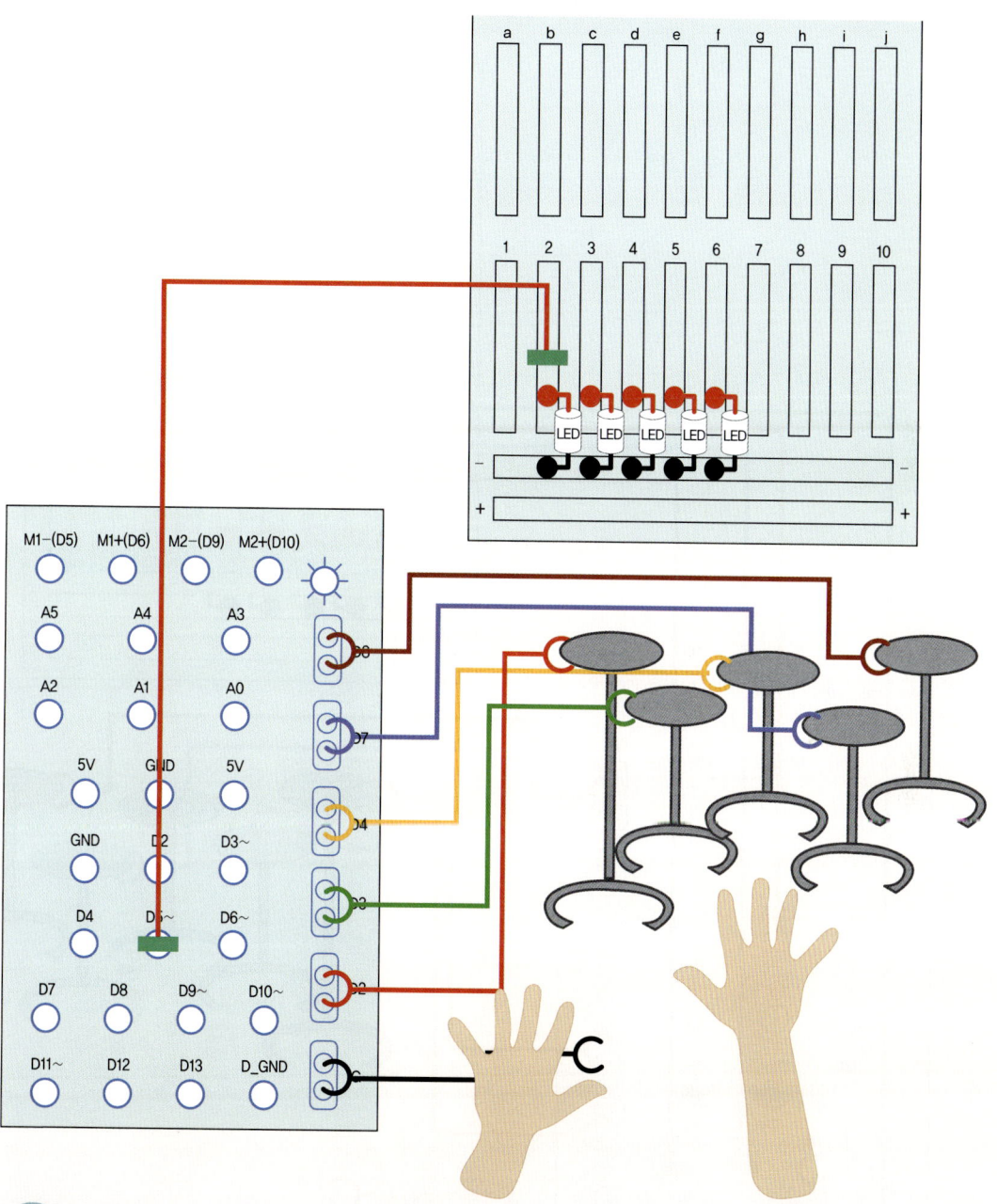

Tips

LED를 5개 사용하는 이유는?
변형하기의 과제는 드럼 악기를 연주할 때 LED가 빛을 내도록 하는 것입니다. 드럼 악기가 5개이므로 LED도 5개를 연결합니다.

❹ 브레드 보드의 '3', '4', '5', '6'은 각각 확장 보드의 'D6', 'D9', 'D10', 'D11' 포트와 연결합니다.

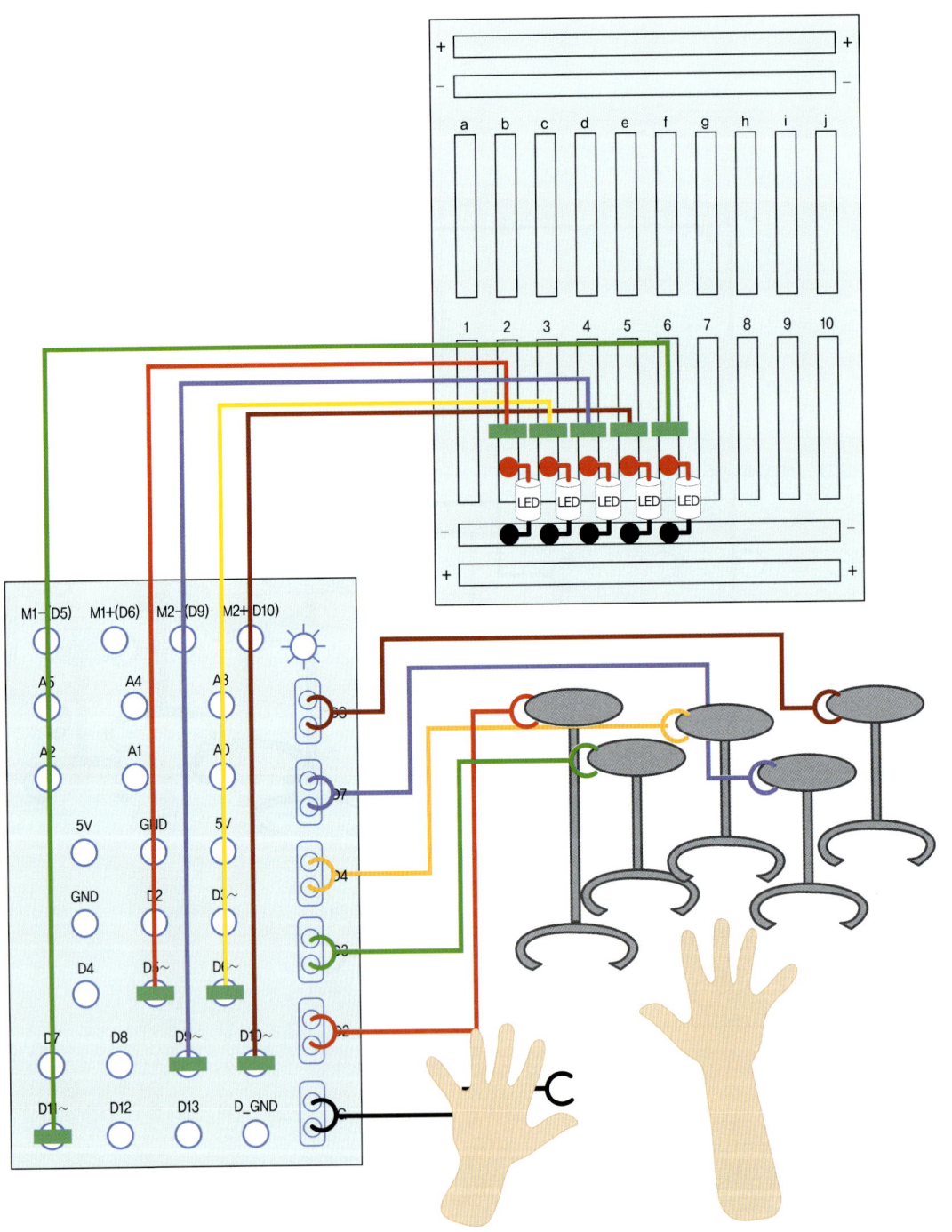

❺ 브레드 보드의 '−'는 확장 보드의 'D_GND'와 연결합니다.

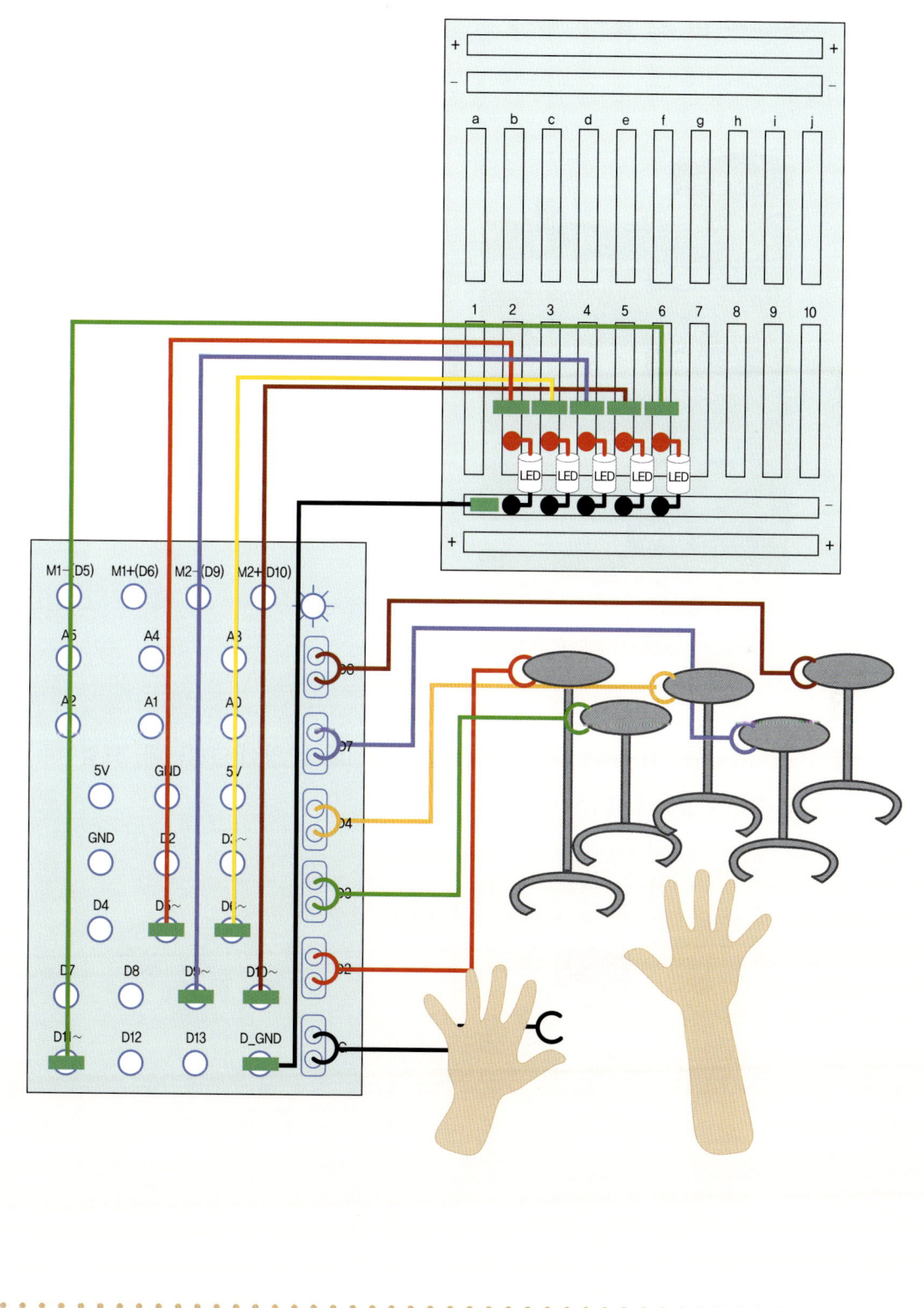

PROJECT 5 메이키메이키를 활용한 악기 만들기

스크래치로 동작 감지 센서와 함께 동작하는 프로그램 만들어 보기

❶ [Data&Blocks]에서 블록 만들기 를 클릭하면 'New Block' 창이 열리는데, '드럼연주' 라고 함수 이름을 입력합니다.

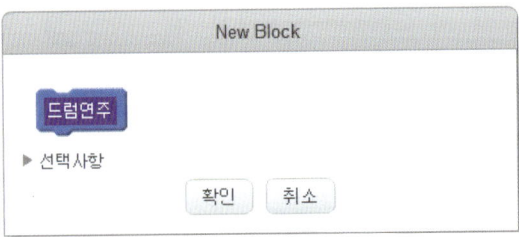

'New Block' 창에서 선택 사항을 클릭하여 '숫자 매개변수 추가하기' 버튼인 을 '2'번 클릭합니다. 'number1'은 '악기', 'number2'는 'LED'로 변경합니다.

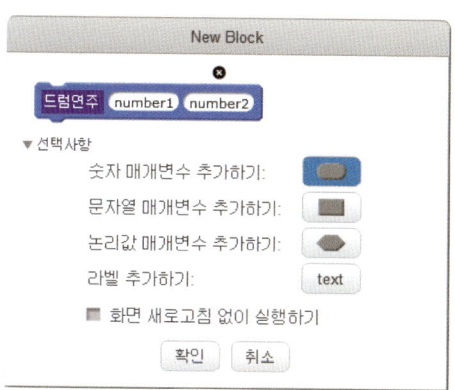 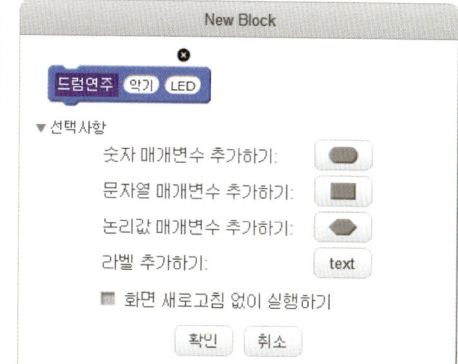

'확인' 버튼을 클릭하면, 스크립트 창에 블록이 생깁니다. 아울러, [Data&Block]에도 블록이 생깁니다.

❷ [소리]에서 블록을 스크립트 창의 블록 아래에 붙이고, 블록에서 악기 를 블록의 악기 번호 부분에 놓습니다.

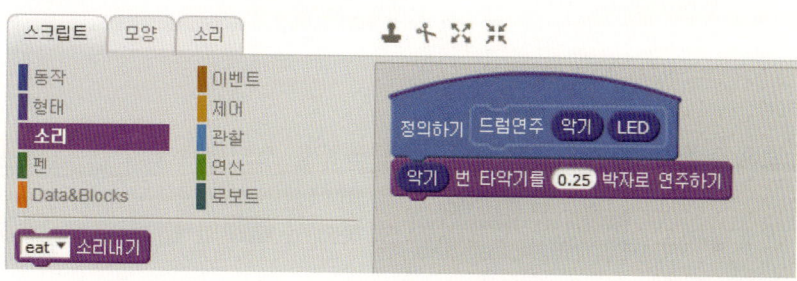

PROJECT 5 메이키메이키를 활용한 악기 만들기 231

❸ [로보트]에서 `set digital pin 9 output as HIGH` 블록을 스크립트 창의 `악기 번 타악기를 0.25 박자로 연주하기` 블록 아래에 붙이고, `정의하기 드럼연주 악기 LED` 블록에서 `LED`을 `set digital pin 9 output as HIGH` 블록의 pin 번호로 사용합니다.

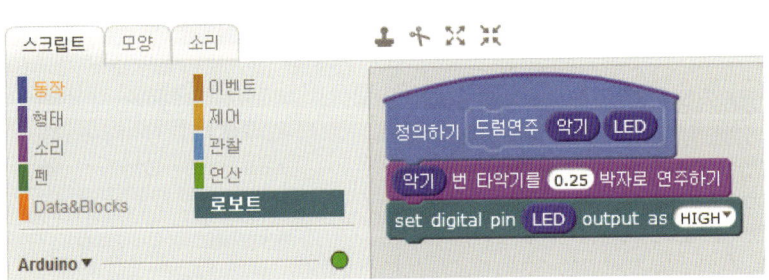

❹ LED를 밝히는 시간을 일정 시간 유지하기 위하여 [제어]에서 `1 초 기다리기` 블록을 스크립트 창의 `set digital pin LED output as HIGH` 블록 아래에 붙입니다. LED를 밝히는 시간을 '0.2'초로 수정합니다.

❺ [로보트]에서 `set digital pin 9 output as HIGH` 블록을 스크립트창의 `0.2 초 기다리기` 블록 아래에 붙이고, `정의하기 드럼연주 악기 LED` 블록에서 `LED`를 `set digital pin 9 output as HIGH` 블록의 pin 번호로 사용합니다. 'HIGH' 값도 'LOW'로 변경합니다.

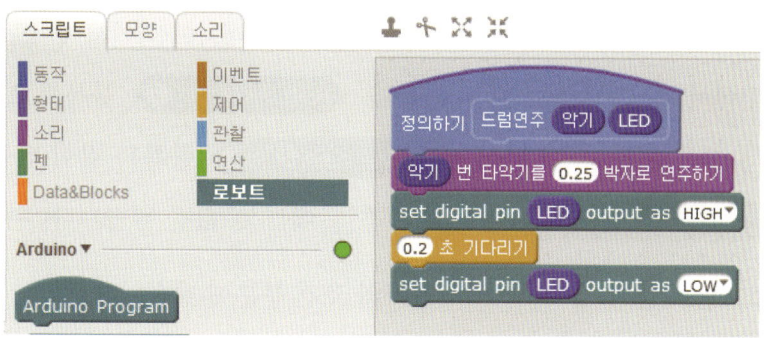

Tips

❶~❺ 작업은 무엇을 한 것인가요?
- 드럼 5개에는 각각의 타악기가 설정되어 있고, LED가 연결되어 있습니다.
- 타악기의 번호와 연결된 LED의 번호를 다르게 설정합니다.
- '드럼연주'라는 블록을 생성하고 생성한 블록을 사용할 때, '악기', 'LED' 값을 전달하여 '드럼연주'라는 블록이 정의된 대로 실행되도록 합니다.

❻  블록 아래 모든 블록은 스크립트 창의 오른쪽 한쪽 끝으로 옮기고, [이벤트]에서 클릭했을 때 블록을 찾아 스크립트 창으로 옮깁니다. [제어]에서 무한 반복하기 블록을 차례대로 옮깁니다. [제어]에서 만약 라면 블록을 스크립트 창의 무한 반복하기 블록 안에 붙입니다.

첫 번째 드럼이 연주가 되었는지 여부를 알기 위하여, [연산]에서 `=` 블록과 [로보트]에서 `read digital pin 9` 블록을 `read digital pin 2` 블록으로 변경하고 `=` 블록 왼쪽 □에 넣어 `read digital pin 2 =` 블록과 같이 만듭니다. 그리고 `read digital pin 2 =` 블록 오른쪽 □에는 '0' 값을 넣습니다. 완성된 연산식은 스크립트 창의 `만약 라면` 블록의 조건 부분에 넣습니다.

❼ [Data&Blocks]에서 `드럼연주 1 1` 블록을 스크립트 창의 `만약 라면` 블록 안에 붙입니다. `드럼연주 1 1` 블록을 `드럼연주 1 5` 블록으로 변경합니다.

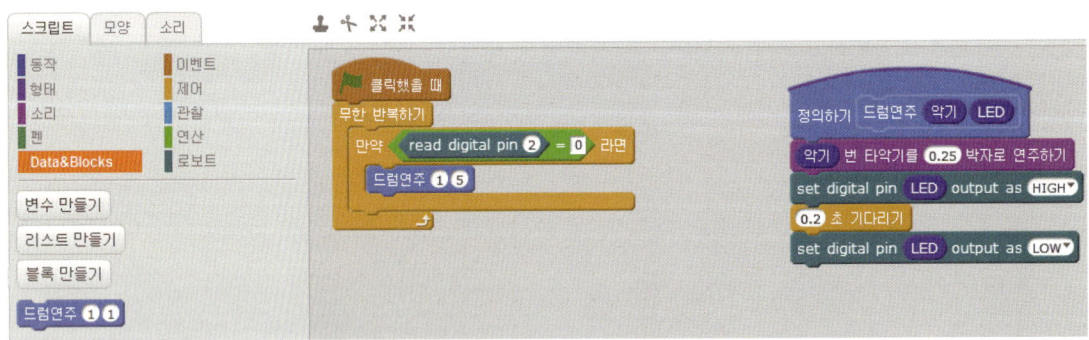

❽ 스크립트 창의 `만약 read digital pin 2 = 0 라면 / 드럼연주 1 5` 블록을 복사하여 아래에 붙입니다. 붙인 블록은 다음 그림처럼 변경합니다.

❾ ❽의 작업을 반복하여 다음 그림과 같이 스크래치 코드를 완성합니다.

❿ 🚩을 클릭하여 결과를 확인하세요.

LED 빛을 내며 빛나는 전자드럼

( )학교 ( )학년 ( )반 이름( )

1. 각 번호에 맞는 프로그래밍 블록의 역할을 써 보세요.

① ('악기' 번호와 'LED' 번호를 전달받아 '드럼연주' 함수가 동작된다.)

② ( )

③ ( )

④ ( )

2. 맨손으로도 전자드럼을 연주할 수 있습니다. 왼손으로는 집게 전선을 잡고 있어 가능한데, 집게 전선을 잡고 있지 않은 오른손으로도 가능한 이유를 적어 보세요.

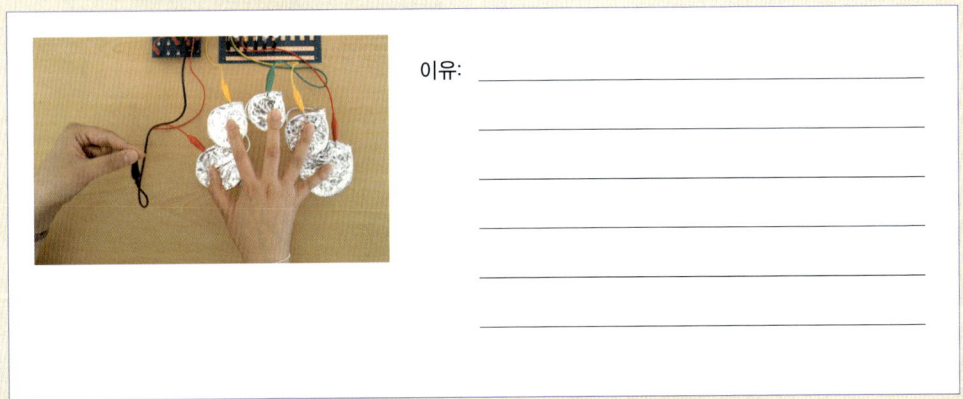

이유: _____
_____
_____
_____
_____

❸ 전자드럼 각각에 LED 불빛이 들어오도록 자석 브레드 보드에 연결선을 그려 보세요.

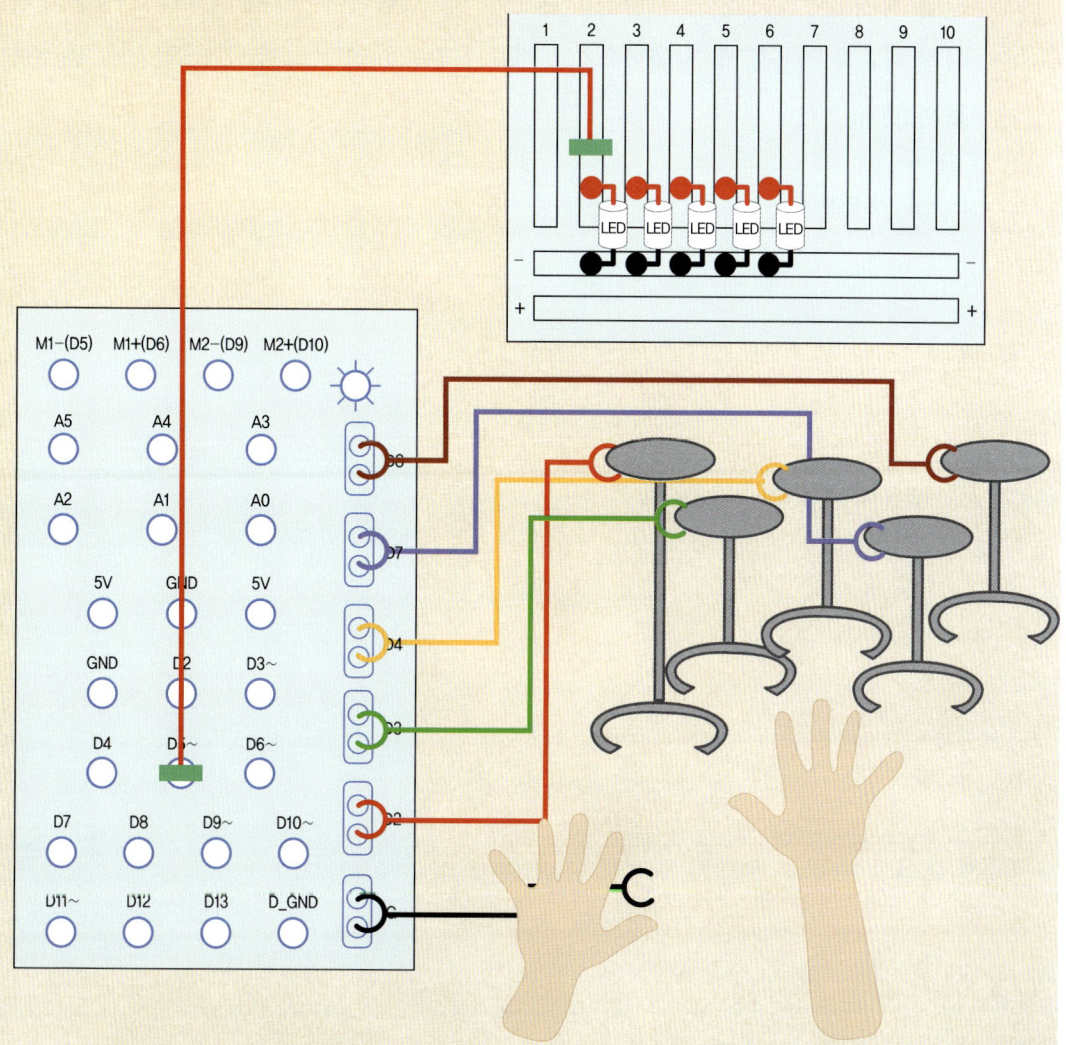

❹ LED의 방향을 반대로 연결하면 불빛이 들어오지 않습니다. 그 이유를 적어 보세요.

5 은박지를 주재료로 전자드럼을 만들었습니다. 전기가 통하는 모든 물질은 자석 보드의 메이키메이키 회로를 이용하여 만들 수 있습니다. 다른 재료를 사용한다면 어떤 재료를 사용할 수 있을까요? 그 재료를 활용하여 만들 수 있는 악기를 생각해 보세요.

사용 가능한 재료

나만의 악기 설계도

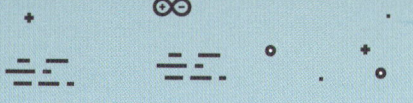

연필로 그린 종이 피아노로 동요 연주하기

 **학습 문제**

자석 보드의 메이키메이키를 활용하여 나만의 피아노 건반을 디자인해 봅시다.

연필로 그린 종이 피아노 건반을 손으로 치니 소리가 납니다. 마술 연필도 아니고 미술할 때 쓰는 연필일 뿐인데, 너무너무 신기합니다.

"도(낮은), 레, 미, 솔, 라, 도(높은)"

스크래치로 이와 같은 음을 프로그래밍하여 〈곰 세 마리〉 동요도 연주해 봅니다.

자, 시작해 볼까요?

무엇을 준비해야 하나요?

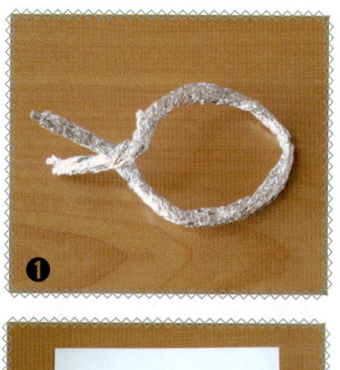

❶ 알루미늄 포일 팔찌
❷ 연필
❸ A4 용지
❹ 집게 전선 6개

PROJECT 5 메이키메이키를 활용한 악기 만들기 **239**

🔌 어떻게 연결하나요?

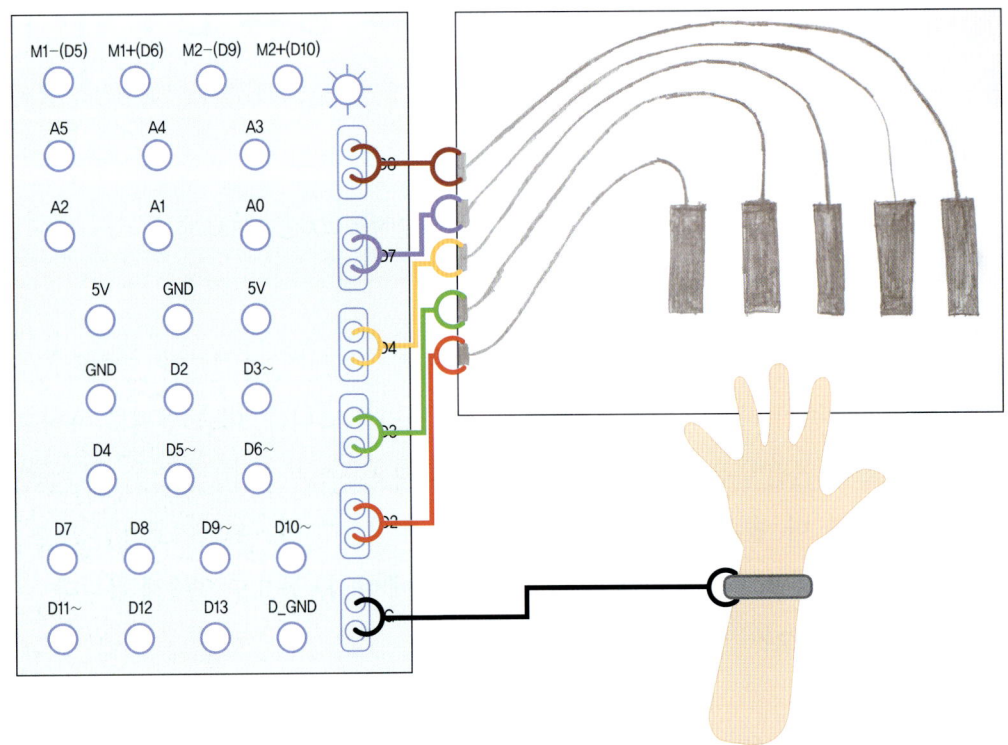

🔌 완성이 되면?

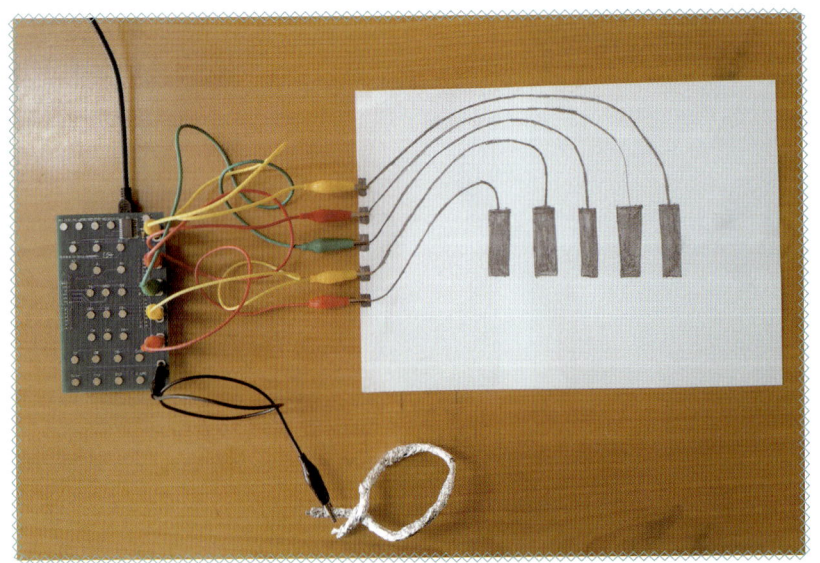

👉 연필로 종이 피아노 건반 그려 보기

❶ 하얀 A4 용지 위에 피아노 건반(길쭉한 □ 모양) 5개를 그립니다.

 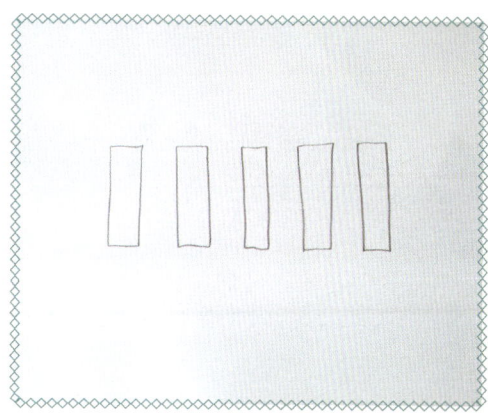

❷ 피아노 건반을 나타낸 □ 모양을 ■ 모양이 되도록 연필로 색칠합니다.

❸ A4 용지 한쪽 끝(왼쪽)으로 피아노 건반 연결선을 그려 줍니다.

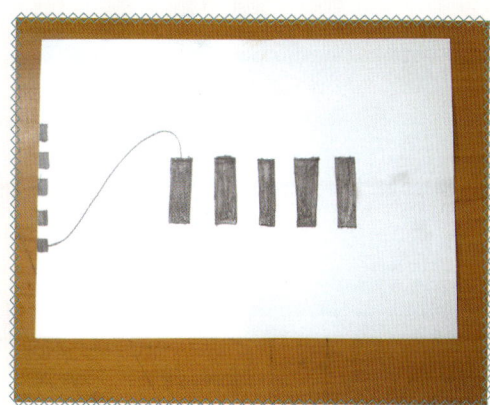 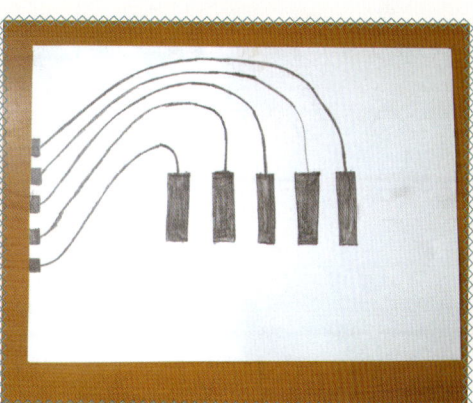

PROJECT 5 메이키메이키를 활용한 악기 만들기

❹ 미리 절단해 놓은 메탈릭 철사로 알루미늄 포일 팔찌를 만듭니다.

❺ 팔찌로 사용할 메탈릭 철사의 겉 부분을 알루미늄 포일로 감싸 줍니다.

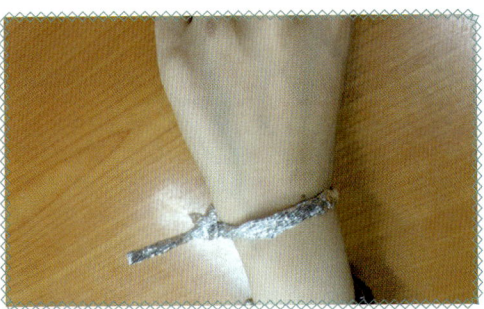

확장 보드에 연결해 보기

❶ 피아노 건반 연결선 왼쪽부터 첫 번째와 확장 보드의 메이키메이키 'D2' 포트를 집게 전선으로 연결합니다.

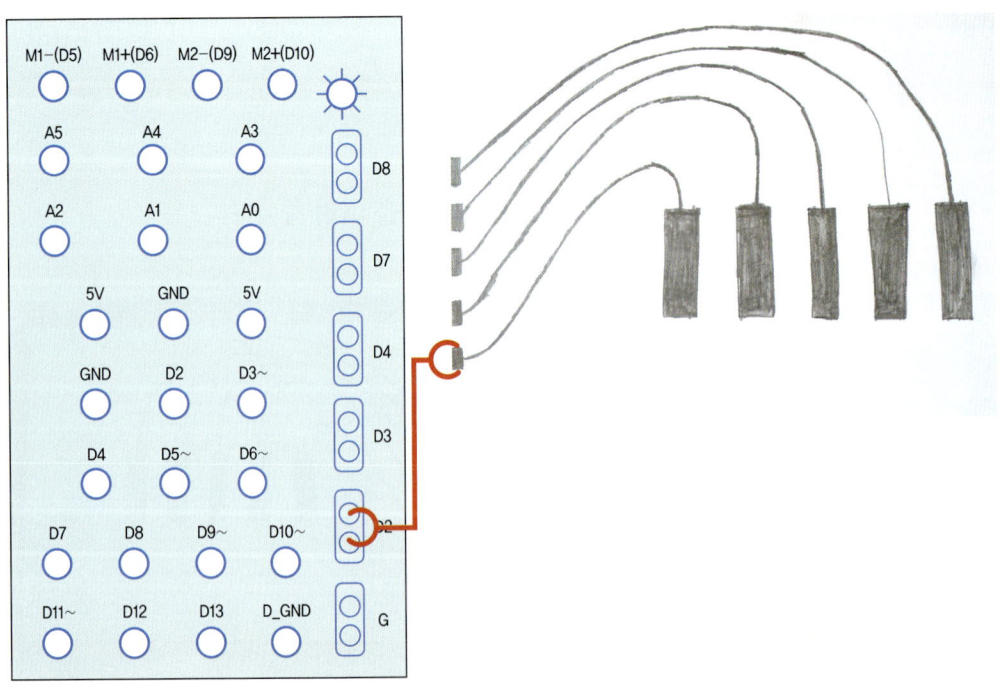

❷ 다른 피아노 건반 연결선과 확장 보드의 메이키메이키 'D3', 'D4', 'D7', 'D8' 포트를 집게 전선으로 차례대로 연결합니다.

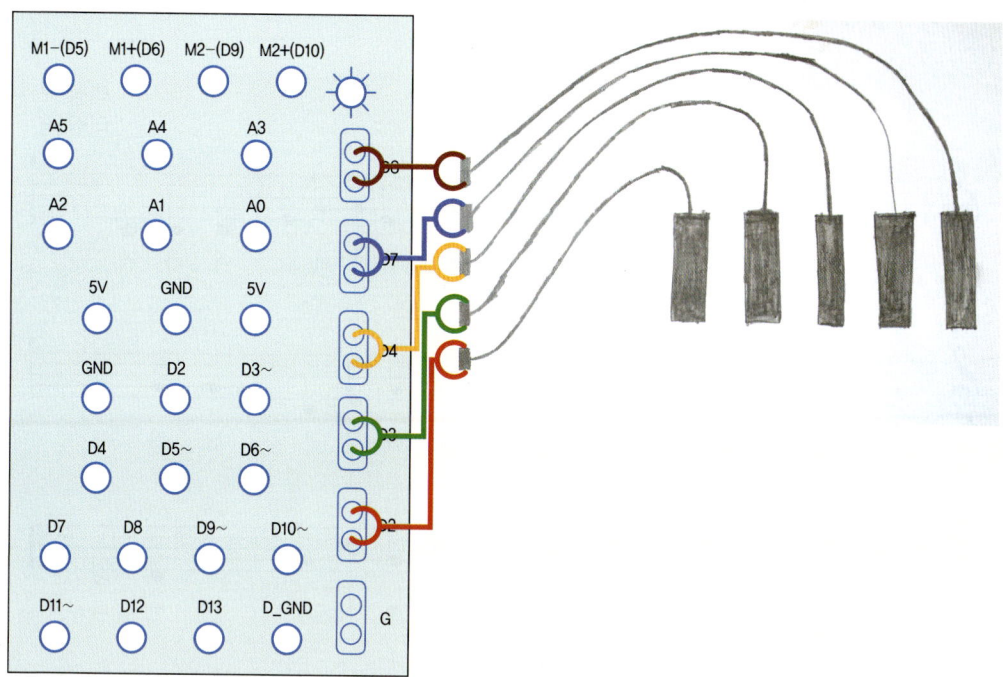

❸ 확장 보드의 메이키메이키 'G' 포트를 집게 전선으로 그림과 같이 팔찌에 연결하여 회로를 완성합니다.

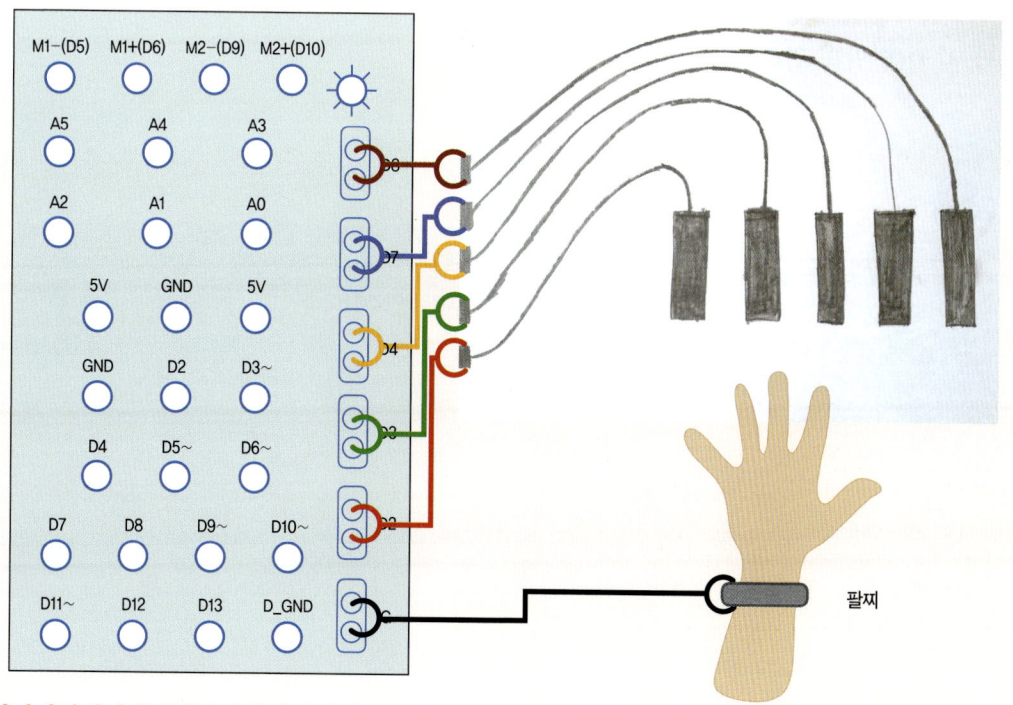

PROJECT 5 메이키메이키를 활용한 악기 만들기

 ## 스크래치로 동요 연주해 보기

곰 세 마리

미상 요
미상 곡

우리가 잘 알고 있는 〈곰 세 마리〉 동요입니다. 이 동요를 살펴보면 '도(낮은)', '레', '미', '솔', '라', '도(높은)' 6개의 음으로 되어 있습니다. 확장 보드의 메이키메이키의 5개 포트는 '도(낮은), 레, 미, 솔, 라'를 나타냅니다. 동요 속의 '도(높은)'는 키보드의 '3' 키(편의를 위하여)를 눌러 표현합니다.

 **Tips**

음표 ♩(1박자), ♩(2박자), ♪(1/2박자)는 어떻게 표현할까요?
- 키보드 '1' 키를 누르면 ♩(1박자), '2' 키를 누르면 ♩(2박자)로 연주합니다.
- ♪(1/2박자)는 아무 키도 누르지 않습니다.

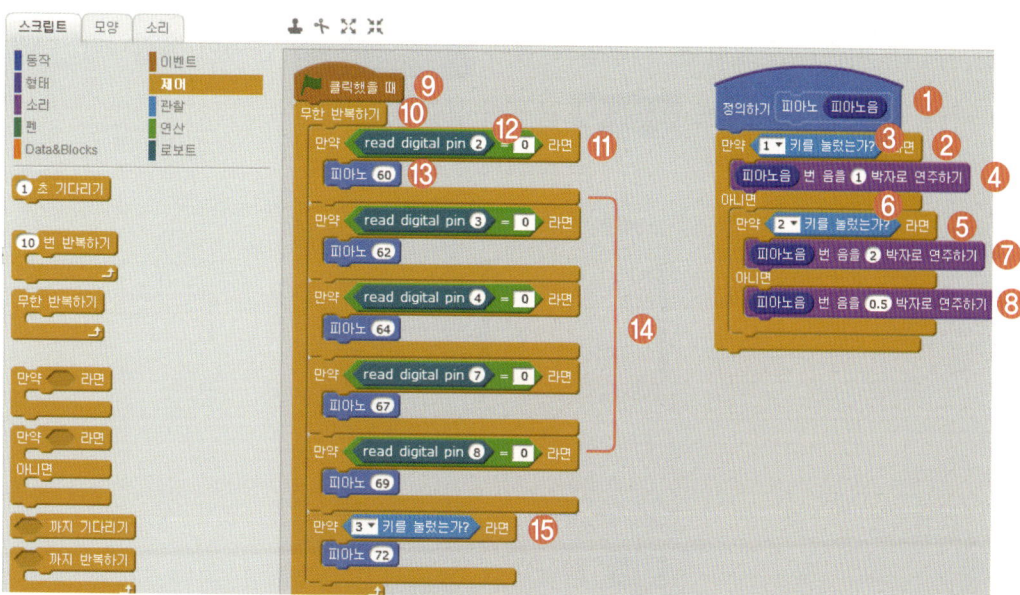

❶ [Data&Blocks]에서 블록 만들기 를 클릭하면 'New Block' 창이 열리는데, '피아노'라고 함수 이름을 입력합니다.

'New Block' 창에서 선택 사항을 클릭하여 '숫자 매개변수 추가하기' 버튼인 ⬭ 을 클릭합니다. 'number1'은 '피아노음'으로 변경합니다.

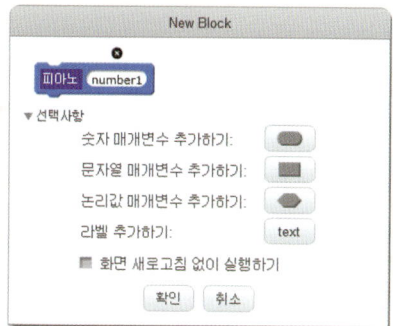 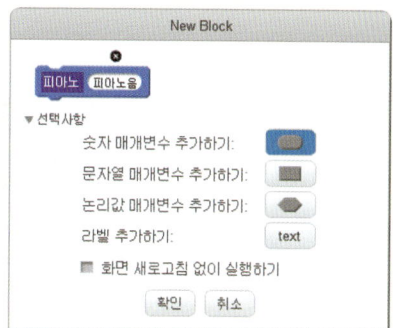

PROJECT 5 메이키메이키를 활용한 악기 만들기   245

'확인' 버튼을 클릭하면, 스크립트 창에 ![정의하기 피아노 피아노음] 블록이 생깁니다. 아울러, [Data&Blocks]에도 ![피아노 1] 블록이 생깁니다.

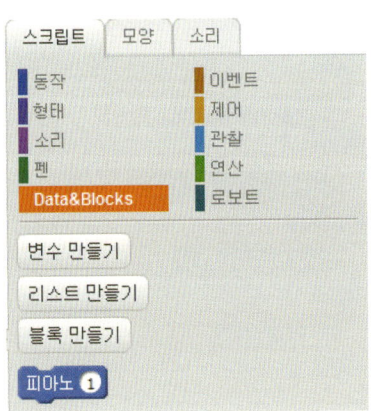

❷ '종이 피아노 건반'을 손으로 누르는 동작을 하였을 때, 이제는 음표의 박자에 맞추어 해당 음을 연주해야 합니다. 박자는 모두 3가지이므로 [제어]에서

블록을 ![정의하기 피아노 피아노음] 블록 아래에 붙입니다.

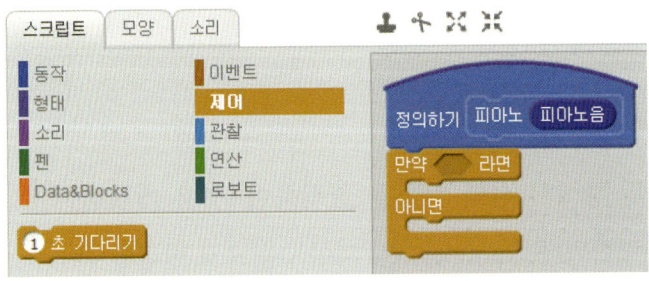

❸ 우선 '♩'(1박자) 실행을 위한 조건을 만듭니다. '♩'(1박자)은 키보드의 '1' 키를 눌렀을 때 연주하는 것으로 [관찰]에서 ![스페이스 키를 눌렀는가?] 블록의 '▼'을 클릭하고 '1'을 선택하여 ![1 키를 눌렀는가?] 블록으로 변경합니다. 변경한 블록을 스크립트 창의 ![만약 라면 아니면] 블록의 조건으로 넣습니다.

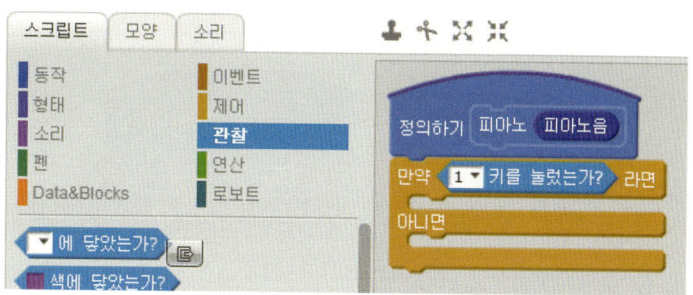

❹ 숫자 키 '1'을 눌렀을 경우에는 '♩'(1박자)를 실행해야 하므로, [소리]에서

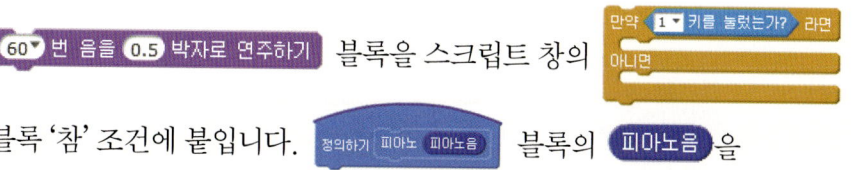

블록 '참' 조건에 붙입니다. 블록의 피아노음을

블록의 음 번호에 넣고, 박자를 '1'박자로 변경합니다.

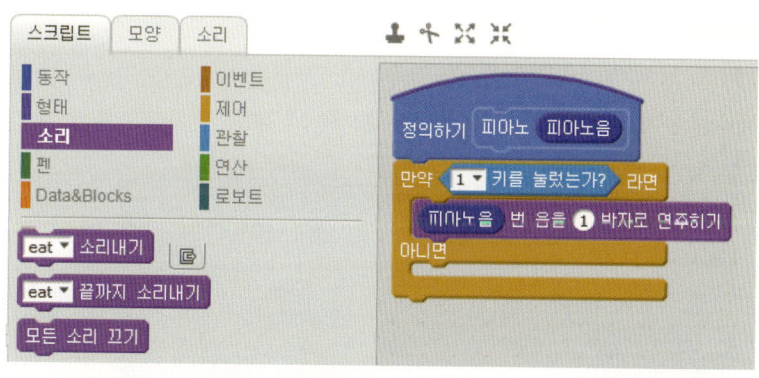

❺ '♩'(1박자)가 아니라면 '♩'(2박자) 또는 '♪'(1/2박자)의 경우이므로 [제어]에서

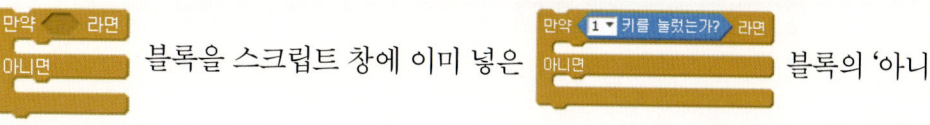

블록을 스크립트 창에 이미 넣은 블록의 '아니면'이라는 곳에 넣습니다.

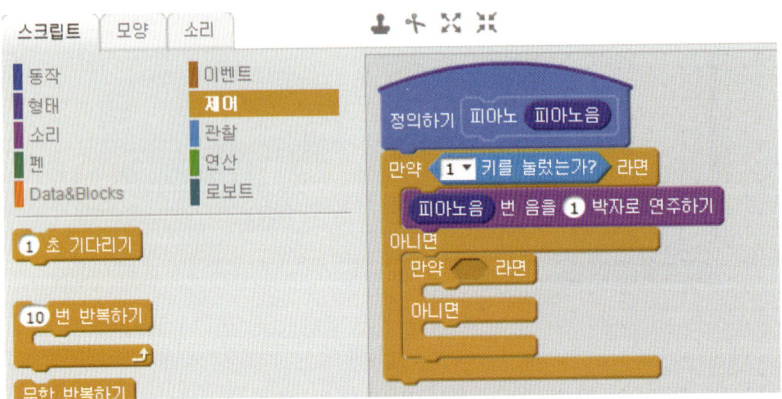

❻ '♩'(2박자)는 키보드의 '2' 키를 눌렀을 때 실행되는 것으로 [관찰]에서 `스페이스▼ 키를 눌렀는가?` 블록의 '▼'을 클릭하고 '2'를 선택하여 `2▼ 키를 눌렀는가?` 블록으로 변경합니다. 변경한 블록을 스크립트 창의 `만약 라면 아니면` 블록의 조건으로 넣습니다.

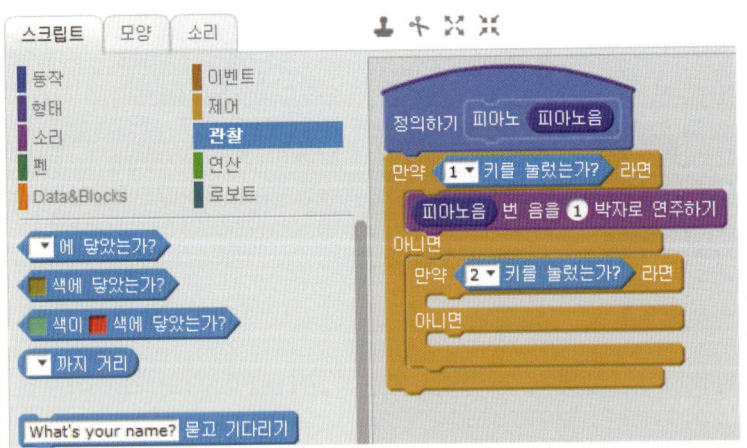

❼ 숫자 키 '2'를 눌렀을 경우에는 '♩'(2박자)를 실행해야 하므로, [소리]에서 `60▼ 번 음을 0.5 박자로 연주하기` 블록을 스크립트 창의 `만약 2 키를 눌렀는가? 라면 아니면` 블록 '참' 조건에 붙입니다. `정의하기 피아노 피아노음` 블록의 `피아노음`을 `60▼ 번 음을 0.5 박자로 연주하기` 블록의 음 번호에 넣고, 박자를 '2'박자로 변경합니다.

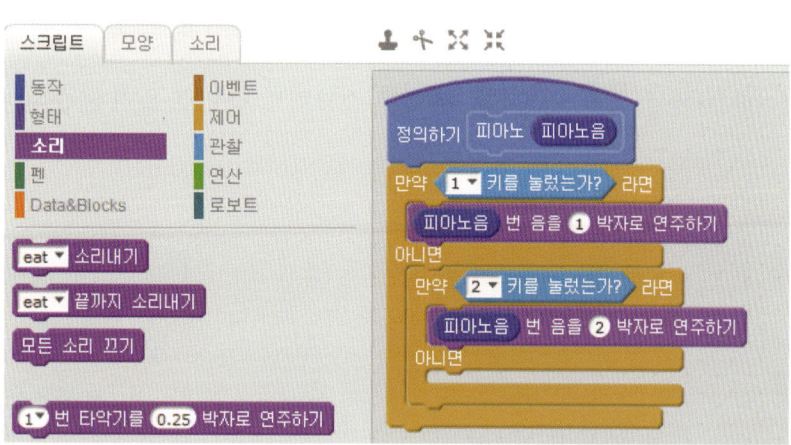

❽ 숫자 키 '1'과 '2'를 누르지 않았을 때는 '♪'(1/2박자)가 연주되는 것으로, [소리]에서 `60▼ 번 음을 0.5 박자로 연주하기` 블록을 `만약 2 키를 눌렀는가? 라면 아니면` 블록 '아니면'에 붙입니다. `정의하기 피아노 피아노음` 블록의 `피아노음`을 `60▼ 번 음을 0.5 박자로 연주하기` 블록의 음 번호에 넣고, 박자를 '0.5'박자로 변경합니다.

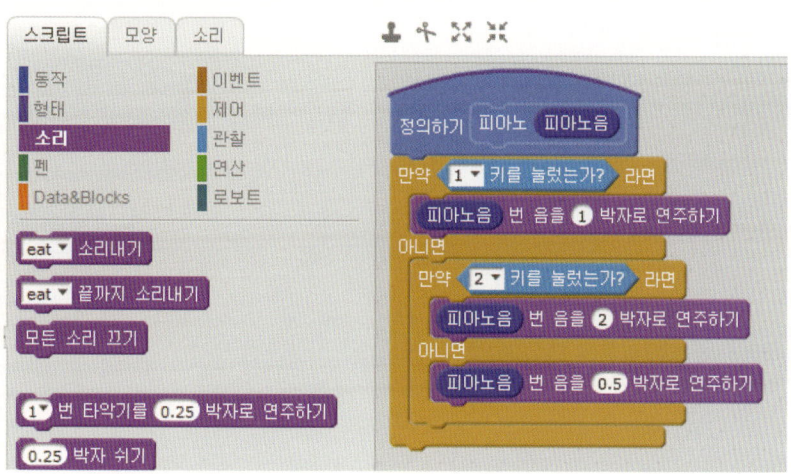

Tips

❶~❽ 작업은 무엇을 한 것인가요?

숫자 키 1, 2, 아무것도 누르지 않을 때를 구별하여 피아노음 에 해당하는 피아노음에 따라 1박자, 2박자, 0.5박자를 연주하는 '피아노'라는 함수를 만든 것입니다.

❾ 정의하기 피아노 피아노음 의 모든 블록은 화면 오른쪽으로 옮기고, 프로그램의 시작을 위하여 [이벤트]에서 클릭했을 때 블록을 스크립트 창으로 옮겨 놓습니다.

❿ 프로그램의 연속성을 위하여 [제어]에서 무한 반복하기 블록을 스크립트 창의 클릭했을 때 블록 아래에 붙입니다.

⓫ 피아노 건반의 누름 여부를 판단하기 위하여 [제어]에서  블록을 찾아 스크립트 창의 무한 반복하기 블록 안쪽에 붙입니다.

⓬ 메이키메이키의 'D2' 포트와 연결된 '종이 피아노 건반'의 누름 여부를 판단하는 조건을 만듭니다. [연산]에서 `=` 블록과 [로봇]에서 `read digital pin 9` 블록을 `read digital pin 2`으로 변경한 블록을 이용하여 `read digital pin 2 = 0` 조건을 만들어, 스크립트 창의 만약 라면 블록에 넣습니다.

⓭ [Data&Blocks]에서 `피아노 1` 블록을 만약 `read digital pin 2 = 0` 라면 블록 안에 넣습니다. 메이키메이키의 'D2' 포트와 연결된 건반을 누르면 '도(기본)'에 해당하는 것으로, `피아노 1` 블록의 값을 '60'으로 변경합니다.

PROJECT 5 메이키메이키를 활용한 악기 만들기 251

⑭ 만약 read digital pin 2 = 0 라면 블록을 '복사하기'와 '붙여넣기'를 반복 수행합니다. 메이키메이키 연결 포트의 값과 피아노의 음을 변경하여 줍니다.

Tips

메이키메이키 포트와 피아노 음 설정
- D2 포트: '60'번 음(기본 도)
- D3 포트: '62'번 음(레)
- D4 포트: '64'번 음(미)
- D7 포트: '67'번 음(솔)
- D8 포트: '69'번 음(라)

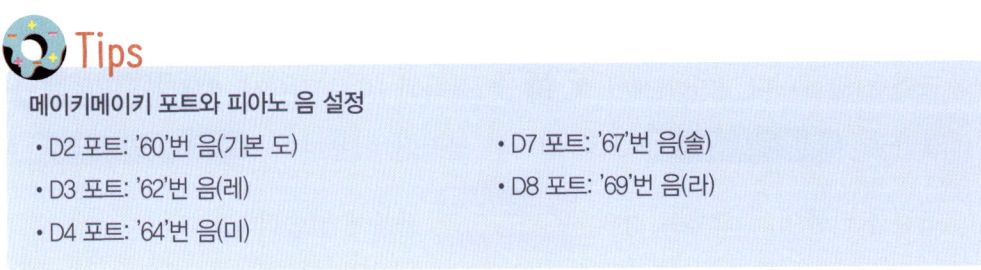

⑮ '도(높은)' 음은 키보드의 '3' 키를 눌렀을 때 연주되는 것이므로 스크립트의 첫 번째 조건을 수정합니다. [관찰]에서 `스페이스▼ 키를 눌렀는가?` 블록을 `3▼ 키를 눌렀는가?` 블록으로 변경하고, `피아노 1` 블록의 값을 '72'로 스크립트를 수정하여 완성합니다.

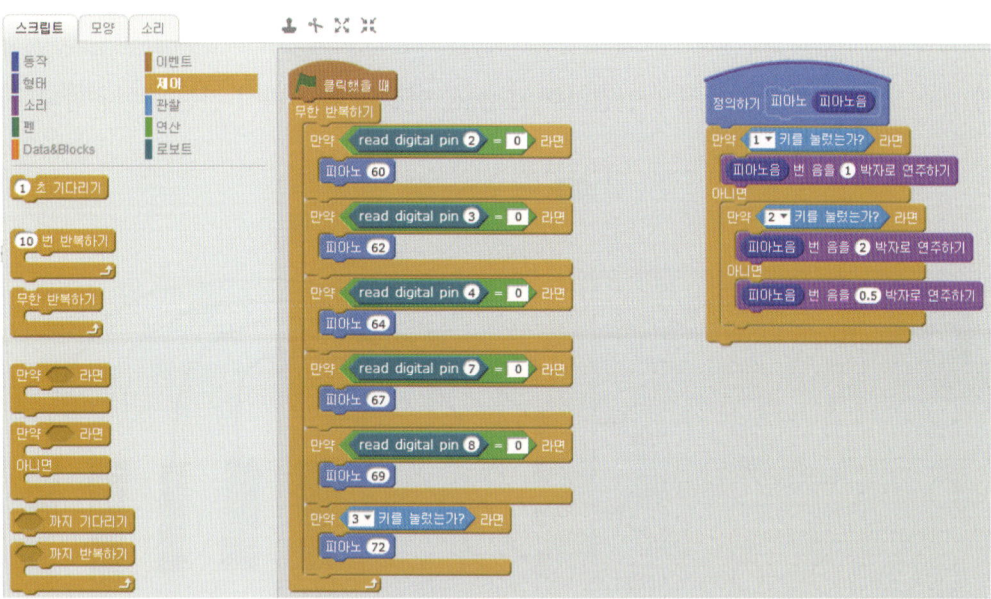

⑯ 🚩을 클릭하여 동요를 즐겁게 연주하세요.

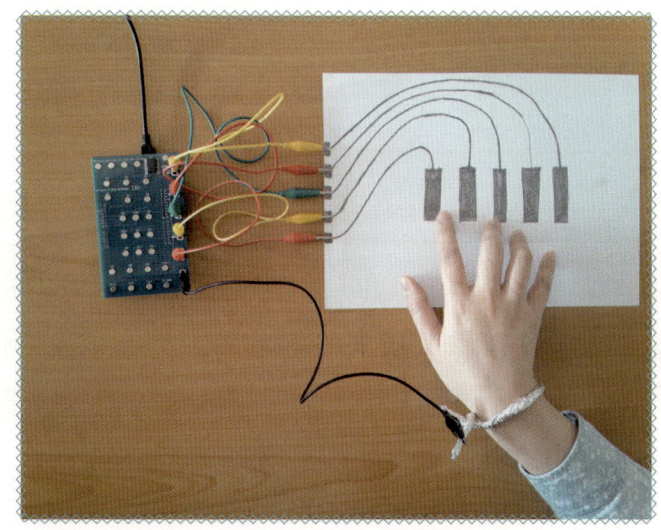

나만의 피아노 건반 만들기

( )학교 ( )학년 ( )반 이름( )

1. 피아노에 소리가 나게 선을 연결하여 보세요. 연결할 때는 자석 전선을 이용합니다.

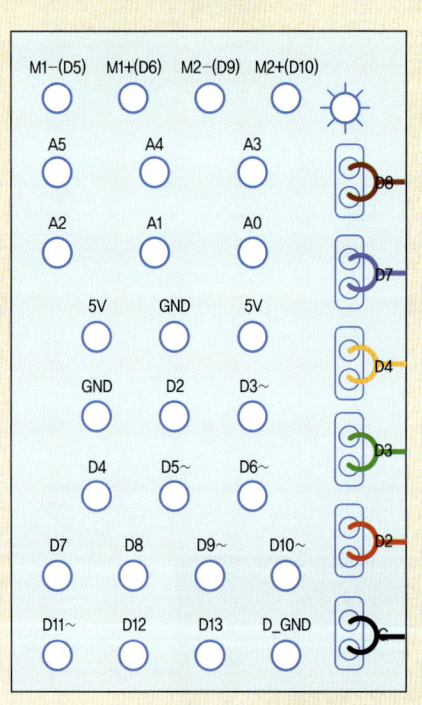
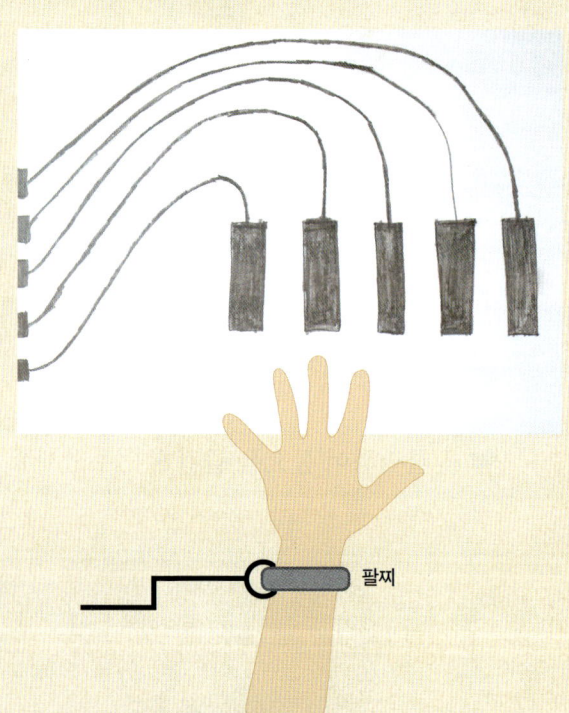

2. 한 손 연주를 위해 다양한 피아노 건반을 생각해야 합니다. 피아노 건반이 일직선일 필요는 없습니다. 연주하기 편한 나만의 피아노 건반을 디자인해 보세요.

❸ '도' 음을 각기 다른 3개의 박자로 연주하기 위하여 다음 블록을 완성하였습니다. 빈칸을 채우고 알고리즘을 만들어 보세요.

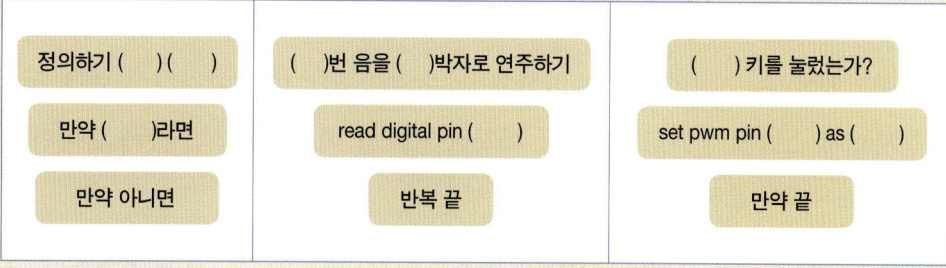

순서	스프라이트 이름:
1	
2	
3	
4	
5	
6	
7	

4 나만의 피아노로 8마디 곡의 작곡에 도전해 보세요. 1마디에 〈곰 세 마리〉와 같이 4/4박자로 맞추고 4박자씩 넣어서 작곡을 해 보세요(5음만 표현되니 유의하여 작곡을 합니다).

5 메이키메이키는 5개의 음을 표현할 수 있습니다. 키보드로 확장하여 모든 음이 가능하도록 스크래치 프로그래밍을 확장한다고 할 때, 다음 조건 값에 들어가야 할 것을 스크래치 블록에서 찾아 적어 보세요.

 메이커의 아이콘 실비아 토드

11살짜리 실비아 토드(Sylvia Todd)의 책상은 항상 어지럽습니다. 책상 위에는 작은 로봇들과 전선, 저항, 모터, 인두기 등 잡동사니로 지저분합니다. 그 아이는 땜장이지만 메이커이고, 온라인상의 유명인입니다. 그 아이의 유튜브 동영상은 150만 명 이상의 사람들이 시청했습니다.

실비아 토드는 'Sylvia's Super-Awesome Maker Show' 웹사이트를 운영하고 있는데, 많은 사람들이 찾는 인기 사이트입니다. 11살 때 백악관에서 열린 사이언스 페어에 참가하여 자신이 만든, 그림을 그리는 로봇 팔을 소개하기도 했습니다. 그 아이의 모습이 궁금하다면 11살짜리 실비아 토드가 테드에서 인터뷰하는 영상을 감상하면 좋을 것 같습니다 (https://www.youtube.com/watch?v=9dTfUiQn-rk).

실비아 토드의 부모님은 넉넉한 형편이 아니었습니다. 그 아이의 부모님은 백악관 사이언스 페어 행사에 참가할 때 경비가 없어 'gofundme.com'을 통해 2,000달러의 경비를 지원받았고, 겨우 워싱턴 백악관 행사에 참가할 수 있었습니다.

이제 실비아 토드는 전 세계적인 꼬마 메이커의 아이콘이 되었습니다. 그 아이가 쓴 책을 수많은 사람들이 보고 메이커의 꿈을 키우고 있습니다. 우리도 이제 실비아 토드와 같은 메이커가 많이 탄생하기를 기대해 봅니다.

백악관에서 열린 사이언스 페어에 참가한 실비아 토드가 오바마 미국 대통령에게 그림을 그리는 로봇 팔을 설명하고 있다. (출처: 〈뉴욕 타임즈〉, 2013. 4. 23)

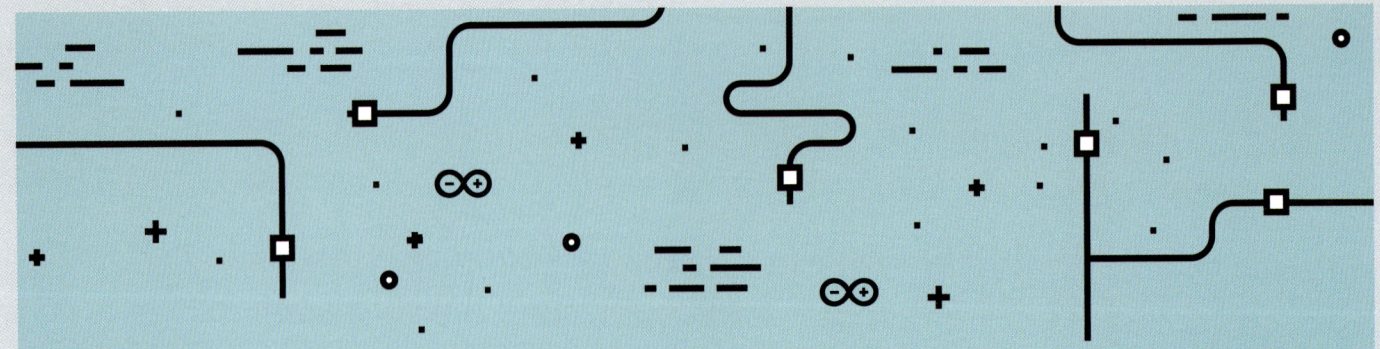

아두이노와 스크래치로 메이커 되기

PROJECT 6
사람의 마음을 진정시켜 주는 화분 만들기

⊕ 활동 목표
어두워지면 자동으로 빛을 내어 사람의 마음을 진정시켜 주는 화분 모형을 만들 수 있다.

⊖ 활동 내용
- 스파클링 광섬유를 이용하여 LED 빛을 내는 화분 만들기
- 빛 센서를 활용하여 어두워지면 자동으로 빛을 내는 화분 만들기
- 빛으로 메시지를 전달할 수 있는 화분 만들기

 활동 학습을 시작하기 전, 알고 있는 내용을 체크해 보세요

- 일반적인 LED를 밝히고 끄는 회로와 스크래치 코드를 만들 수 있다. ⃝
- 변수를 만들고 값을 저장하여 변수 값에 따라 다르게 선택하는 스크래치 코드를 만들 수 있다. ⃝
- 빛 센서, 부저, 멜로디 IC에 대한 회로를 구성할 수 있다. ⃝

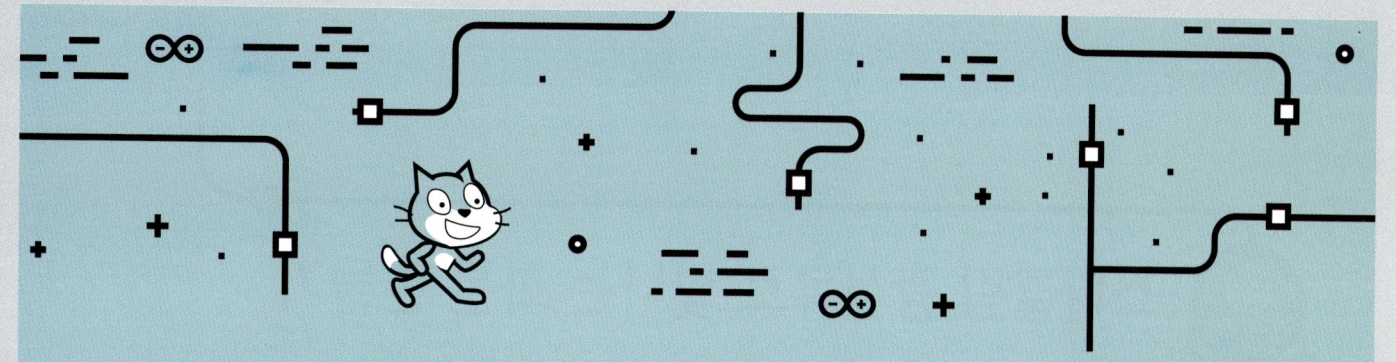

"주거 환경에서 빛은 우리가 필요한 정보를 볼 수 있도록 시각적인 도움을 주고, 작업 환경을 마련해 주며, 실내를 아름답고 안락하게 만들어 줄 뿐 아니라, 우리의 건강과도 밀접한 관계가 있다."

건축가이자 세종대학교 교수인 최안섭 선생님의 말씀입니다. 이처럼 아름다운 빛은 사람의 마음을 안정시켜 건강한 생활을 할 수 있도록 해 줍니다. 기차를 타고 터널을 지날 때 어둠 속에서 잠시 두려운 마음이 들다가 밝은 곳으로 나올 때 마음이 편해지는 것과 같다고 할 수 있습니다.

또한 우리는 빛이 없으면 제대로 일상생활을 할 수 없습니다. 이처럼 빛은 우리에게 매우 중요합니다. 자, 이제부터 우리의 마음을 진정시켜 주는 빛나는 화분을 만들어 볼까요?

스파클링 광섬유로 빛나는 화분 만들기

스파클링 광섬유의 특성을 이해하고, LED 빛을 내는 화분의 스크래치 코드를 만들어 봅시다.

광섬유는 빛을 전달할 수 있는 전선이라고 생각하면 됩니다. 보통 광섬유는 전선 끝에서만 빛을 볼 수 있는데, 스파클링 광섬유는 전선 중간중간 빛을 볼 수 있습니다. 우리는 광섬유를 통하여 아름다운 LED 빛을 감상할 수 있습니다. 이러한 LED 빛은 취침등, 커튼, 크리스마스트리 등과 같이 어두운 저녁 실내의 간접 조명 제품에 많이 쓰이고 있습니다.

일반 광섬유

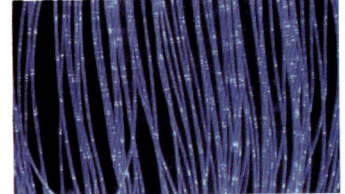

스파클링 광섬유

무엇을 준비해야 하나요?

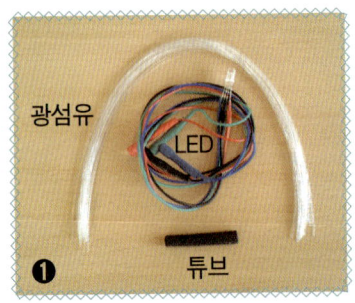
❶

❷

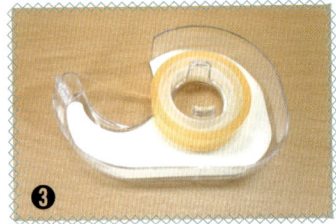
❸

❹

❶ 화분 만들기 세트 ❷ 클레이 ❸ 투명 테이프 ❹ 접착제

260 아두이노와 스크래치로 메이커 되기 ❶

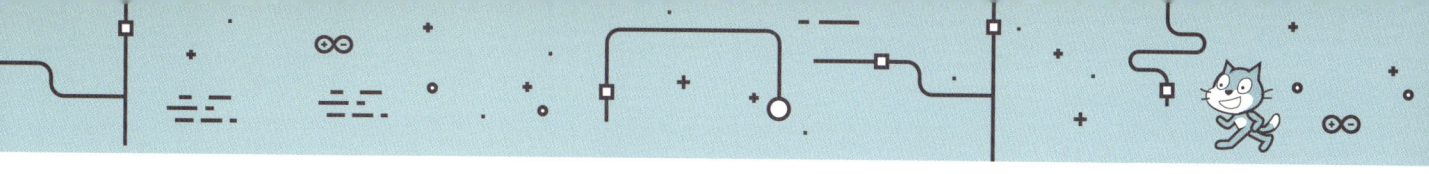

어떻게 연결하나요?

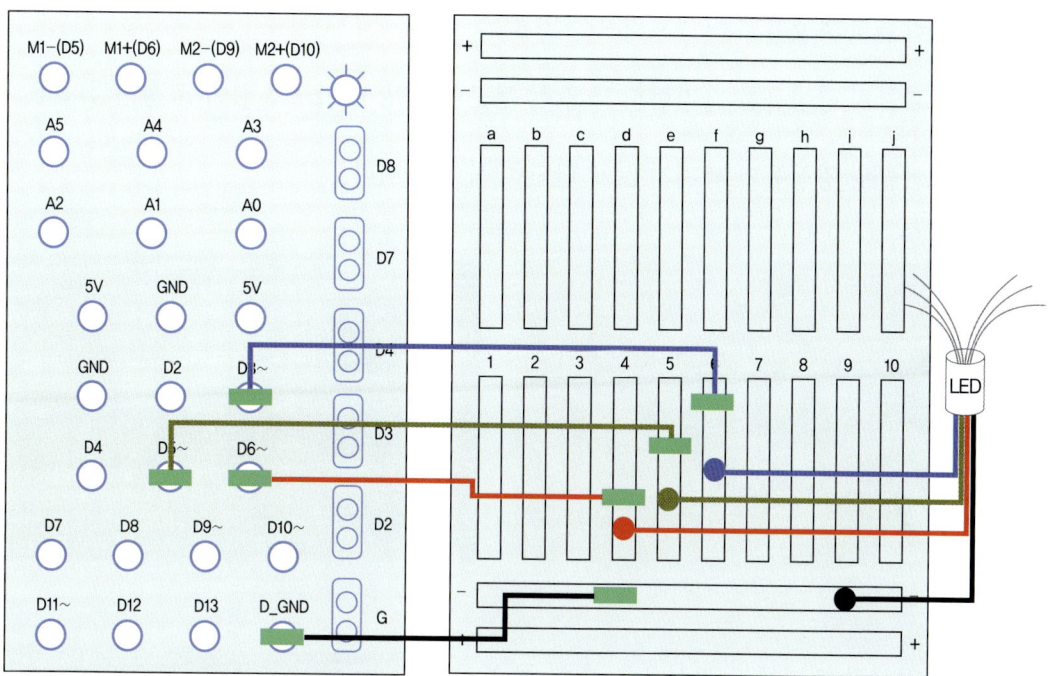

완성이 되면?

PROJECT 6 사람의 마음을 진정시켜 주는 화분 만들기

스파클링 광섬유로 화분 만들어 보기

① 스파클링 광섬유를 가지런히 모아서 한쪽 끝을 맞춥니다.

② 스파클링 광섬유를 가지런히 모은 끝 부분을 투명 테이프로 감아 고정시킵니다.

③ 스파클링 광섬유가 빠지지 않게 단단히 묶어 줍니다.

 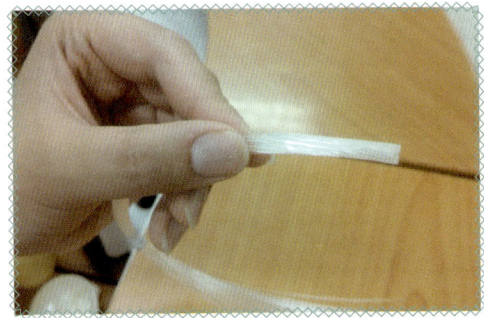

④ 그림처럼 스파클링 광섬유를 흩어 놓습니다.

⑤ 스파클링 광섬유의 모양을 유지하기 위하여 접착제를 가운데 부분에 1~2방울 떨어뜨립니다.

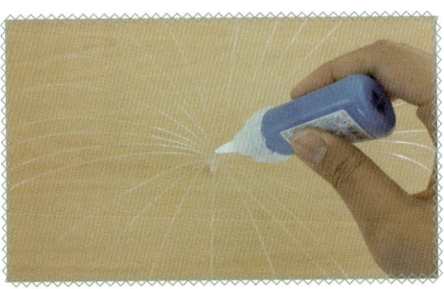

 주의하기

접착제를 너무 많이 넣지 않도록 하고 접착제가 손에 묻지 않도록 주의합니다.

❻ 접착제가 마른 후 스파클링 광섬유를 고무관에 중간 정도 들어가게 끼워 넣습니다.

❼ 고무관과 스파클링 광섬유가 떨어지지 않게 투명 테이프로 고정시켜 줍니다.

❽ 고무관 안에서 스파클링 광섬유 끝과 맞닿을 수 있게 LED를 넣습니다.

❾ 고무관과 LED가 빠지지 않게 투명 테이프로 고정시켜 줍니다.

❿ 조물조물해서 부드러워진 클레이를 스파클링 광섬유와 LED를 연결한 부분을 중심으로 붙여 줍니다.

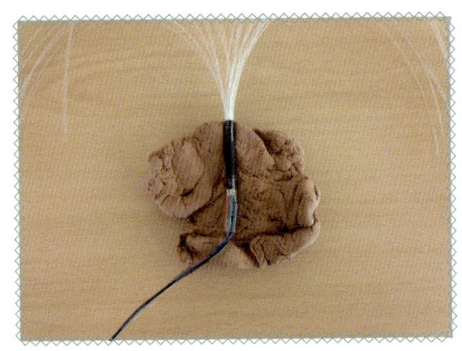

⓫ 클레이를 붙이면서 모양을 만들어 갑니다.

 **Tips**
- 클레이가 굳게 되면 물을 묻혀 부드럽게 만듭니다.
- 클레이를 붙이면서 모양을 만들 때 LED 다리(4개)가 꺾이거나 서로 닿지 않게 합니다.

⑫ LED 선을 감추거나, 모양의 일부로 장식해 봅니다.

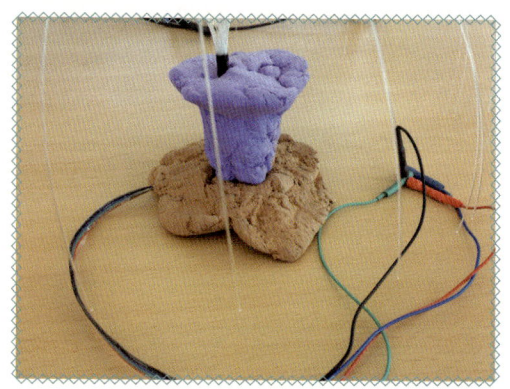 

👉 자석 브레드 보드에 연결해 보기

❶ 다음과 같이 브레드 보드에 제작한 화분을 연결합니다.

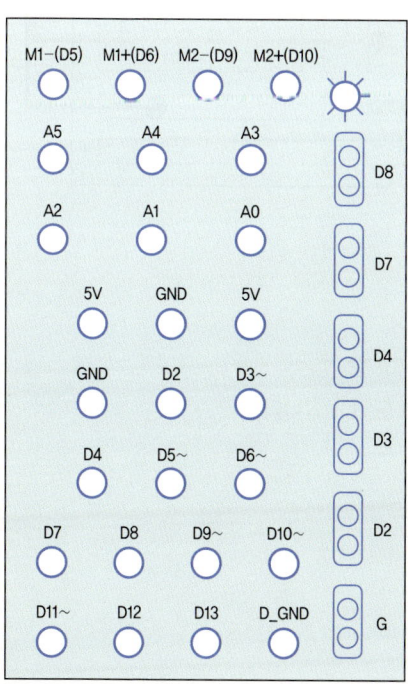 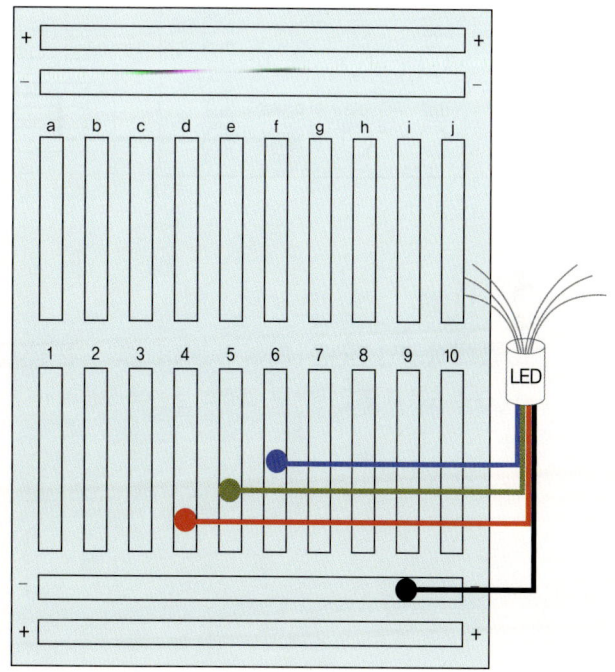

PROJECT 6 사람의 마음을 진정시켜 주는 화분 만들기 **265**

- LED의 빨강, 초록, 파랑의 전선은 브레드 보드 위의 'a~j', '1~10' 중의 하나씩 선택합니다.
- 세 가지의 선을 같은 곳에 붙이면 안 됩니다.
- LED의 검은색 전선은 '-' 중 하나를 선택하여 붙여도 되지만, 빨간색 선과 같은 곳에 연결하면 안 됩니다.

❷ 다음과 같이 아두이노 확장 보드와 브레드 보드를 연결하여 완성합니다.

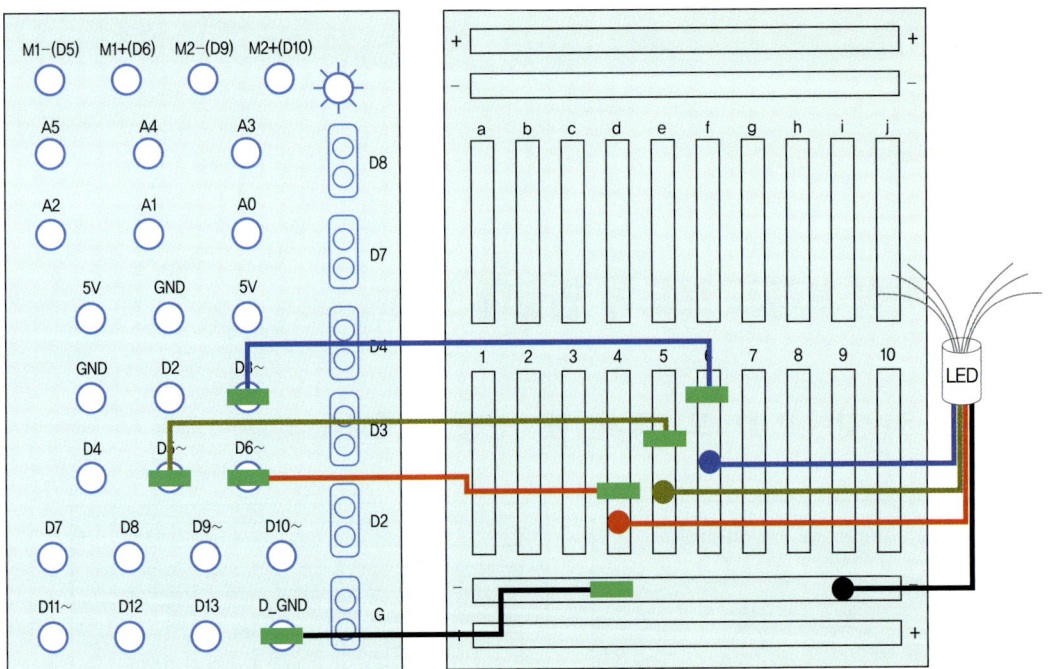

- D5 포트에 붙인 전선은 LED의 빨간색 전선과 같은 곳에 붙여야 합니다.
- D_GND 포트에 붙인 전선은 LED의 검은색 전선과 같은 곳에 붙여야 합니다.

스크래치로 화분에 빛을 밝혀 보기

❶ [이벤트]에서 `클릭했을 때` 블록을 찾아 스크립트 창으로 옮깁니다.

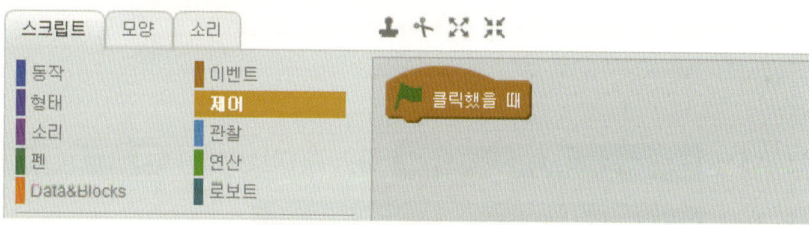

❷ [로봇]에서 `set digital pin 9 output as HIGH` 블록으로 `set digital pin 3 output as LOW`, `set digital pin 5 output as LOW`, `set digital pin 6 output as LOW` 블록으로 변경하고, 스크립트 창에 있는 `클릭했을 때` 블록 아래에 붙입니다.

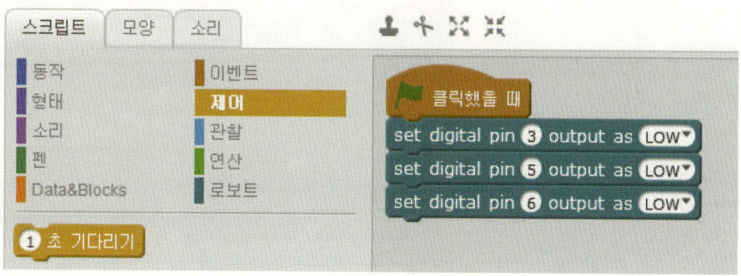

PROJECT **6** 사람의 마음을 진정시켜 주는 화분 만들기   267

Tips
'LOW' 값을 선택하는 이유는 처음에는 LED가 꺼져 있는 상태로 시작하기 위해서입니다.

❸ [제어]에서  블록을 찾아 스크립트 창의 `set digital pin 6 output as LOW` 블록 아래에 붙입니다.

Tips
LED가 계속해서 켜짐과 꺼짐을 반복적으로 수행하게 하기 위하여  블록을 사용합니다.

❹ [로봇]에서 `set pwm pin 5 output as 0` 블록과 [연산]에서  블록을 찾아 `set pwm pin 3 output as 0 부터 255 사이의 난수`, `set pwm pin 5 output as 0 부터 255 사이의 난수`, `set pwm pin 6 output as 0 부터 255 사이의 난수` 블록으로 변경하여 `무한 반복하기`의 블록 안에 붙여 넣습니다.

Tips

`set pwm pin 5 output as 0` 블록의 역할은?
- 아두이노의 D3, D5, D6, D9, D10, D11 포트는 디지털 포트이지만 출력의 값을 0~255으로 바꿀 수 있습니다.
- LOW는 0, HIGH는 2555에 해당합니다. `set pwm pin 5 output as 0` 블록을 사용하면 LED의 밝기를 조절할 수 있습니다. 즉, 이 블록으로 빛의 양을 조절할 수 있습니다.

❺ 계속해서 화분이 1초 동안 켜지도록 하기 위하여 [제어]에서 `1 초 기다리기` 블록을 찾아 `set pwm pin 6 output as 0 부터 255 사이의 난수` 블록의 아래에 붙여 넣고 스크래치 코드를 완성합니다.

❻ 🚩을 클릭하여 완성된 작품을 확인하세요.

빛으로 사람의 마음 진정시키기

( )학교 ( )학년 ( )반 이름( )

1 다음 질문을 읽고 답을 적어 보세요.

질문	답
내가 주로 입는 윗옷의 색깔은?	
내가 주로 입는 아래옷의 색깔은?	
내가 주로 신는 신발의 색깔은?	
우리 집 거실의 등은 어떤 색인가요?	
우리 집 방의 등은 어떤 색인가요?	
내가 좋아하는 색의 계열은?(예를 들어, 붉은색 계열)	

2 스파클링 광섬유에 대해 적어 보세요.

첫 느낌은?

모양의 특징은?

만졌을 때의 느낌은?

생활에서 본 기억은?

❸ 내가 만든 빛나는 화분의 연결 회로를 그려 보세요. 보기 의 자석선과 LED 전선을 이용하여 그려 봅니다.

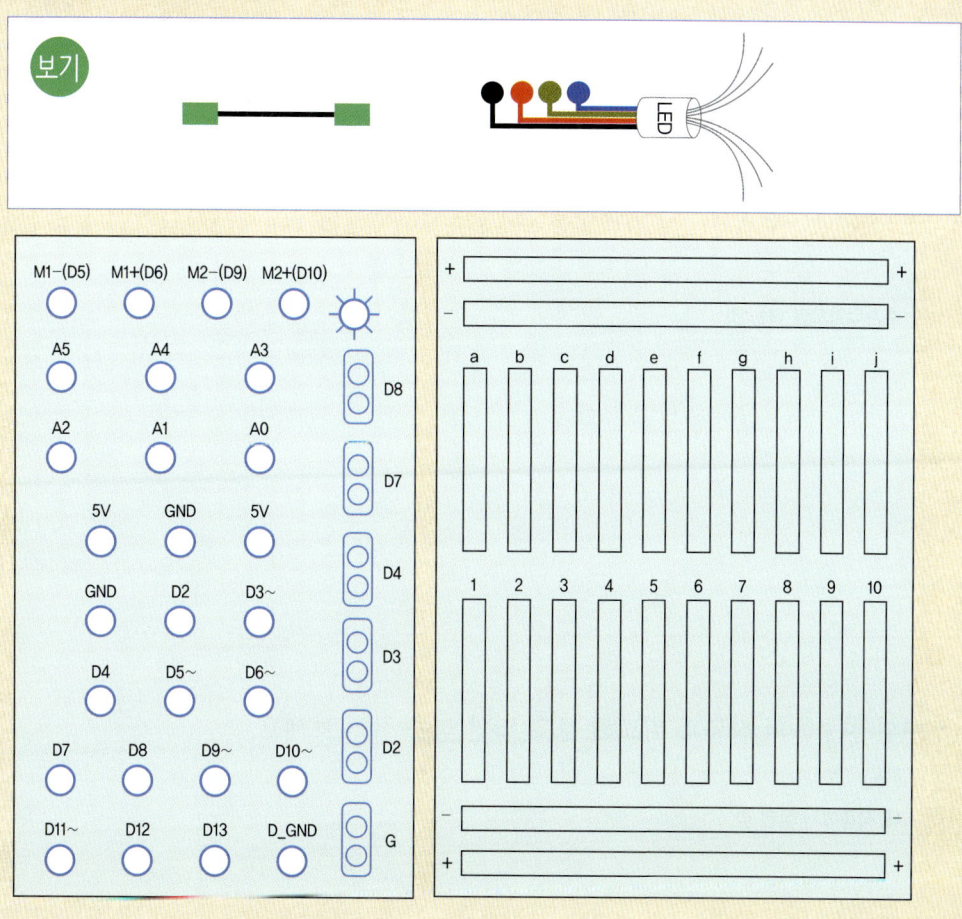

❹ 1초 간격으로 깜박이면서 LED 색상은 무작위로 표현되는 스크래치 코드를 완성해 보세요.

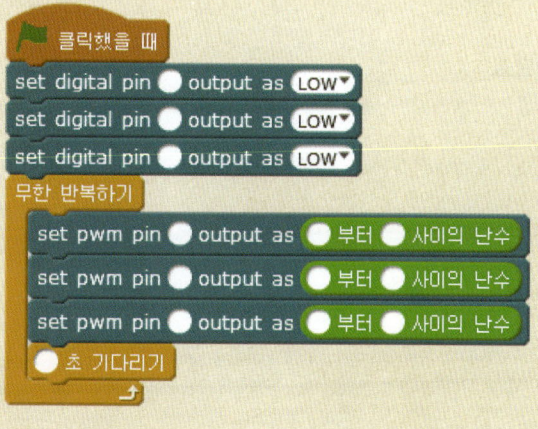

5 현재의 내 작품에서 수정되거나 추가되었으면 하는 생각을 적어 보세요.

수정되어야 할 것

추가되었으면 하는 것

6 주위 친구들의 작품과 비교해 보고 느낀 점을 적어 보세요.

내 작품에서 잘된 점

친구 작품에서 잘된 점

# 어두워지면 자동으로 켜지는 화분 만들기

학습 문제

자동으로 밝은 낮에는 화분의 LED 등을 끄고, 어두운 밤에는 LED 등을 켜는 화분을 만들어 봅시다.

빛 센서(조도 센서)는 빛의 양을 측정하는 센서입니다. 빛의 양이 많고 적음을 구별하여 밤과 낮을 구별합니다. 빛의 양을 판단하는 기준을 세분화하여 여러 단계로 설정해 놓으면 다양한 효과를 연출할 수 있습니다.

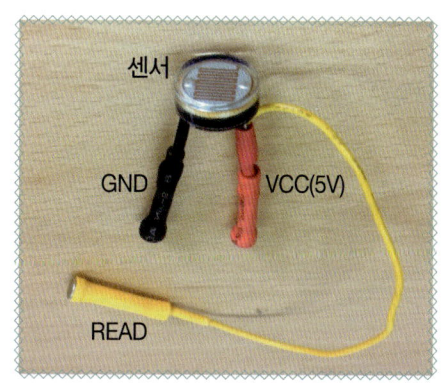 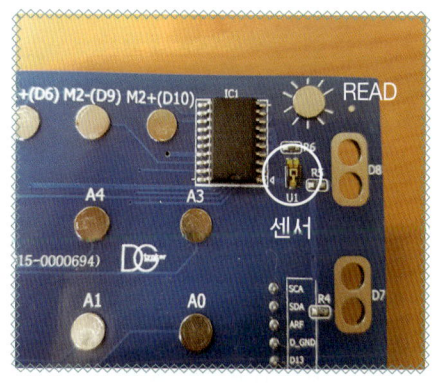

빛 센서의 구조 　　　　　　　　　　확장 보드의 빛 센서

빛 센서는 '센서' 부분을 통하여 빛의 양을 측정합니다. 측정한 값은 'READ' 선을 통하여 아두이노로 전달됩니다. 빛의 양은 0~1,023까지 측정되므로 'READ' 선은 확장 보드의 아날로그 포트인 'A0~A5' 포트에 연결되어야 합니다. 센서의 특성에 따라 빛 센서는 5V의 전압이 필요하다는 것에 유의하여 회로를 구성합니다.

확장 보드의 빛 센서를 이용할 수도 있습니다. 이 빛 센서는 확장 보드 자체에서 VCC와 GND를 내장하고 있습니다. 따라서 센서의 값을 읽기 위한 READ 선만 연결하면 됩니다. 이 책에서는 확장 보드가 가지고 있는 빛 센서를 사용합니다.

무엇을 준비해야 하나요?

확장 보드의 빛 센서

전 단계 완성 작품

어떻게 연결하나요?

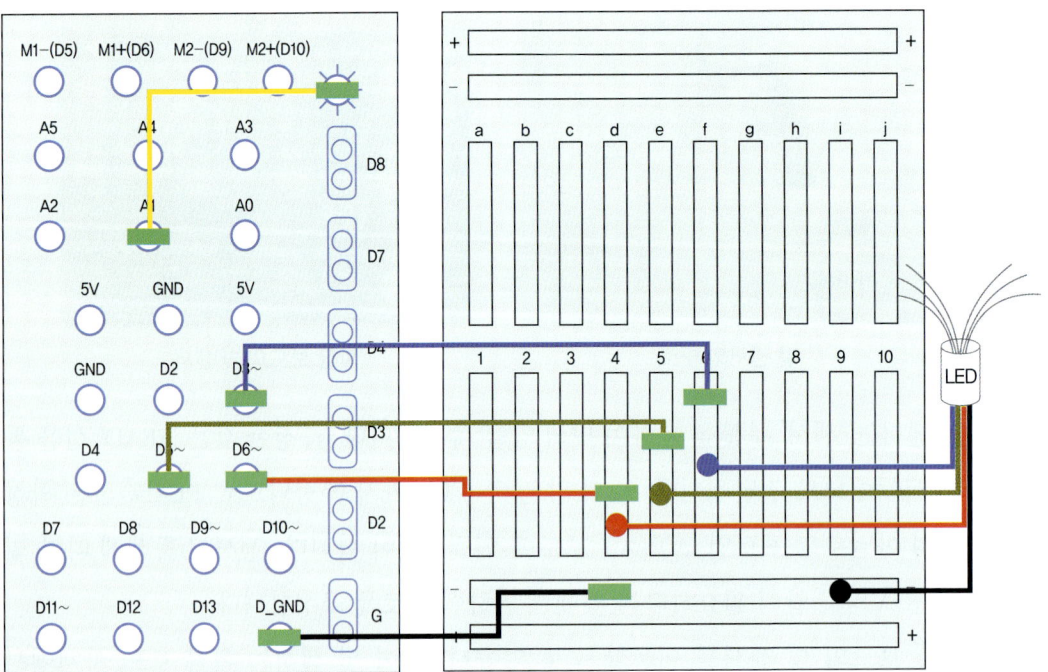

완성이 되면?

확장 보드의 빛 센서를 연결하여 회로 구성해 보기

앞에서 완성한 회로를 바탕으로 확장 보드의 빛 센서 포트와 'A1' 포트를 연결하여 회로를 완성합니다.

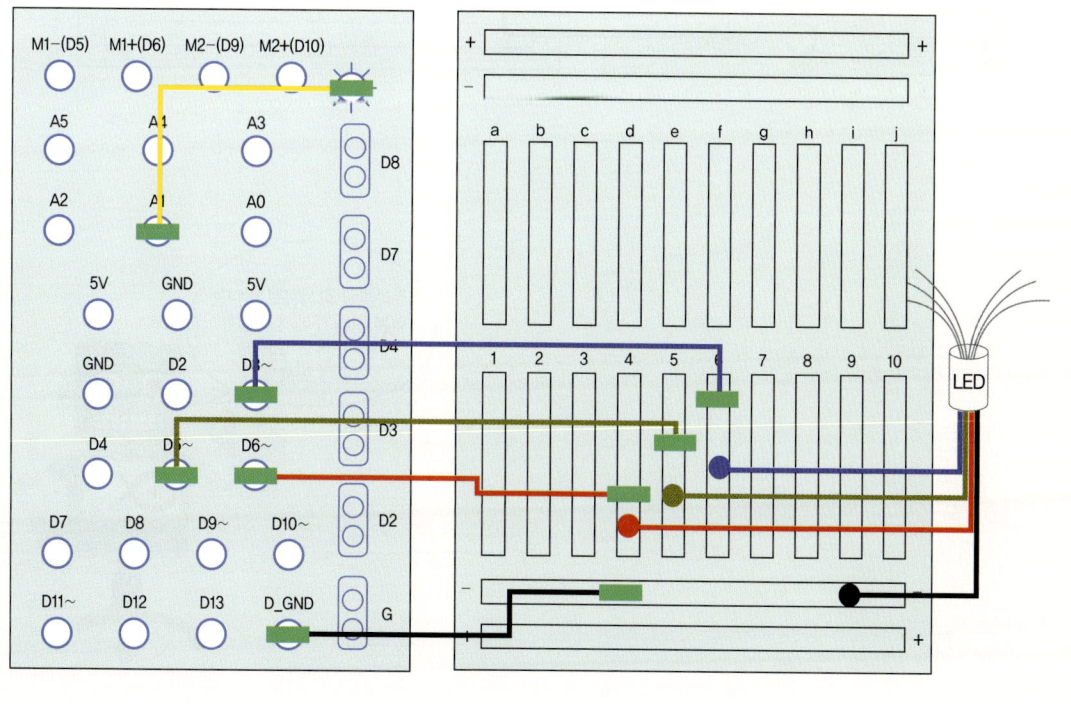

PROJECT 6 사람의 마음을 진정시켜 주는 화분 만들기 275

 ## 별도의 빛 센서를 연결하여 회로 구성해 보기

❶ 앞에서는 보드에 있는 빛 센서를 이용하였습니다. 이번에는 다른 종류의 빛 센서를 AI 포트에 연결해 보겠습니다.

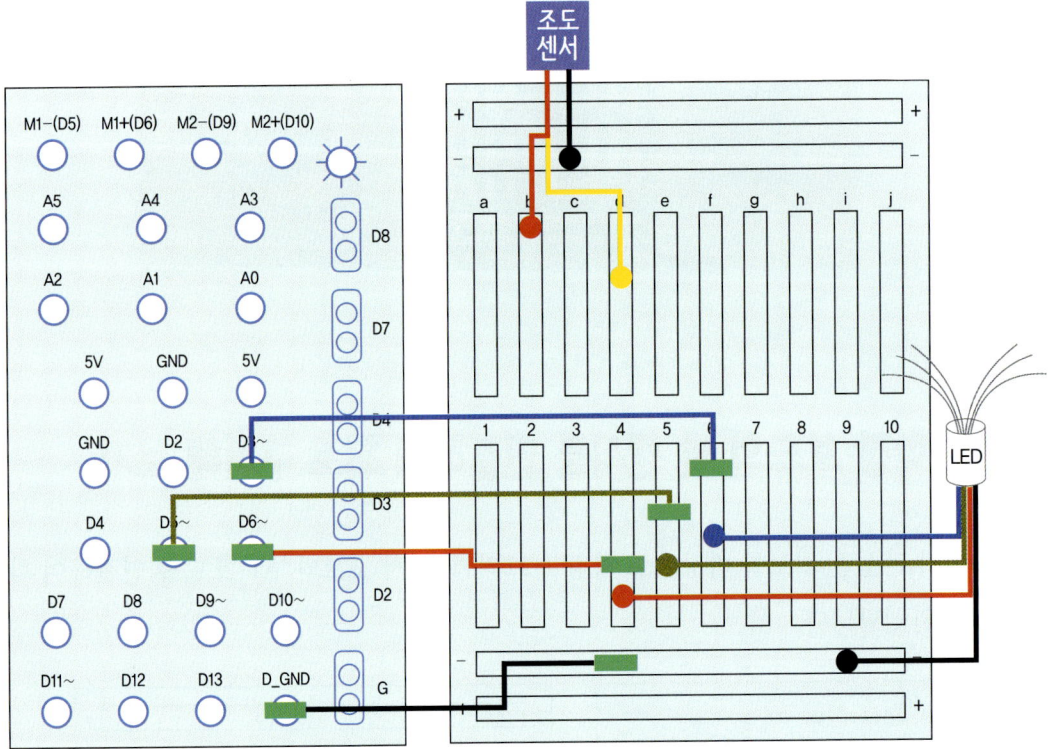

'스파클링 광섬유로 빛나는 화분 만들기'에서 완성한 자석 브레드 보드에 연결해 보세요.

❷ 빛 센서의 빨간색 전선은 '5V' 포트와 연결하고, 검은색 전선은 5V 포트 옆의 'GND' 포트에 붙입니다.

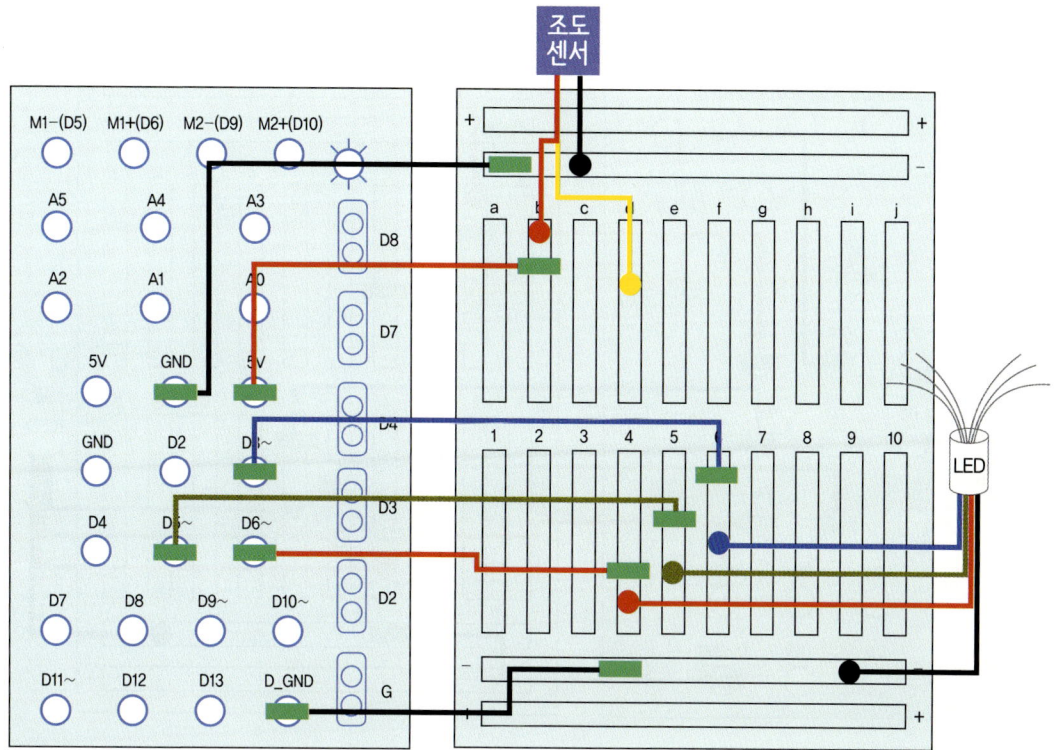

 **Tips**

빛 센서는 왜 '5V' 포트에 연결하나요?
• 센서는 LED보다 더 센 전기가 필요합니다. 따라서 아날로그 부분의 5V를 사용합니다.
• LED는 약한 전기에도 불이 켜집니다. 우리가 사용하는 LED를 아날로그 부분의 5V에 연결하여 사용하면 타 버립니다.

❸ 빛 센서의 노란색 선은 확장 보드의 'A1' 포트와 연결합니다.

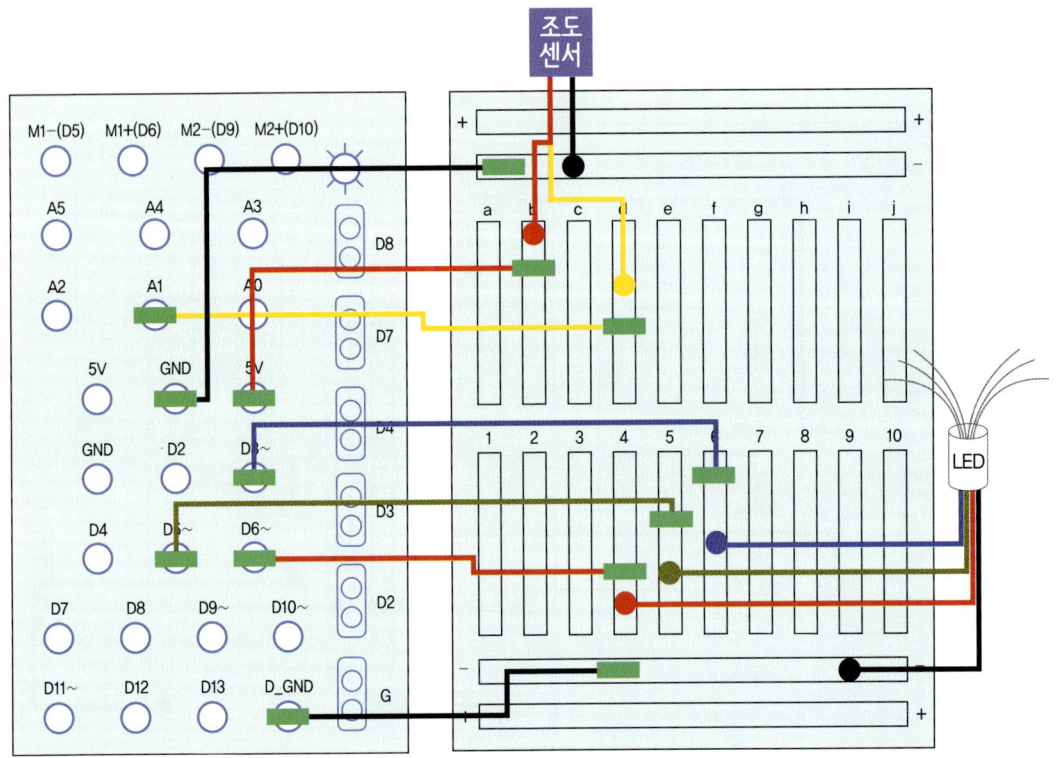

 Tips

빛 센서는 왜 'A0~A5' 포트에 연결하나요?
빛 센서는 빛의 변화에 반응을 하는 아날로그 센서입니다. 빛, 온도, 속도 같은 것은 측정하는 순간에도 변하기 때문에 D0~D13 포트와는 다르게 A0~A5 포트에 붙입니다.

 ## 스크래치로 빛 센서와 함께 동작 프로그램 만들기

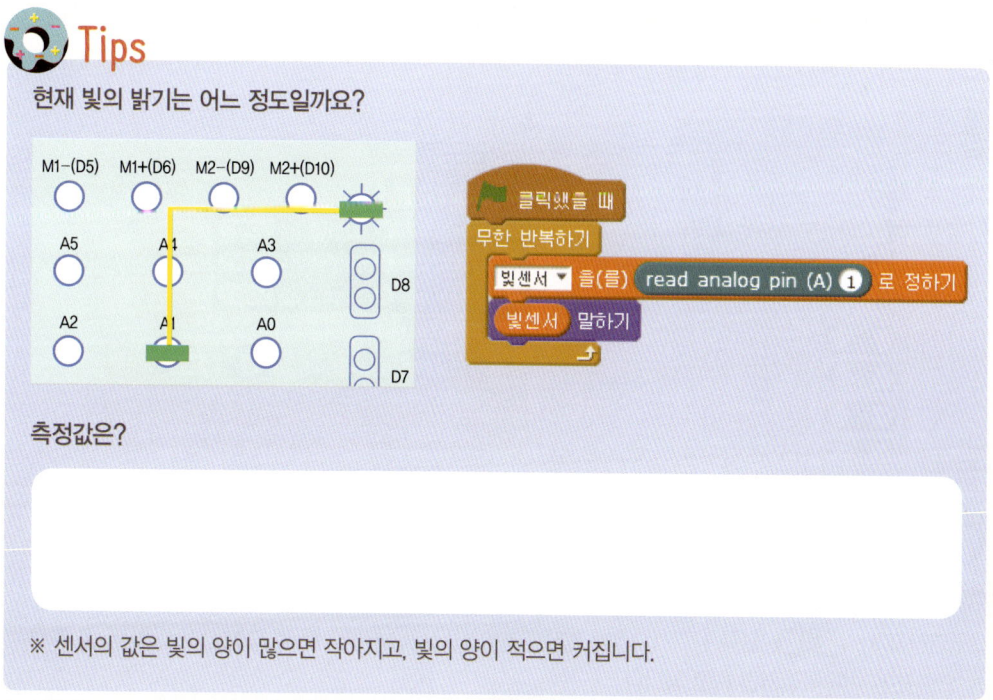

Tips
현재 빛의 밝기는 어느 정도일까요?

측정값은?

※ 센서의 값은 빛의 양이 많으면 작아지고, 빛의 양이 적으면 커집니다.

❶ 화분의 LED 등은 빛의 밝기에 따라 켜지고 꺼집니다. 그러므로 [제어]에서

❷ 활동지를 통하여 얻은 평상시 빛의 양의 값을 이용하여, [연산]에서 블록, [로봇]에서 `read analog pin (A) 0` 블록을 사용하여 `read analog pin (A) 1 < 300` (임의의 값 300)와 같은 블록을 만들어 빛 센서가 동작하는 조건을 완성합니다.

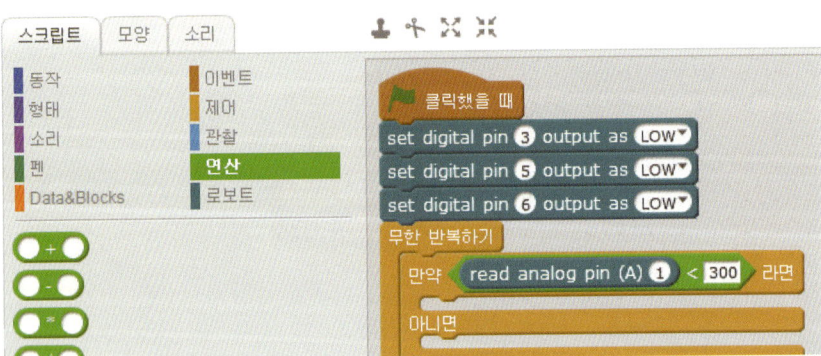

Tips

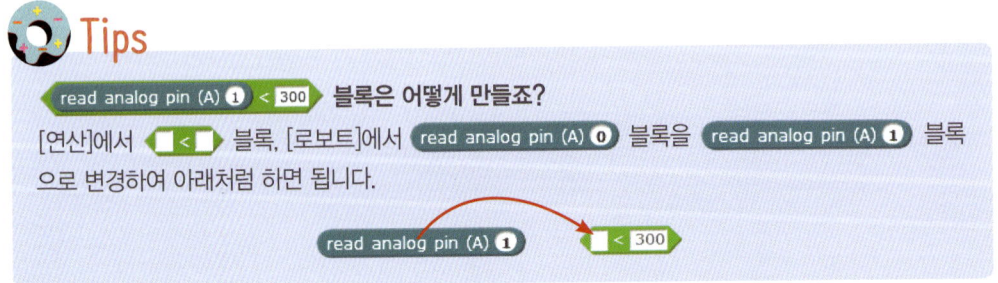

❸ 빛 센서 값이 '300'보다 작다는 것은 어두워졌다는 것을 의미하므로 LED를 켜고, 그보다 커졌다는 것은 밝아졌다는 것을 의미하므로 LED를 끕니다.

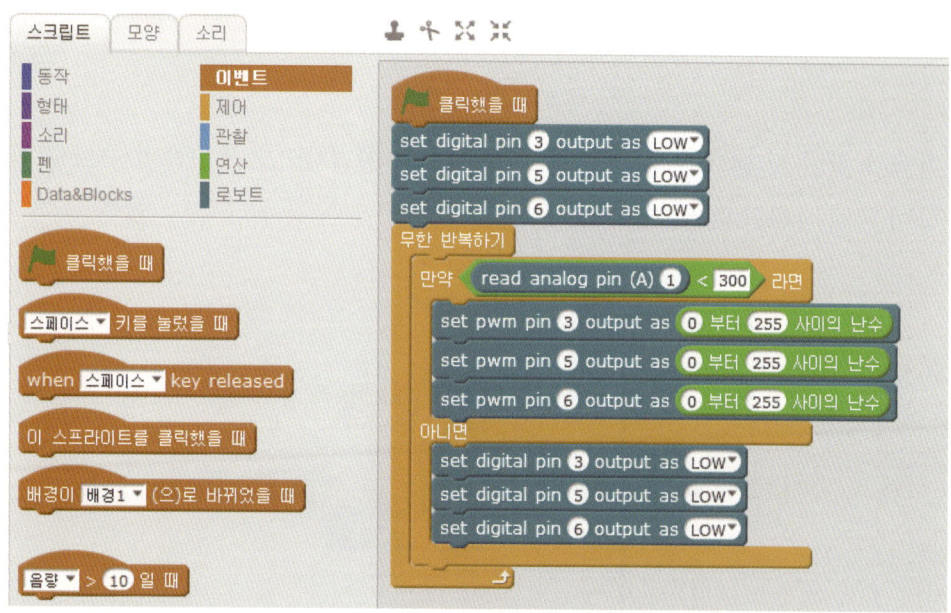

❹ 결과를 확인합니다. 빛 센서 부분을 손으로 가리거나 실내 전등을 켜면 화분에 LED 등이 켜지고 꺼짐을 확인할 수 있습니다.

주변이 밝을 때

주변이 어두울 때

어두워지면 자동으로 켜지는 화분 만들기

( )학교 ( )학년 ( )반 이름 ( )

1. 다음과 같이 빛 센서(조도 센서)를 확장 보드에 연결시키고 스크래치 코드를 실행하여 현재 상태의 밝기를 알아보세요.

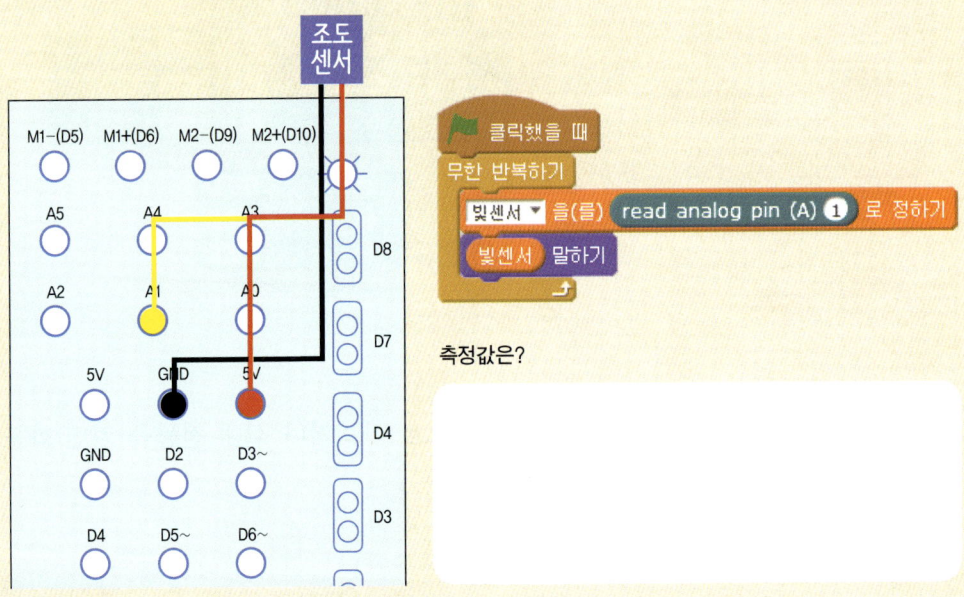

측정값은?

2. 어두워지면 저절로 불이 켜지는 화분의 회로도를 보기 와 같은 자석 전선과 조도 센서 그림을 이용하여 완성해 보세요.

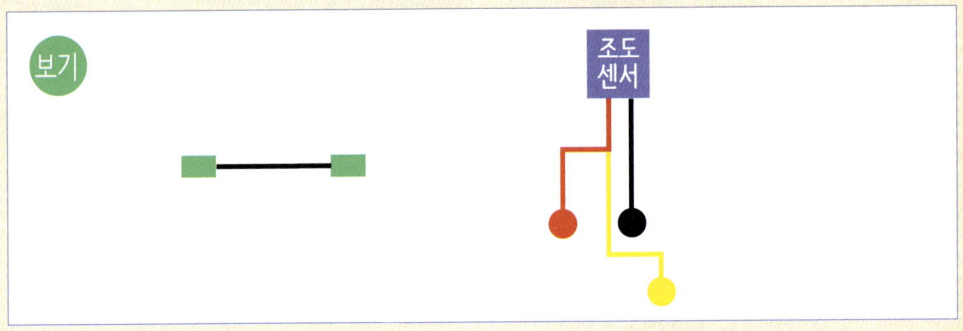

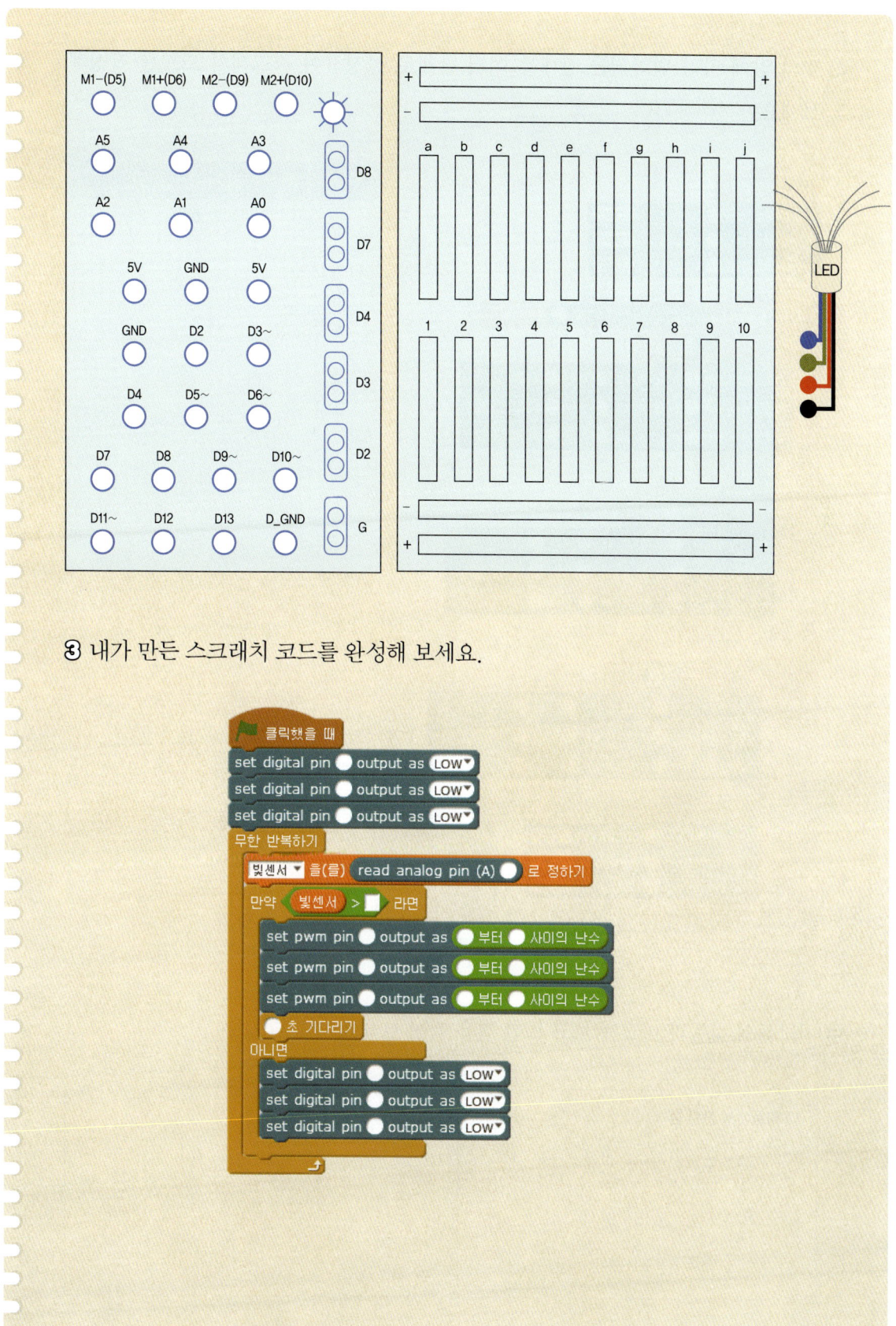

❸ 내가 만든 스크래치 코드를 완성해 보세요.

PROJECT 6 사람의 마음을 진정시켜 주는 화분 만들기

4 빛의 양에 따라 변화되는 상태를 여러 단계로 설정하여 스크래치 코드를 작성해 보세요.

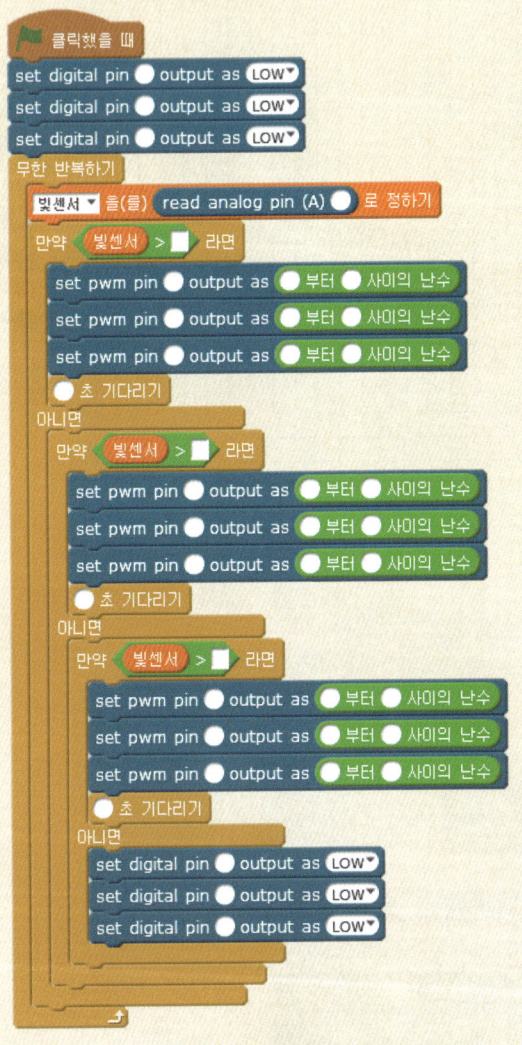

단계	밝기(0~255)
1	꺼짐
2	
3	
4	

5 친구들의 작품과 비교해 보고 느낀 점을 적어 보세요.

내 작품에서 잘된 점	친구 작품에서 잘된 점

확장 보드의 빛 센서(조도 센서) 이용하기

( )학교 ( )학년 ( )반 이름( )

1 다음과 같이 확장 보드의 빛 센서(조도 센서)를 연결시키고 스크래치 코드를 실행하여 현재 상태의 밝기를 알아보세요.

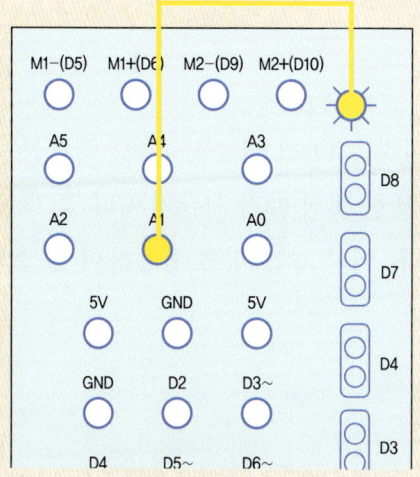

측정값은?

2 일반적인 빛 센서를 사용할 때와 확장 보드의 빛 센서를 사용할 때를 비교해 적어 보세요.

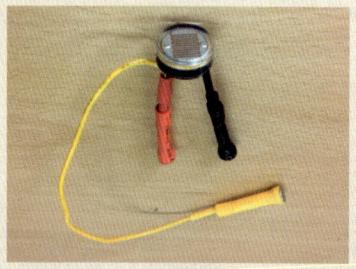

좋은 점은?		
부족한 점은?		
어두워지면 값의 변화는?		
밝아지면 값의 변화는?		

PROJECT **6** 사람의 마음을 진정시켜 주는 화분 만들기

메시지를 전달하는 빛의 화분 만들기

모스부호를 이용하여 아름다운 빛과 메시지를 함께 표현하는 화분을 만들어 봅시다.

빛을 '밝음/어두움'으로 표현할 수 있습니다. 이것은 'ON/OFF', '1/0'으로 정보를 나타내는 기본적인 표현으로 해석할 수 있습니다. 또한 빛의 밝기 시간에 따라 '짧게/길게' 표현하여 또 다른 정보로 표현할 수 있습니다. 이와 같은 점을 활용하여 '모스부호'로 표현할 수 있습니다.

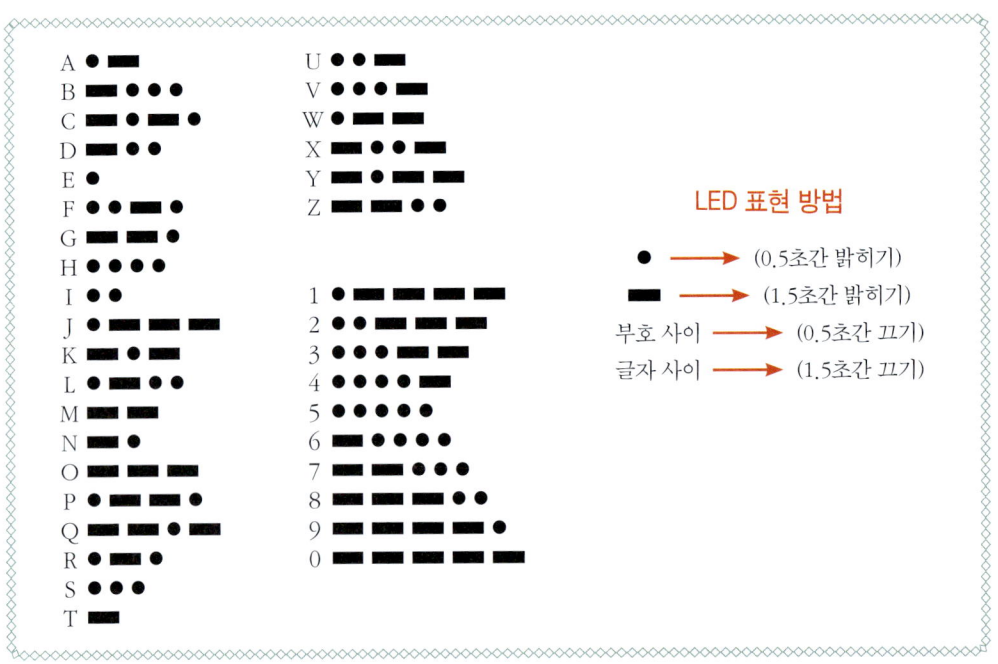

모스부호와 LED 빛과의 관계

우리가 만든 빛나는 화분으로 모스부호를 활용하여 사랑, 화합, 평화를 담은 메시지를 표현해 볼까요?

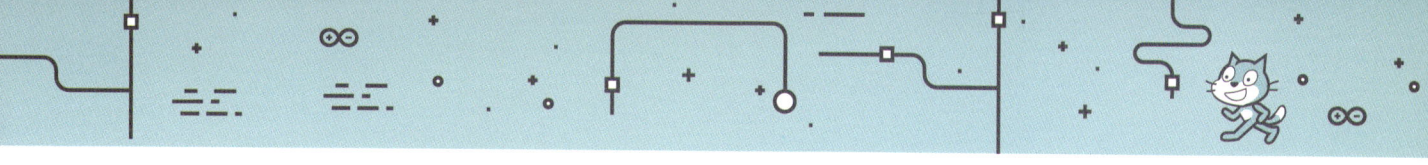

무엇을 준비해야 하나요?

전 단계 완성 작품

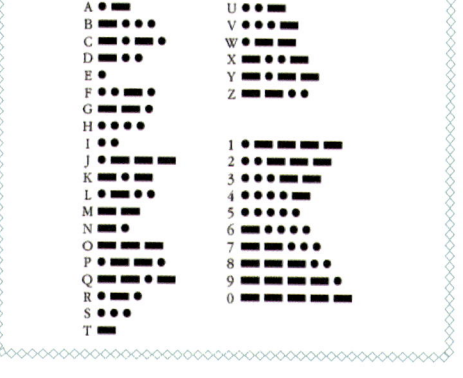

모스부호

스크래치로 LOVE 표현해 보기

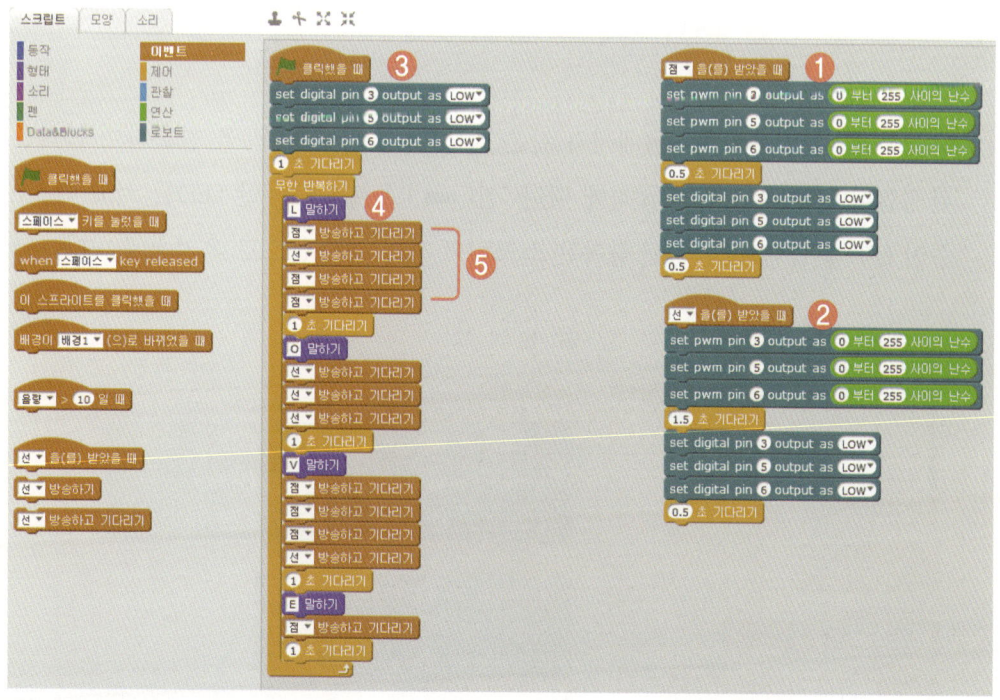

PROJECT 6 사람의 마음을 진정시켜 주는 화분 만들기

① [이벤트]에서 `message1 ▼ 을(를) 받았을 때` 블록을 스크립트 창으로 옮기고,

`message1 ▼ 을(를) 받았을 때` 블록의 '▼'을 마우스로 클릭하여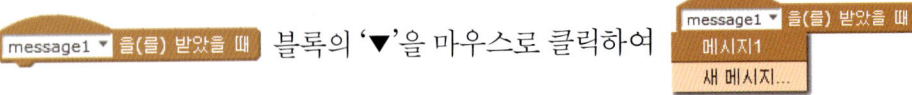

새 메시지를 선택한 후 '점'이라고 메시지를 만듭니다. 모스부호의 '점(●)'에 해당하는 부분으로 0.5초 동안 LED를 밝히고, 0.5초 동안 꺼지게 합니다.

 Tips

- `message1 ▼ 을(를) 받았을 때` 블록은 하나의 프로그램 덩어리(묶음)라고 생각하면 됩니다.
- 모스부호는 같은 기호를 여러 번 사용하는 경우가 있는데, 이 블록을 사용하면 간편해집니다.

② 모스부호의 '선(▬)'은 ①에서와 같은 방법(아래 그림 참고)을 참고하여 블록을 완성합니다. 모스부호의 규칙에 따라 '선(▬)'은 1.5초 동안 LED를 켜고, 0.5초 동안 LED를 끕니다. 완성된 블록은 스크립트 창의 한쪽 끝으로 옮겨 놓습니다.

❸ 모스부호의 점과 선에 해당하는 블록들은 스크립트 창의 오른쪽 부분으로 옮기고, [이벤트]에서 `클릭했을 때` 블록, [Robots]에서 `set digital pin 9 output as HIGH` 블록을 `set digital pin 3 output as LOW`, `set digital pin 5 output as LOW`, `set digital pin 6 output as LOW` 블록으로 변경하고, [제어]에서 `1초 기다리기` 블록들을 이용하여 다음 그림처럼 배치합니다.

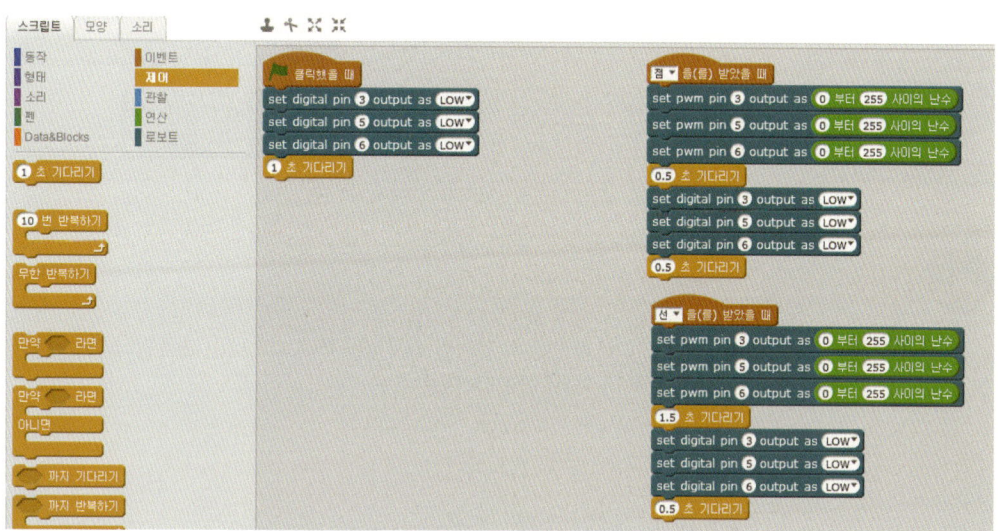

Tips
- 빛나는 화분의 LCD를 끄기 상태로 시작합니다.
- 시작 상태를 1초간 유지합니다.

❹ 빛나는 화분은 LOVE를 계속적으로 표현합니다. [제어]에서  블록과 [형태]에서 `Hello! 말하기` 블록을 이용합니다.

PROJECT 6 사람의 마음을 진정시켜 주는 화분 만들기 289

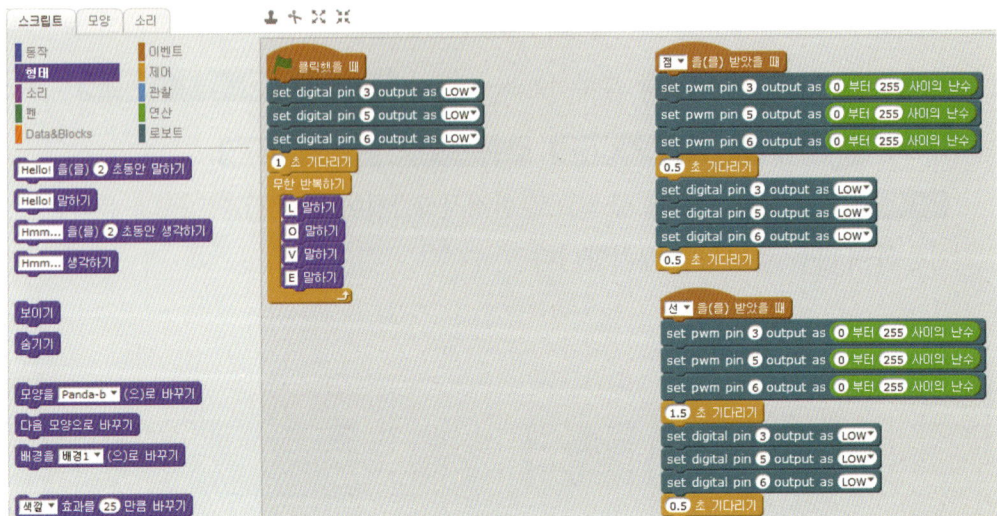

 Tips

`Hello! 말하기` 블록은 무대의 스프라이트가 말하는 것처럼 말풍선을 통해 나타내는 블록입니다. 이 블록으로 모스부호가 어느 글자를 표현하는지 구별할 수 있습니다.

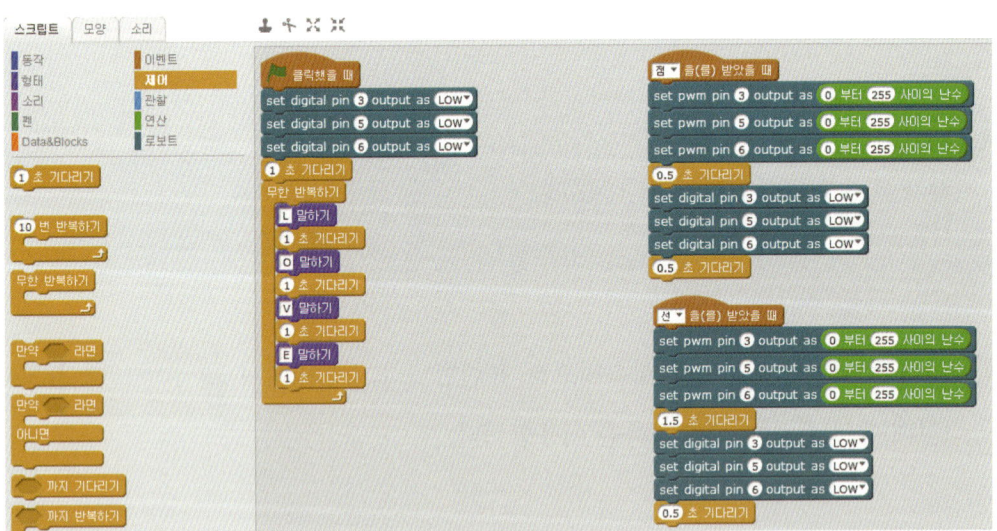

 Tips

모스부호 규칙에 따라, 글자와 글자 사이에는 1.5초간 LED가 꺼짐을 유지해야 합니다.

❺ 이제 모스부호에 대한 블록을 삽입합니다. [이벤트]에서 `선▼ 방송하고 기다리기` 블록을 이용하여 'L'에 해당하는 모스부호를 표현합니다. 나머지 'O', 'V', 'E'에 해당하는 모스부호를 표현하여 스크래치를 완성합니다.

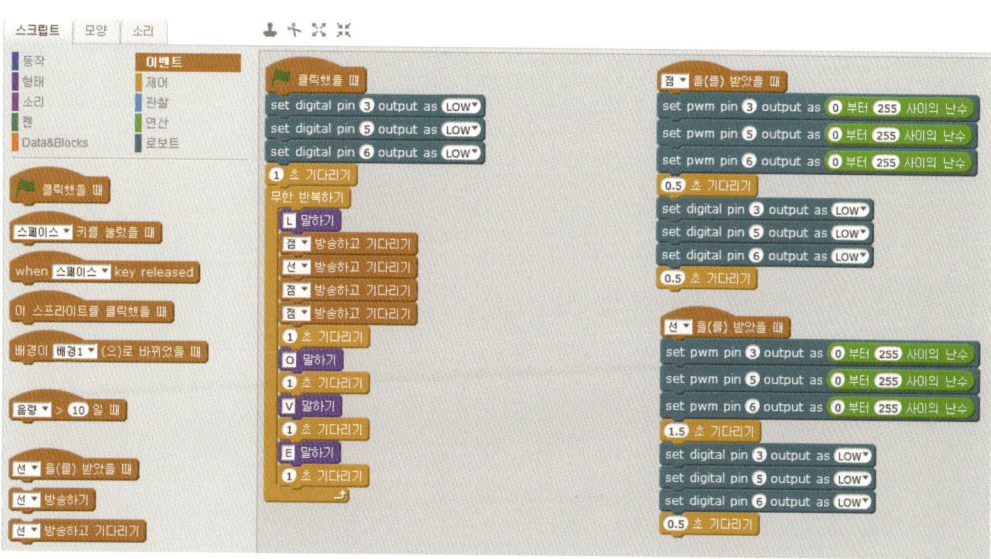

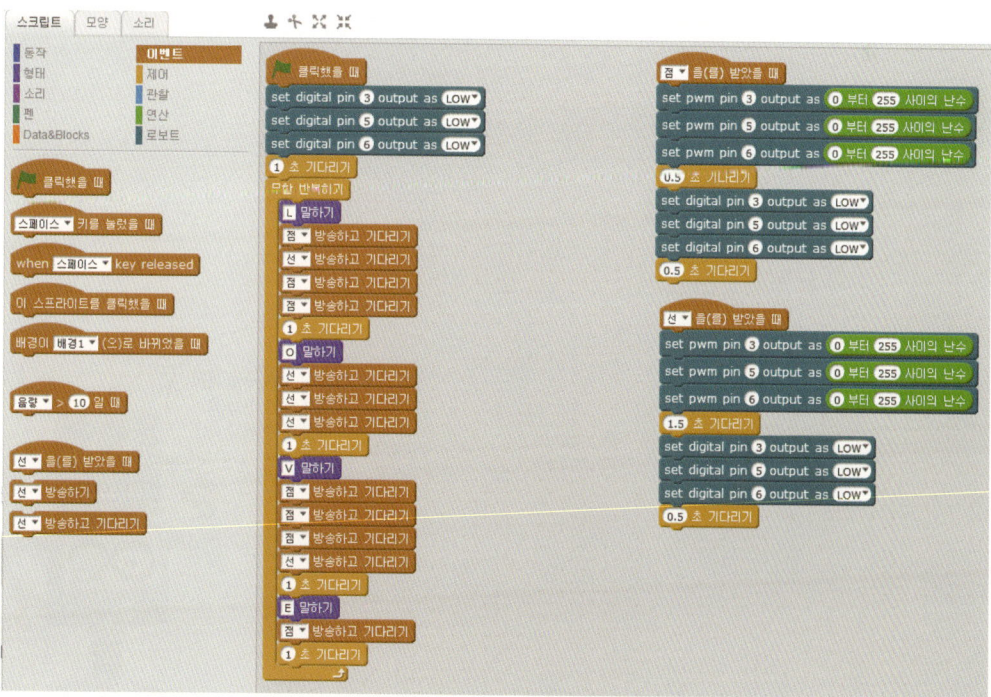

Tips

 블록은 무엇인가요?

- ❶, ❷에서 만든 메시지를 받는 프로그램 묶음을 동작시키기 위한 기능을 가지고 있는 블록입니다.
- '방송하고 기다리기'는 해당 프로그램 묶음이 동작 완료될 때까지 기다린다는 것입니다.
- 해당 프로그램 묶음이 완료되면, '방송하고 기다리기'의 다음 블록을 실행합니다.

메시지를 전달하는 빛의 화분 만들기

( )학교 ( )학년 ( )반 이름 ( )

1. 빛의 밝음과 어두움같이 2가지의 상태가 반복적으로 일어나는 현상을 찾아 적어 보세요.

현상	빛	스위치	모스 부호			
상태 1	밝음	켜짐				
상태 2	어두움	꺼짐				

2. 모스부호의 규칙을 참고하여 LED 빛 메시지를 전달하는 규칙을 만들어 보세요.

모스부호 규칙	LED 끄고 켜는 시간
•	
━	
부호 간의 간격	
글자 간의 간격	
단어 간의 간격	

3. 아래 스크래치 프로그램을 보고 프로그램 실행 순서를 적어 보세요. ● 옆에 실행 순서에 따라 1, 2, … 등으로 숫자를 써 보세요.

4 자신이 표현하고자 하는 단어를 적고, 해당하는 모스부호로 표현해 보세요.

예

L O V E

L   O   V   E

L	O	V	E
점	선	점	점
선	선	점	
점	선	점	
점		선	

5 빛 센서를 활용하여 어두워지면 4번의 메시지를 전달하는 화분의 스크래치 코드의 빈 부분을 채워 완성해 보세요(빛 센서는 확장 보드에 있는 것을 사용합니다).

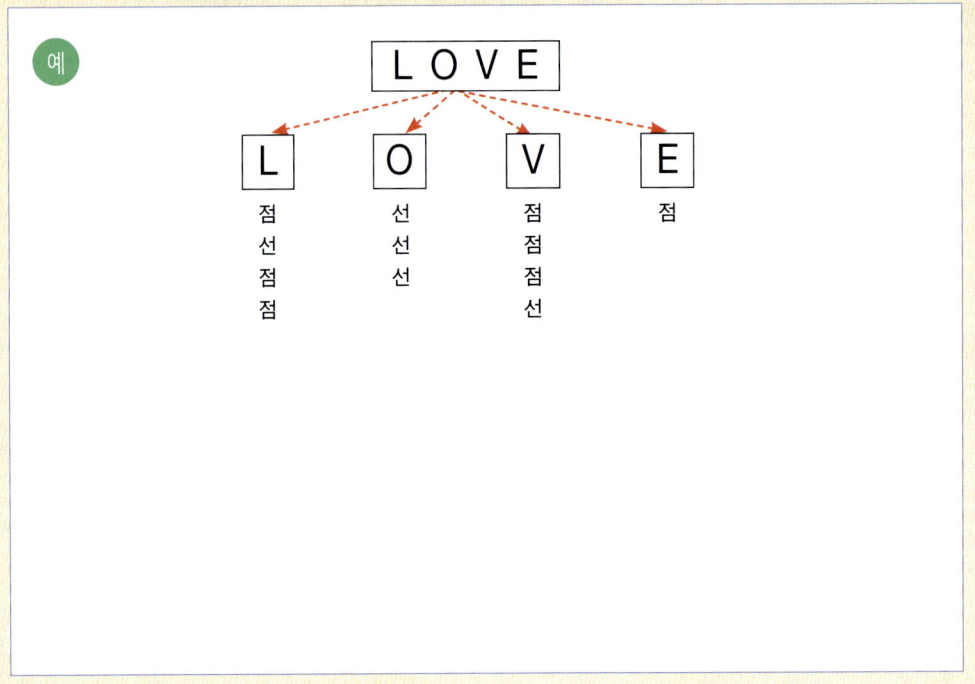

❻ 친구들의 작품과 비교해 보고 느낀 점을 적어 보세요.

내 작품에서 잘된 점

친구 작품에서 잘된 점

지은이 소개

김석희 선생님은 서울교육대학교, 고려대학교에서 컴퓨터교육으로 이학박사 학위를 받았습니다. 2009년부터 정보과학 영재 학급에서 영재 학생들을 지도하고 있으며, 방과 후 정보과학 특성화 교육을 통해 60여 명의 정보올림피아드 입상자를 지도하였습니다. 2015년 개정교육과정 실과 교과 연구위원으로 참여하여 실과 교과의 소프트웨어 단원의 성취 기준을 작성하는 데 기여하였습니다. 2015년부터 한국과학창의재단에서 주관하는 'Let's Make SW 교육' 연수, 교육부 강사 요원 연수 등 다양한 소프트웨어 교육 관련 연수에 강사로 참여하고 있습니다.

박종현 선생님은 중등 교사로 18년간 재직하다가 2015년부터 경기도 교육청 직속기관인 경기도 교육정보기록원 교육연구사로 근무하고 있습니다. 한남대학교에서 전자계산공학(공학사), 충남대학교에서 전자계산교육(교육학 석사)을 전공하였습니다. 2015년부터 교육부 주관의 SW 교육 컨설팅 위원으로 활동하였으며, 한국교육학술정보원, 한국과학창의재단, 경인교육대학교, 초·중등 교육 기관 등에서 피지컬 컴퓨팅 및 SW 교육 관련 강의를 하였습니다. 학교 현장에서 언플러그드 SW 활동의 중요성을 생각하여 스크래치 보드게임(Catch the CAT, 2015년), 엔트리 보드게임(Catch the DOG, 2016년)을 개발하였습니다. 현재는 경기정보연수실을 운영하며 경기도 학교 현장의 SW 교육 활성화를 위하여 다수의 연수를 기획·운영하고 있습니다. '내가 필요한 곳은 학교 현장이다.'라는 생각으로 피지컬 컴퓨팅 SW 교육 관련 집필 및 학교 현장에서의 교원 및 학생 연수를 지속적으로 지원하고 있습니다.

강지성 선생님은 2016년부터 분당경영고등학교에서 근무하고 있습니다. 전주대학교에서 수학교육(전자계산) 학사, 한국교원대학교에서 컴퓨터교육 석사를 받았습니다. 고등학교에서 22년간 교사로 재직하였고, 영재교육원과 정보교사 연수에서 강사로 활동하고 있으며, 삼성 주니어 소프트웨어 아카데미 교재와 다수의 정보 교과 교과서를 집필하였습니다.

김동정 선생님은 현재 광탄고등학교에서 근무하고 있습니다. 고려대학교 교육대학원에서 컴퓨터교육 석사를 받았으며, 고등학교에서 교사로 재직하면서 경민대학과 신흥대학에서 컴퓨터 활용 관련 강의를 하였습니다. 2013년부터 2014년까지 한국과학창의재단의 지원을 받아 사회적 배려 대상자를 위한 스팀 교육 프로그램인 '스팀 아웃리치' 사업에 강사로 활동하였습니다. 또한 고등학생들과 스팀 교육 R&E 프로그램을 운영하였으며, 2015년부터 한국과학창의재단에서 주관하는 'Let's Make SW 교육' 교사 대상 연수를 진행하고 있습니다. 전국의 메이커와 소프트웨어 교육에 관심을 가진 선생님들과 좀 더 재미있고 활동적인 소프트웨어 교육 방법 연구를 위해 노력하고 있습니다.